中华人民共和国
国家赔偿法
注解与配套

第六版

中国法制出版社
CHINA LEGAL PUBLISHING HOUSE

图书在版编目（CIP）数据

中华人民共和国国家赔偿法注解与配套／中国法制
出版社编．—北京：中国法制出版社，2023.7
（法律注解与配套丛书）
ISBN 978-7-5216-3711-3

Ⅰ．①中… Ⅱ．①中… Ⅲ.①国家赔偿法-法律解释
-中国 Ⅳ．①D921.65

中国国家版本馆 CIP 数据核字（2023）第 118878 号

策划编辑：袁笋冰　　　　责任编辑：张　僚　　　　封面设计：杨泽江

中华人民共和国国家赔偿法注解与配套
ZHONGHUA RENMIN GONGHEGUO GUOJIA PEICHANGFA ZHUJIE YU PEITAO

经销/新华书店
印刷/三河市紫恒印装有限公司
开本/850 毫米×1168 毫米　32 开　　　　　　　印张/ 8.5　字数/ 211 千
版次/2023 年 7 月第 1 版　　　　　　　　　　2023 年 7 月第 1 次印刷

中国法制出版社出版
书号 ISBN 978-7-5216-3711-3　　　　　　　　　　　　定价：26.00 元

北京市西城区西便门西里甲 16 号西便门办公区
邮政编码：100053　　　　　　　　　　　　传真：010-63141600
网址：http://www.zgfzs.com　　　　　　编辑部电话：010-63141663
市场营销部电话：010-63141612　　　　　印务部电话：010-63141606

（如有印装质量问题，请与本社印务部联系。）

出版说明

中国法制出版社一直致力于出版适合大众需求的法律图书。为了帮助读者准确理解与适用法律，我社于 2008 年 9 月推出"法律注解与配套丛书"，深受广大读者的认同与喜爱，此后推出的第二、三、四、五版也持续热销。为了更好地服务读者，及时反映国家最新立法动态及法律文件的多次清理结果，我社决定推出"法律注解与配套丛书"（第六版）。

本丛书具有以下特点：

1. 由相关领域的具有丰富实践经验和学术素养的法律专业人士撰写适用导引，对相关法律领域作提纲挈领的说明，重点提示立法动态及适用重点、难点。

2. 对主体法中的重点法条及专业术语进行注解，帮助读者把握立法精神，理解条文含义。

3. 根据司法实践提炼疑难问题，由相关专家运用法律规定及原理进行权威解答。

4. 在主体法律文件之后择要收录与其实施相关的配套规定，便于读者查找、应用。

此外，为了凸显丛书简约、实用的特色，分册根据需要附上实用图表、办事流程等，方便读者查阅使用。

真诚希望本丛书的出版能给您在法律的应用上带来帮助和便利，同时也恳请广大读者对书中存在的不足之处提出批评和建议。

中国法制出版社

2023 年 7 月

适 用 导 引

自 1995 年 1 月 1 日国家赔偿法实施以来，国家赔偿制度的建立与实施，对推进国家法制建设进程发挥了重要作用。与此同时，国家赔偿法在实施中也遇到了一些问题，主要是：赔偿程序的规定不够具体，对赔偿义务机关约束不够细化，有的机关对应予赔偿的案件故意拖延不予赔偿，当事人的合法权益难以得到保障；有的地方赔偿经费保障不到位，赔偿金支付机制不尽合理；赔偿项目的规定难以适应变化了的情况；此外，刑事赔偿范围的规定也不够明确，实施中存在不同认识。这些问题不同程度地阻碍了赔偿请求人及时有效地获得国家赔偿。为了完善国家赔偿制度，2010 年 4 月 29 日，十一届全国人大常委会第十四次会议通过了《关于修改〈中华人民共和国国家赔偿法〉的决定》；2012 年 10 月 26 日，十一届全国人大常委会第二十九次会议对其中第 19 条第 3 项引用的刑事诉讼法条文作出修改。2010 年修改的亮点主要有：

一、对违法归责原则的废除

原《国家赔偿法》确定的赔偿归责原则是违法原则，即只有当国家机关或其工作人员违法了，侵害了公民合法权益，才能纳入国家赔偿范围。但在实践中，造成损害的并不一定是因为违法，还有过错等其他原因。实践证明，只提违法就会使国家赔偿的范围过窄，这在刑事赔偿方面尤其突出，所以 2010 年修改时将第 2 条规定的"违法行使职权"改为"国家机关和国家机关工作人员行使职权，有本法规定的侵犯公民、法人和其他组织合法权益的情形，造成损害的，受害人有依照本法取得赔偿的权利"，这就扩大了赔偿的范围。

二、拓宽了国家赔偿的范围

哪些行为该纳入国家赔偿的范围，一直是修法时的焦点问题。修改后的国家赔偿法主要从两个方面完善了国家赔偿的范围：一是完善了国家机关及其工作人员行使职权造成公民身体伤害或者死亡的国家赔偿。原国家赔偿法没有明确规定对于受到虐待等行为造成公民身体伤害或者死亡的情形，国家是否承担赔偿责任。而造成公民身体伤害或者死亡的原因中，监管人员虐待，或者放纵他人实施殴打、虐待等行为占有相当比例，因此 2010 年修改后的国家赔偿法将虐待，放纵他人殴打、虐待等行为纳入赔偿范围。二是完善了采取刑事拘留、逮捕措施侵犯人身权的国家赔偿。1994 年《国家赔偿法》第 15 条第 1 项和第 2 项对错误拘留、错误逮捕造成损害的国家赔偿作了规定。但是，在实践中由于对什么是错误拘留和逮捕，在执行中和理解上存在不同认识，影响了对赔偿请求的处理。本次修改根据刑事拘留和逮捕的不同性质，区别情形作了修改完善，具体请参见第 17 条的规定。

三、完善了国家赔偿程序

国家赔偿程序的完善，首先体现在赔偿程序的畅通。例如，取消了刑事赔偿中的确认程序。其次，国家赔偿程序的操作性也更强了。原来的国家赔偿法对行政、刑事赔偿程序仅作了原则性规定，这给赔偿请求人带来了不少麻烦，这种局面将随着国家赔偿法的修改而改观，主要表现在：赔偿请求人递交申请书后，赔偿义务机关应当出具加盖本行政机关印章并注明收讫日期的书面凭证；赔偿义务机关作出赔偿决定，应当充分听取赔偿请求人的意见，并可以与赔偿请求人就赔偿方式、赔偿项目、赔偿数额依照本法关于赔偿标准的规定进行协商；人民法院赔偿委员会处理赔偿请求，采取书面审查的办法；人民法院赔偿委员会应当自收到赔偿申请之日起三个月内作出决定，对于疑难、复杂、重大案件，经本院院长批准，可以延长三个月等。

四、提高赔偿标准，明确精神损害赔偿

修改后的国家赔偿法提高了国家赔偿的标准。这一修改使公民在受到行政或司法行为侵害的时候能够实际得到一些物质上的赔偿，有助于公民恢复其受到的损失。对于生命健康权的损害，国家赔偿金的计算更加符合社会经济的发展。对于财产权的损害赔偿标准也进行了完善，如返还执行的罚款或者罚金、追缴或者没收的金钱，解除冻结的存款或者汇款的，应当支付银行同期存款利息等。

2010 年修改的亮点之一是明确了精神损害赔偿。修改后的国家赔偿法规定，致人精神损害的，赔偿义务机关应当消除影响、恢复名誉、赔礼道歉；对造成严重后果的，应当支付相应的精神损害抚慰金。但同时因为考虑到现实中这类情况非常复杂，法律难以对精神损害的赔偿标准作出统一规定，可由最高人民法院根据审判实践中出现的具体问题，作出具体应用的解释。2014 年 7 月 31 日，最高人民法院发布《关于人民法院赔偿委员会审理国家赔偿案件适用精神损害赔偿若干问题的意见》，对精神损害赔偿的前提条件和构成要件、综合酌定"精神损害抚慰金"的具体数额等作出了规定。

最后，读者需要特别注意的是，由于 2010 年国家赔偿法修改幅度较大，原有的许多国家赔偿配套规定都不再适用，主要有以下两方面：一是确认违法程序的取消，导致其他规定中关于确认程序的规定相应失效。二是修改后的《国家赔偿法》在确定刑事赔偿义务机关时，遵循的一个基本原则是，案件在刑事诉讼过程中的哪一个阶段、哪一个机关最后作出的侵犯受害人合法权益的决定，该机关即为赔偿义务机关。这一原则就导致刑事赔偿义务机关不会再有共同赔偿义务机关的情形出现，也因此而导致《最高人民法院、最高人民检察院关于办理人民法院、人民检察院共同赔偿案件若干问题的解释》不再适用。

目　录

第三章　刑事赔偿

第一节　赔偿范围

第四章 赔偿方式和计算标准

配 套 法 规

综　合

刑 事 赔 偿

司 法 赔 偿

赔偿方式和计算标准

实 用 附 录

中华人民共和国国家赔偿法

(1994年5月12日第八届全国人民代表大会常务委员会第七次会议通过 根据2010年4月29日第十一届全国人民代表大会常务委员会第十四次会议《关于修改〈中华人民共和国国家赔偿法〉的决定》第一次修正 根据2012年10月26日第十一届全国人民代表大会常务委员会第二十九次会议《关于修改〈中华人民共和国国家赔偿法〉的决定》第二次修正)

目　　录

第一章 总 则

第一条 【立法目的】[*] 为保障公民、法人和其他组织享有依法取得国家赔偿的权利，促进国家机关依法行使职权，根据宪法，制定本法。

注解

本条是关于立法目的的规定。

制定本法有两个目的：一是保障公民、法人和其他组织享有依法取得国家赔偿的权利，二是促进国家机关依法行使职权。这两个目的之间不是孤立的，而是有着紧密的联系。促进国家机关依法行使职权表面上是对国家机关依法行政的要求，但其实质目的仍是保障公民、法人和其他组织的合法权益，因此，可以说本法制定的最终目的即是保障公民、法人和其他组织的合法权益。

公民、法人和其他组织享有依法取得国家赔偿的权利，这是由宪法赋予的权利。《宪法》第41条第3款规定，由于国家机关和国家工作人员侵犯公民权利而受到损失的人，有依照法律规定取得赔偿的权利。本法通过界定赔偿范围、明确赔偿请求人资格以及规定赔偿义务机关和赔偿程序等，为公民、法人和其他组织提供了明确的保障其获得国家赔偿的途径，使公民、法人和其他组织依法享有的取得国家赔偿的权利得以实现。

配套

《宪法》第41条

第二条 【依法赔偿】国家机关和国家机关工作人员行使职权，有本法规定的侵犯公民、法人和其他组织合法权益的情形，造成损害的，受害人有依照本法取得国家赔偿的权利。

本法规定的赔偿义务机关，应当依照本法及时履行赔偿义务。

---

* 条文主旨为编者所加，下同。

注解

本条是关于国家赔偿归责原则及赔偿义务机关的规定，是 2010 年修改的重点内容之一。

关于国家赔偿的归责原则，在我国有一个不断深化认识的发展过程。1994 年的国家赔偿法强调违法归责，不论行政赔偿、刑事赔偿还是非刑事司法赔偿，都要先经确认程序确认致害行为属于违法行为，才能进入赔偿程序。2008 年 10 月 23 日首次提请全国人大常委会审议国家赔偿法修正案草案，并没有修改第 2 条规定，仍然坚持违法归责原则。但不同的意见提出，除了违法行使职权对没有犯罪事实和没有事实证明有犯罪重大嫌疑的人错误拘捕、错判的应当赔偿外，对按刑事诉讼法规定程序拘捕的人，事后决定撤销案件、不起诉或者判决宣告无罪终止追究刑事责任的，也应给予国家赔偿。全国人大法律委员会经研究，赞成上述意见，并在国家赔偿法修正案草案二审稿中，将原《国家赔偿法》第 2 条第 1 款修改为："国家机关和国家机关工作人员行使职权，有本法规定的侵犯公民、法人和其他组织合法权益的情形，造成损害的，受害人有依照本法取得国家赔偿的权利。""违法"二字的去掉，实际上已将赔偿原则修改成多元的归责原则。

另外，本条第 2 款修改后还明确了赔偿义务机关应当及时履行义务。在国家赔偿法的修改讨论过程中，有意见提出，为保障公民、法人和其他组织依法及时获得国家赔偿，促进国家机关依法履行赔偿义务，应当强化赔偿义务机关及时履行赔偿义务的内容。所以国家赔偿法修正案将本条第二款修改为："本法规定的赔偿义务机关，应当依照本法及时履行赔偿义务。"

应用

1. 国家赔偿的构成要件有哪些

根据本条规定，受害人依照本法取得国家赔偿，必须同时具备以下几个条件：

第一，侵权主体必须是国家机关和国家机关工作人员。

第二，侵权行为必须是在行使国家职权中发生的行为。

第三，必须有法定的损害事实发生。

第四，致害行为必须具有违法性或者属于本法规定的应予赔偿的情形。

第五，损害事实必须是国家机关或国家机关工作人员在行使职权中的行为所造成的。

2. 如何正确理解"国家机关"的含义

国家机关是行使国家职能的各种机关的统称，按其地位和作用，可以分为权力机关、行政机关、监察机关、审判机关、检察机关以及军事机关等。需要注意的是，从本法规定的内容来看，国家赔偿并不涉及国家权力机关，原则上也不包括军事机关（行使侦查、检察、审判和监狱管理职权的例外）。因此，本法的侵权主体只涉及一定范围内的国家机关。同时，这也意味着，各政党、人民团体、群众性自治组织以及国有企业、事业单位如果造成他人损害，受害人不能依照本法请求赔偿，而只能根据民法典或其他法律向上述各有关单位请求赔偿。应当特别指出的是：如果法律、法规授权某些不是国家机关的组织行使国家职权，则该组织应视为本法上的国家机关，并与国家机关处于同一法律地位；如果国家机关委托某些组织行使国家权力并造成他人损害的，仍然属于本法的调整范围，而不属于民法典等调整的范围。

3. 如何正确理解"国家机关工作人员"的含义

国家机关工作人员这一概念，在我国不同的法律规范中有着不同的内容，按照公务员法的规定，公务员是指依法履行公职、纳入国家行政编制、由国家财政负担工资福利的工作人员，而按照刑法的规定，国家工作人员是指国家机关中从事公务的人员。国有公司、企业、事业单位、人民团体中从事公务的人员和国家机关、国有公司、企业、事业单位委派到非国有公司、企业、事业单位、社会团体从事公务的人员，以及其他依照法律从事公务的人员，以国家工作人员论。本法中的国家机关工作人员不仅包括在国家机关中担负与该机关拥有的国家职权有直接关系的一定职务的人员，还应包括国家机关为行使职权而委托、聘用的人员。这就是说，并不是所有为国家机关工作的人员（如清洁工）实施侵权行为都依照本法承担赔偿责任；也并不是只有在编的领取国家固定工资的人员实施的侵权行为才有可能依照本法承担赔偿责任，临时委托和聘用的人员在实施受委托的职权时发生侵权也有可能依照本法承担赔偿责任。

4. 如何正确理解"损害"事实发生

损害事实是国家承担侵权赔偿责任的要件之一，在确定损害事实的时候，要注意以下问题：

一是须是合法权益受损害，也就是说损害的必须是受法律保护的人身权、财产权。如果公民、法人或其他组织受到损害的是不法利益、不当得利或其他不受法律保护的财产，则该受害人无权依照本法请求赔偿。比如，根据《治安管理处罚法》第11条的规定，公安机关办理治安案件所查获的毒品、淫秽物品等违禁品，赌具、赌资、吸食、注射毒品的用具以及直接用于实施违反治安管理行为的本人所有的工具，应当收缴，按照规定处理。若公安机关在抓赌时损坏了赌具，赌场老板是无权请求赔偿的。

二是损害只是一定范围的损害。从本法其他章节的规定来看，并不是所有的人身权、财产权受到损害都可以按照本法要求国家赔偿，例如，除法律另有规定的以外，造成他人财产的间接损失的，不能按照本法请求国家赔偿。

三是损害原则上是已经发生或已经客观存在的损害，也包括必然发生的损害。除法律另有规定的以外，原则上限于直接损害的范围之内。因为任何一种侵权赔偿责任的法理基础和基本原则都是"填平补齐"，是权利恢复，而不是获利性的救济，受害人不能通过损害赔偿之诉获得额外的营利。

5. 如何理解国家赔偿归责原则

修改后国家赔偿法确立的归责原则主要是违法归责，同时兼有结果归责。正确理解该原则需要明确以下两方面：

首先，违法赔偿仍占主要部分，但是取消了先行确认违法的独立程序。这里需要注意：（1）违法归责原则中"法"的范围直接影响到赔偿的范围。狭义的违法仅指违反实在法的规定，而广义的违法则不仅包括违反法律、法规和规章，还包括违反其他合法有效的对外公开发布的规范性文件，以及国家机关内部合法合理的规章制度。这是因为国家机关及其工作人员的职权十分广泛，受到多方面法律规范的约束，违反任何约束性的规范，都应当被视为违法。（2）违法的行为既包括法律行为，也包括事实行为，既包括积极的作为违法，也包括消极的不作为违法。例如，原有国家赔偿法颁布实施以后，人民法院在行政审判实践中，已通过司法解释的形式对"违法"这一概念作了适当扩充理解，将不作为的行政行为也视为违法。

其次，在刑事赔偿领域确立了结果归责原则。结果归责原则的基本含义是，如果错误的刑事强制措施或者错误执行刑罚被后来的裁判改正，只要公民因刑事强制措施或刑罚的执行遭受损害，国家即承担赔偿责任，而不问国家工作人员主观上是否存在故意或过失。需要特别注意的是，2010年国家赔偿法修改并未在刑事诉讼领域全面确立结果归责原则。根据《国家赔偿法》第 17 条第 1 项的规定，行使侦查、检察、审判职权的机关以及看守所、监狱管理机关及其工作人员在行使职权时违反刑事诉讼法的规定对公民采取拘留措施，或者依照刑事诉讼法规定的条件和程序对公民采取拘留措施，但是拘留时间超过刑事诉讼法规定的时限，其后决定撤销案件、不起诉或者判决宣告无罪终止追究刑事责任的，受害人有取得赔偿的权利。这就意味着对于刑事拘留，仍适用违法归责原则。

配套

《国家赔偿法》第 3—8、13、17—21、23、35、37、38 条

第二章 行政赔偿

第一节 赔偿范围

第三条 【侵犯人身权的行政赔偿范围】行政机关及其工作人员在行使行政职权时有下列侵犯人身权情形之一的，受害人有取得赔偿的权利：

（一）违法拘留或者违法采取限制公民人身自由的行政强制措施的；

（二）非法拘禁或者以其他方法非法剥夺公民人身自由的；

（三）以殴打、虐待等行为或者唆使、放纵他人以殴打、虐待等行为造成公民身体伤害或者死亡的；

（四）违法使用武器、警械造成公民身体伤害或者死亡的；

（五）造成公民身体伤害或者死亡的其他违法行为。

注解

本条是关于侵犯人身权的行政赔偿范围的规定。

行政机关，是指依照宪法和行政组织法的规定而设置的行使国家行政职能的国家机关。行政机关代表国家行使国家职能，即执行法律、管理国家内

政外交事务。行政机关的范围包括各级政府和其所属部门与机构，其中机构不仅包括常设机构，还包括非常设机构与临时机构。此外，法律、法规授权的组织以及行政机关委托的组织根据授权或者委托行使特定的行政职能，因违法而造成损害，也应当由国家承担赔偿责任。

行政机关工作人员，是指依照法定方式和程序任用的，在各类国家行政机关工作的，行使国家权力执行公务的人员。

违法行使行政职权，有作为和不作为两种方式。其中，不作为的违法行为主要是指当行政机关有义务为某行为时，其违法没有履行该义务，从而导致相对人的合法权益受到损害的行为。比较典型的如警察不履行其保护公民人身财产安全的义务而使公民的合法权益受到损害。

注意本条仅限于对人身权损害的赔偿。人身权，在宪法、民法、行政法和国家赔偿法上的内涵各不相同。宪法上的人身权，主要有人身自由不受侵犯、人格尊严不受侵犯以及与人身自由相联系的住宅不受侵犯、通信自由和通信秘密受法律保护等权利；民法上的人身权是指与权利主体自身密不可分的权利，包括人格权和身份权，其中人格权分为生命健康权、自由权、名誉权、姓名权、肖像权等，身份权分为亲权、监护权等；而行政法上的人身权除宪法与民法规定的范围以外，还包括行政法律法规规定的特殊的人身权，如公务员的身份保障权。而国家赔偿法上的人身权是指那些受到侵害可以获得国家赔偿的一部分的人身权，其范围相对较窄，主要限于生命健康权、人身自由权、名誉权和荣誉权等范畴。

应 用

6. 本条中的违法拘留的含义是什么

违法拘留中的拘留指的是行政拘留。行政拘留是公安机关依法对违反行政管理秩序的公民采取的短期剥夺或限制其人身自由的一种行政处罚措施。行政拘留只能由县级以上的公安机关作出决定，其他任何行政机关都没有决定的权力。其他行政执法人员遇到需要对行政相对人进行拘留的情况时，必须向公安机关提出申请，由公安机关进行拘留；如果行政执法人员自行采取行政拘留措施，则属于行政越权行为，是违法拘留。

7. 什么是行政强制措施

行政强制措施，是指国家行政机关为了维护和实现行政管理秩序，预防和制止社会危害事件与违法行为的发生与存在，依照法律、法规规定，针对特定公民、法人或者其他组织的人身、财产及行为进行临时约束或处置，限制当事人权利的强制行为。

我国法律规定的强制措施主要有强制医疗、强制戒毒、强制遣送、强制传唤以及其他行政强制措施。对人身自由有权直接采取强制措施的行政机关主要有公安机关、国家安全机关、海关等。

8. 非法拘禁或者以其他方法非法剥夺公民人身自由的表现形式有哪些

非法拘禁或者以其他方法非法剥夺公民人身自由，既包括无法定权限的国家机关实施的限制公民人身自由的行为，也包括有限制人身自由权的国家机关以非法律规定的名目或理由限制公民的人身自由。主要有两种情形：

（1）没有限制公民人身自由的权力的行政机关实施的剥夺公民人身自由的行为，如税务等行政机关采取行政拘留即构成非法拘禁。

（2）有法定权限的国家机关超过法定期限或者条件关押，如公安机关对犯罪嫌疑人采取强制禁闭、超期羁押、连续传唤等强制措施。

此类行为一旦实施即为既遂，不论时间长短，都构成对公民人身自由权的侵害。

9. 如何理解本条中的"唆使、放纵"的含义

本条修改后新增了关于"唆使、放纵"的规定。"唆使、放纵"是指不是由行政机关及其工作人员直接实施的，而是由他人实施的殴打、虐待等行为，但行政机关及其工作人员有教唆、指使的行为或者负有制止上述行为的义务但放任上述行为发生的情形，对此，国家应当承担赔偿责任。如看守所或者监狱管理机关工作人员唆使牢头狱霸殴打、虐待他人或者发现牢头狱霸殴打、虐待他人的不予制止，导致公民身体伤害或者死亡的，应当承担赔偿责任。

10. 公安机关工作人员在执行职务过程中故意殴打公民并造成公民身体伤害的，受害人应请求行政赔偿还是民事赔偿

公安机关工作人员在行使职权的过程中以殴打等暴力行为伤害公民身体的，不管是出于故意还是过失或者其他主观意图，受害者都有权获得行政赔偿。对于故意殴打公民并造成公民身体伤害的公安机关工作人员，公安机关在支付赔偿金后可以要求其承担部分或者全部的赔偿费用。

11. 公安机关工作人员在执行职务过程中违法开枪并造成公民身体伤害的，受害人能否获得国家赔偿

公安机关工作人员在执行职务过程中违法开枪，属于违法使用武器、警械造成公民身体伤害或者死亡的情况，属于国家赔偿的范围。公安机关担负着维护社会秩序、保障人民生命财产安全的职责，在履行职责的过程中可以根据情况使用武器、警械等工具，但是其使用应当遵照《人民警察使用警械和武器条例》的规定，以不损害公民的生命健康为前提。因违法使用武器、警械造成公民身体伤害或者死亡的，受害人有取得国家赔偿的权利。

12. 行政机关不履行法定行政职责是否承担行政赔偿责任

根据《最高人民法院关于适用〈中华人民共和国行政诉讼法〉的解释》（2018年2月6日，法释〔2018〕1号）的规定，因行政机关不履行、拖延履行法定职责，致使公民、法人或者其他组织的合法权益遭受损害的，人民法院应当判决行政机关承担行政赔偿责任。在确定赔偿数额时，应当考虑该不履行、拖延履行法定职责的行为在损害发生过程和结果中所起的作用等因素。

13. 如何理解本条中规定的造成公民身体伤害或者死亡的其他违法行为

其他违法行为，包括具体行政行为和与行政机关及其工作人员行使职权有关的，给公民、法人或者其他组织造成损害的，违反行政职责的行为。对于其他违法行为，同样只有在造成公民身体伤害或者死亡的后果时，受害人才能获得国家赔偿。

配套

《司法行政机关行政赔偿、刑事赔偿办法》第5、6条；《行政处罚法》第81条；《海关行政赔偿办法》第5条；《民航行政机关行政赔偿办法》第5条

第四条　【侵犯财产权的行政赔偿范围】行政机关及其工作人员在行使行政职权时有下列侵犯财产权情形之一的，受害人有取得赔偿的权利：

（一）违法实施罚款、吊销许可证和执照、责令停产停业、没收财物等行政处罚的；

（二）违法对财产采取查封、扣押、冻结等行政强制措施的；

（三）违法征收、征用财产的；

（四）造成财产损害的其他违法行为。

注解

本条是关于侵犯财产权的行政赔偿范围的规定。

财产权是以财产为客体的权利，是公民的基本权利之一。国家赔偿法上的财产权是指具有直接经济内容的权利，包括物权、债权、知识产权、继承权、经营自主权、物质帮助权等。

查封，是指行政机关对某些动产或者不动产实行就地封存，不允许财产所有人使用或者处分的强制措施。

扣押，是指行政机关将有关财产置于自己控制之下，以防当事人毁损或转移这些财产的强制措施。扣押一般适用于动产。

冻结，是指行政机关依职权要求银行暂时拒绝当事人动用其银行存款的强制行为。

应用

14. 违法实施行政处罚的表现形式有哪些

本法规定的侵犯财产权的行政处罚主要有罚款、吊销许可证和执照、责令停产停业、没收财物等，违法实施行政处罚的表现形式有：

（1）处罚主体不合法：不是所有的行政机关都享有处罚权，如果没有处罚权的行政机关作出行政处罚决定，就属于处罚主体不合法的情况。

（2）超越权限：即处罚主体超出法定权限范围实施处罚，包括超越法律规定名目实施处罚和超越法律规定幅度实施处罚两种。

（3）处罚内容错误：包括认定事实不清、证据不足、适用法律法规错误等情形。

（4）处罚对象错误：即处罚了不该被处罚的公民、法人或者其他组织。

（5）处罚程序违法。

15. 违法扣押的财产因自然原因损坏的，能否请求国家赔偿

国家机关采取强制措施扣押公民的财物之后，就负有保证财物不受损失的义务，其应当采取有效的措施对被扣押的财物进行保护，如果因为其没有尽到保管义务导致被扣押的财物毁损的，扣押机理应承担赔偿责任。

16. 如何理解本条修改后的"征收、征用"

国家为了公共利益的需要，可以依照法律规定对公民的私有财产实行征收或者征用并给予补偿。征收和征用的共同点在于强性性，都是依据行政机关单方面的征收命令、征用命令而发生效力，无须征得被征收、征用的公民、法人或者其他组织的同意。征收和征用的不同点是：征收是国家强行收买公民、法人的不动产，主要是房屋所有权和土地使用权；征用是国家强行使用公民、法人的不动产和动产，使用完毕应返还原物，原物毁损不能返还的，应当照价赔偿。

征收、征用必须符合三项法定条件：一是为了公共利益的需要。公共利益以外的目的，例如商业目的，不应适用国家征收、征用。同时，需要特别注意的是，2011年通过的《国有土地上房屋征收与补偿条例》首次对"公共利益"的含义作了明确界定，这一规定在其他法律和行政法规中都还没有出现。该条例第8条规定，因国防、外交需要和由政府组织实施的能源、交通、水利、教科文卫体、资源环保、防灾减灾、文物保护、社会福利、市政公用等公共事业需要以及保障性安居工程建设、旧城区改建需要可以实行房屋征收。为了加强规划的调控作用，根据条例的规定，确需征收房屋的各项建设活动都应当符合国民经济和社会发展规划、土地利用总体规划、城乡规划和专项规划，并要求制订规划应当广泛征求社会公众意见，经过科学论证，保障性安居工程建设和旧城区改建还应当纳入市、县级国民经济和社会发展年度计划，经市、县级人民代表大会审议通过。二是征收、征用应符合法律规定程序。三是必须对被征收、征用的公民和法人给予公正补偿。违反上述三项条件，对公民、法人或者其他组织的合法财产进行征收、征用的，受害人有取得国家赔偿的权利。

17. 市、县级人民政府及房屋征收部门等不能举证证明被征收人合法房屋系其他主体拆除的，能否认定其为强制拆除的责任主体

国有土地上房屋征收过程中，只有市、县级人民政府及其确定的房屋征收部门依法具有组织实施强制拆除被征收人合法房屋的行政职权。市、县级人民政府及房屋征收部门等不能举证证明被征收人合法房屋系其他主体拆除的，可以认定其为强制拆除的责任主体。市、县级人民政府及房屋征收部门等委托建设单位等民事主体实施强制拆除的，市、县级人民政府及房屋征收部门等对强制拆除后果承担法律责任。建设单位等民事主体以自己名义违法

强拆，侵害物权的，除应承担民事责任外，违反行政管理规定的应依法承担行政责任，构成犯罪的应依法追究刑事责任。（《最高人民法院公报》2018年第6期：许水云诉金华市婺城区人民政府房屋行政强制及行政赔偿案）

18. 违法征收征用土地、房屋，人民法院判决给予被征收人的行政赔偿，能否少于被征收人依法应当获得的安置补偿权益

行政机关违法强制拆除房屋的，不得少于被征收人依法应当获得的安置补偿权益，即被征收人获得的行政赔偿数额不应低于赔偿时被征收房屋的市场价格。否则，不仅有失公平而且有纵容行政机关违法之嫌。（最高人民法院发布九起关于审理行政赔偿案例之四：范某某诉某区人民政府强制拆除房屋及行政赔偿案）

19. 财产损害赔偿中，损害发生时该财产的市场价格不足以弥补受害人损失的，如何处理

财产损害赔偿中，损害发生时该财产的市场价格不足以弥补受害人损失的，可以采用其他合理方式计算。例如，房屋作为一种特殊的财物，价格波动较大，为了最大限度保护当事人的权益，房屋损失赔偿时点的确定，应当选择最能弥补当事人损失的时点。在房屋价格增长较快的情况下，以违法行政行为发生时为准，无法弥补当事人的损失，此时可以法院委托评估时为准。（最高人民法院发布九起关于审理行政赔偿案例之五：易某某诉某区人民政府房屋强拆行政赔偿案）

20. 行政机关不考虑车上财产安全而执行暂扣车辆决定的，是否属于滥用职权

在王某萍诉某县交通局行政赔偿纠纷案中，县交通局准备暂扣的小四轮拖拉机，正处在为原告王某萍运送生猪的途中。无论暂扣车辆的决定是否合法，被告县交通局的工作人员准备执行这个决定时，都应该知道：在炎热的天气下，运输途中的生猪不宜在路上久留。不管这生猪归谁所有，只有及时妥善处置后再行扣车，才能保证不因扣车而使该财产遭受损失。然而，县交通局工作人员不考虑该财产的安全，甚至在王某萍请求将生猪运抵目的地后再扣车时也置之不理，把两轮拖斗卸下后就驾主车离去。县交通局工作人员在执行暂扣车辆决定时的这种行政行为，不符合合理、适当的要求，是滥用职权。（《最高人民法院公报》2003年第3期：王某萍诉某县交通局行政赔偿纠纷案）

21. 国家赔偿法第三条、第四条规定的"其他违法行为"的具体情形有哪些

《最高人民法院关于审理行政赔偿案件若干问题的规定》第 1 条规定："国家赔偿法第三条、第四条规定的'其他违法行为'包括以下情形：（一）不履行法定职责行为；（二）行政机关及其工作人员在履行行政职责过程中作出的不产生法律效果，但事实上损害公民、法人或者其他组织人身权、财产权等合法权益的行为。"第一项主要解决的是"其他违法行为"除了包括以积极作为方式实施的违法行政行为，还包括不履行法定职责的行政不作为行为。第二项主要解决的是"其他违法行为"除行政法律行为外，还包括行政事实行为，也就是包括如违法使用武器、警械的事实行为，殴打、虐待等，或者唆使、放纵他人殴打、虐待等这类不体现行政机关意思表示的行为。综上，国家赔偿法第三条、第四条规定的"其他违法行为"，既包括行政法律行为也包括行政事实行为，既包括行政作为也包括行政不作为。（参见最高人民法院行政审判庭编著：《最高人民法院关于审理行政赔偿案件若干问题的规定理解与适用》，人民法院出版社 2022 年版，第 16 页。）

配套

《海关行政赔偿办法》第 6 条；《司法行政机关行政赔偿、刑事赔偿办法》第 7 条

第五条　【行政侵权中的免责情形】属于下列情形之一的，国家不承担赔偿责任：

（一）行政机关工作人员与行使职权无关的个人行为；

（二）因公民、法人和其他组织自己的行为致使损害发生的；

（三）法律规定的其他情形。

注解

本条是关于国家不承担赔偿责任的情形的规定。

国家不承担赔偿责任，又称行政赔偿责任的限制或行政赔偿责任的例外，主要包括以下情形：

（1）行政机关工作人员与行使职权无关的个人行为。行政机关工作人员

也是普通公民，当其以普通公民的身份从事活动时，目的是个人利益而非国家利益，其行为不受职业规范约束，由此引发的侵犯他人合法权益的行为是其个人行为，国家不承担赔偿责任。区分个人行为与职权行为的关键在于判断该行为中是否有"职权"的作用因素，一般认为，凡是在行使职权过程中实施的行为或因行使职权为侵权提供机会的行为都是职权行为。

（2）因公民、法人和其他组织自己的行为致使损害发生的情形。所谓由公民、法人和其他组织自己的行为造成的损害，是指行政机关工作人员在行使职权过程中，由于相对人自己的行为造成损害的情况。因公民、法人和其他组织自己的行为致使损害发生的情况之所以不能获得国家赔偿，是因为这种损害与行政机关及其工作人员行使职权的行为之间不存在因果关系。实际判断时主要考虑致害原因与损害后果之间的关联程度，如果损害后果是行政机关及其工作人员和受害人双方的行为共同造成的，则应该综合考虑行政机关及其工作人员的过错大小，由国家承担相应的赔偿责任。

（3）法律规定的其他情形。这是一条概括性的规定，目前没有明确的法律解释。从学理上理解，"法律规定的其他情形"主要包括不可抗力、第三人过错等情形。不可抗力是指不能预见、不能避免并不能克服的客观情况，如因战争、天灾等引起的损害。需要注意，由于不可抗力等客观原因造成公民、法人或者其他组织损害，行政机关不依法履行、拖延履行法定义务导致未能及时止损或者损害扩大的，人民法院应当根据行政机关不依法履行、拖延履行法定义务行为在损害发生和结果中的作用大小，确定其承担相应的行政赔偿责任。

另外，由于第三人提供虚假材料，导致行政机关作出的行政行为违法，造成公民、法人或者其他组织损害的，人民法院应当根据违法行政行为在损害发生和结果中的作用大小，确定行政机关承担相应的行政赔偿责任；行政机关已经尽到审慎审查义务的，不承担行政赔偿责任。

由于第三人行为造成公民、法人或者其他组织损害的，应当由第三人依法承担侵权赔偿责任；第三人赔偿不足、无力承担赔偿责任或者下落不明，行政机关又未尽保护、监管、救助等法定义务的，人民法院应当根据行政机关未尽法定义务在损害发生和结果中的作用大小，确定其承担相应的行政赔偿责任。

此外，公民、法人或者其他组织以国防、外交等国家行为或者行政机关制定发布行政法规、规章或者具有普遍约束力的决定、命令侵犯其合法权益造成损害为由，向人民法院提起行政赔偿诉讼的，人民法院不予受理。

应用

22. 区分行政机关工作人员的行为是公务行为还是个人行为，通常要综合考虑哪些因素

区分公务行为与个人行为，通常综合考虑以下因素：（1）时间要素。公务员在上班和执行任务期间实施的行为，通常视为公务行为，而在下班和非执行任务期间实施的行为，则通常视为个人行为。（2）名义要素。公务员的行为是以其所属的行政主体的名义作出的，通常视为公务行为；非以其所属的行政主体的名义作出的，通常视为个人行为。（3）公益要素。公务员的公务行为涉及公共利益的，同公共事务有关的，通常视为公务行为；不涉及公共利益，与公共事务无关的，通常视为个人行为。（4）职责要素。公务员的行为属于其职责范围的，通常视为公务行为；超出其职责范围的，通常视为个人行为。（5）命令要素。公务员按照法律或者行政首长的命令、指示以及委托实施的行为，通常视为公务行为；无命令和法律根据的行为，通常视为个人行为。（6）公务标志要素。公务员佩带或出示能表明其身份的公务标志的行为，通常视为公务行为，反之则属于个人行为。行政机关工作人员与行使职权无关的个人行为给公民、法人或者其他组织造成损害的，由该工作人员本人承担赔偿责任，国家不承担赔偿责任。

23. 由于第三人提供虚假材料，导致行政机关作出的行政行为违法，造成公民、法人或者其他组织损害的，人民法院如何确定行政赔偿责任

由于第三人提供虚假材料，导致行政机关作出的行政行为违法，造成公民、法人或者其他组织损害的，人民法院应当根据违法行政行为在损害发生和结果中的作用大小，确定行政机关承担相应的行政赔偿责任。（最高人民法院发布九起关于审理行政赔偿案例之三：李某某诉某县人民政府及县林业局林业行政赔偿案）

配套

《行政诉讼法》第13条；《海关行政赔偿办法》第7条；《司法行政机关行政赔偿、刑事赔偿办法》第8条；《最高人民法院关于审理行政赔偿案件若干问题的规定》第23、24、25条

第二节　赔偿请求人和赔偿义务机关

第六条　【行政赔偿请求人】受害的公民、法人和其他组织有权要求赔偿。

受害的公民死亡，其继承人和其他有扶养关系的亲属有权要求赔偿。

受害的法人或者其他组织终止的，其权利承受人有权要求赔偿。

注 解

本条是关于行政赔偿请求人的规定。

行政赔偿请求人，是指因其合法权益受到违法行政行为的侵害，而有权向行政赔偿义务机关或人民法院提起诉讼请求行政赔偿的公民、法人或者其他组织。

受害是指受到直接损害，包括两种情况：一是公民、法人或者其他组织作为直接相对人而受到损害；二是公民、法人或者其他组织作为第三人而受到损害。因以上两种情况受损的人都是直接受害人，都可以要求国家赔偿。

我国《国家赔偿法》上规定的行政赔偿请求人包括以下三类：

（1）公民。公民作为行政赔偿请求人包括以下几种情况：①受害的公民本人；②当受害人为无民事行为能力或限制民事行为能力人时，由其监护人或法定代理人代为行使；③受害人的继承人；④与受害人有扶养关系的其他亲属。

（2）法人。法人是指依法成立，有必要的财产或者经费，有自己的名称、组织机构和场所，具有民事权利能力和民事行为能力，能够独立享有民事权利和承担民事义务的组织，包括营利法人、非营利法人和特别法人。因国家行政机关及其工作人员违法行使职权而受到侵害的法人，在赔偿范围内有权作为行政赔偿请求人提出赔偿请求。如果该法人在取得赔偿前终止，则承受其权利义务的法人作为行政赔偿请求人。

（3）其他组织。其他组织是指不符合法人条件或不具有法人资格的组织。同法人一样，这类组织的合法权益如果受到行政机关及其工作人员违法

16

行使行政职权的侵害，也有权作为行政赔偿请求人提出赔偿请求。如果其在取得赔偿前由于解散或被撤销、取缔等原因而终止，则承受其权利义务的组织作为行政赔偿请求人。

除上述主体外，受害的公民死亡，支付受害公民医疗费、丧葬费等合理费用的人可以依法提起行政赔偿诉讼。

应用

24. 如何确定已死亡的受害公民的继承人和其他有扶养关系的亲属

受害公民的继承人应当按照民法典的规定确定。我国民法典上规定了两种继承人，即法定继承人和遗嘱继承人。法定继承是在被继承人未立遗嘱或者所立遗嘱无效时，根据被继承人与继承人之间的近亲属关系的远近，由法律确定在一定范围内以均等分配的方式继承遗产。法定继承人包括配偶、子女、父母、兄弟姐妹、祖父母、外祖父母、对公婆尽了主要赡养义务的丧偶儿媳以及对岳父母尽了主要赡养义务的丧偶女婿。遗嘱继承人是指根据被继承人生前所立遗嘱而取得继承权的人。

与已死亡的受害公民有扶养关系的亲属，主要是指在上述继承人之外与受害公民有其他扶养关系的亲属，一般须具备以下两个条件：（1）是受害公民的亲属；（2）与受害公民形成事实上的扶养关系。这样，对于与受害人没有亲属关系但有扶养关系的人，例如慈善人士，也没有赔偿请求权。

同时存在继承人和其他有扶养关系的亲属时，如果继承人不放弃赔偿请求权，则其他与受害人有扶养关系的人不能提出赔偿请求。

25. 法人终止后，行政赔偿请求人资格不发生转移的情形有哪些

受害的法人或者其他组织终止，承受其权利的法人或者其他组织有权要求赔偿，但以下情况例外：

（1）法人被行政机关作出吊销许可证或执照的行政处罚后，请求人资格不发生转移；

（2）法人在破产程序中，破产企业仍有权请求行政赔偿；

（3）法人被行政机关撤销、变更或注销，仍有行政赔偿请求人资格。

配套

《海关行政赔偿办法》第10、11条；《民航行政机关行政赔偿办法》第8、9条；《最高人民法院关于审理行政赔偿案件若干问题的规定》第7条

第七条 【行政赔偿义务机关】行政机关及其工作人员行使行政职权侵犯公民、法人和其他组织的合法权益造成损害的，该行政机关为赔偿义务机关。

两个以上行政机关共同行使行政职权时侵犯公民、法人和其他组织的合法权益造成损害的，共同行使行政职权的行政机关为共同赔偿义务机关。

法律、法规授权的组织在行使授予的行政权力时侵犯公民、法人和其他组织的合法权益造成损害的，被授权的组织为赔偿义务机关。

受行政机关委托的组织或者个人在行使受委托的行政权力时侵犯公民、法人和其他组织的合法权益造成损害的，委托的行政机关为赔偿义务机关。

赔偿义务机关被撤销的，继续行使其职权的行政机关为赔偿义务机关；没有继续行使其职权的行政机关的，撤销该赔偿义务机关的行政机关为赔偿义务机关。

注 解

本条是关于行政赔偿义务机关的规定。

行政赔偿义务机关，是指代表国家接受行政赔偿请求，参加行政赔偿诉讼、履行赔偿义务的机关。我国采取职权主义设立行政赔偿义务机关，即由违法行使职权的行政机关充当行政赔偿义务机关。

共同赔偿义务机关，是指由于在共同行使行政职权时侵犯公民、法人和其他组织的合法权益造成损害从而承担赔偿义务的两个或两个以上的行政机关。

法律、法规授权的组织，是指根据部分法律、法规的具体授权履行特定的行政管理职能的行政机关或者社会组织，是国家行政机关之外的另一大类执法机关。这里的法律、法规具有特定的含义：法律是指全国人民代表大会及其常委会制定的基本法律和其他法律；法规包括国务院制定的行政法规，省、直辖市的人民代表大会和它们的常务委员会，在不同宪法、法律、行政法规相抵触的前提下，制定的地方性法规，以及设区的市的人民代表大会和它们的常务委员会，在不同宪法、法律、行政法规和本省、自治区的地方性法规相抵触的前提下，依照法律规定制定的地方性法规。

委托行政是指行政机关根据管理需要，按照法律规定的条件和范围将自己的行政职权委托给其他特定的组织或者个人来行使。受行政机关委托的组织或者个人在行使受委托的行政权力时侵犯公民、法人和其他组织的合法权益造成损害的，委托的行政机关为赔偿义务机关；但如果受委托的组织或个人所实施的致害行为与委托的职权无关，则国家不对该行为承担赔偿责任。

应 用

26. 行政机关作为行政赔偿义务机关包括哪些情况

由于行政管理活动的复杂性，所以分清谁是行政赔偿义务机关并不是一件简单的事。具体而言，我国的行政赔偿义务机关包括以下五种情形：

（1）单独赔偿义务机关。单个行政机关致害时，谁实施侵权行为，谁就是赔偿义务机关。致害主体是行政机关工作人员的，则其所属的行政机关为赔偿义务机关。注意所属指职权所属的行政机关，而不一定是该工作人员所隶属的行政机关。

（2）共同赔偿义务机关。共同赔偿义务机关的规定，避免了赔偿义务机关之间互相推诿，有利于受害人行使赔偿请求权。需要说明的是：两个以上行政机关是指两个以上具有独立主体资格的行政机关，不包括同一行政机关内部的两个以上部门，也不包括同一行政机关内部具有从属关系的两个以上行政机关和组织；并且，共同赔偿义务机关之间承担连带责任，受害人可以向任意一个机关请求赔偿，该机关应当赔偿，赔偿后可以要求其他有连带责任的行政机关承担其应当承担的部分。如果引起行政诉讼，共同赔偿义务机关为共同被告。赔偿请求人坚持对其中一个或者几个侵权机关提起行政赔偿诉讼，以被起诉的机关为被告，未被起诉的机关追加为第三人。

（3）授权组织作为赔偿义务机关。授权的一个最重要的法律后果是使本不具有行政机关身份的组织也取得了国家公权力主体的地位，在授权范围内，能够以自己的名义行使职权，履行职责，并独立承担相应的法律责任。

（4）委托的行政机关作为赔偿义务机关。实践中，行政机关将部分职权委托给组织或个人行使的委托行政较为普遍。需要注意的是，如果受委托的组织或个人所实施的致害行为与委托的职权无关，则属于个人行为，国家不承担赔偿责任。所谓"无关",是指受委托的组织或者个人的行为与委托的职权或者公务之间没有任何实质性的联系。凡是接受委托的组织或者个人为了行使委托的职权或者是为了执行委托的公务而实施的行为,都应当由委托的行政机关负责,因为,委托的行政机关对受委托的组织或者个人负有监管的责任。

(5)行政机关被撤销的赔偿义务机关。实践中,行政机关会有被撤销的情况。如果被撤销的行政机关是赔偿义务机关,会出现赔偿义务机关变更的情况。行政机关被撤销,作为法人的行政机关已终止,一般会有其他的机关承受其职权、职责,被撤销机关所应承担的赔偿义务也应由其承受,从而成为新的赔偿义务机关。如果被撤销机关的职权已不存在,便没有继续行使其职权的国家机关,这时一般由作出撤销决定的行政机关承受其职权。继续行使其职权的行政机关或者撤销该赔偿义务机关的行政机关并不是侵犯公民、法人和其他组织合法权益造成损害的机关,法律规定在这种特殊情况下由他们作赔偿义务机关。

配套

《最高人民法院关于审理行政赔偿案件若干问题的规定》第8条;《海关行政赔偿办法》第12—14条

第八条 【经过行政复议的赔偿义务机关】经复议机关复议的,最初造成侵权行为的行政机关为赔偿义务机关,但复议机关的复议决定加重损害的,复议机关对加重的部分履行赔偿义务。

注解

本条是关于复议机关的赔偿责任的规定。

行政复议,是指行政相对人对行政机关的具体行政行为不服,依法向该行政机关的上级行政机关或法律规定的行政机关提出申请,由上级行政机关对原具体行政行为进行全面审查并作出裁决的制度。

行政复议机关,是指受理复议申请,依法对具体行政行为进行审查并作出裁决的行政机关。

只有被复议的行政行为侵害了公民、法人和其他组织的合法权益并造成损害,且因复议机关的复议决定加重损害的情况下,复议机关才承担国家赔偿责任，但仅对加重的损害部分承担赔偿责任，对于由最初作出具体行政行为的行政机关造成的损害，由该行政机关承担赔偿责任。复议机关与原侵权机关不是共同赔偿义务机关，不承担连带责任。

应 用

27. 行政复议后的赔偿义务机关如何确定

经行政复议后的赔偿义务机关应按下列办法确定：（1）复议机关复议决定撤销原具体行政行为的，最初造成侵权行为的行政机关为赔偿义务机关。（2）复议机关复议决定维持原具体行政行为的，最初造成侵权行为的行政机关为赔偿义务机关。（3）复议机关复议决定变更原具体行政行为并减轻损害的，最初造成侵权行为的行政机关为赔偿义务机关。（4）复议机关的复议决定变更原具体行政行为，并加重受害人损害的，复议机关和最初造成侵权行为的行政机关均为赔偿义务机关。注意，此时的赔偿义务机关有两个，但复议机关只对加重部分承担义务。

原行政行为造成赔偿请求人损害，复议决定加重损害的，复议机关与原行政行为机关为共同被告。赔偿请求人坚持对作出原行政行为机关或者复议机关提起行政赔偿诉讼，以被起诉的机关为被告，未被起诉的机关追加为第三人。

配 套

《行政复议法》；《最高人民法院关于审理行政赔偿案件若干问题的规定》第9条

第三节　赔偿程序

第九条　【赔偿请求人要求行政赔偿的途径】赔偿义务机关有本法第三条、第四条规定情形之一的，应当给予赔偿。

赔偿请求人要求赔偿，应当先向赔偿义务机关提出，也可以在申请行政复议或者提起行政诉讼时一并提出。

注 解

本条是关于提出行政赔偿请求的规定。

行政赔偿请求的提出需要具备以下几个条件：（1）请求人必须具有行政

赔偿请求权；（2）必须向明确的赔偿义务机关提出；（3）必须在法定期限内提出；（4）所提出的赔偿请求必须在法律规定的赔偿范围之内。只有具备以上条件，行政赔偿请求人才能以法定方式单独或于行政诉讼、行政复议中一并提出行政赔偿请求。

行政先行处理，是指在行政赔偿请求人向法院单独提起行政赔偿诉讼之前，应先向行政赔偿义务机关要求赔偿，经过双方协商或由赔偿义务机关决定赔偿范围、方式、金额等事项，从而解决赔偿争议。在行政处理未能解决争议的前提下，行政赔偿请求权人方可向人民法院提起行政赔偿的诉讼程序。由于行政程序较诉讼程序更快捷，更便于人民主张权利，因此行政先行处理是世界各国的通行做法。

根据本法第十四条，行政赔偿中，对于赔偿义务机关的处理，赔偿请求权人无权申请复议，但可以直接就原请求提起行政赔偿诉讼。

应用

28. 在行政复议程序中一并提出国家赔偿请求，复议机关应当如何处理

根据《行政复议法》第 29 条的规定，申请人在申请行政复议时可以一并提出行政赔偿请求，行政复议机关对符合国家赔偿法的有关规定应当给予赔偿的，在决定撤销、变更具体行政行为时，应当同时决定被申请人依法给予赔偿。申请人在申请复议时没有提出行政赔偿请求的，行政复议机关在依法决定撤销或者变更罚款，撤销违法集资、没收财物、征收财物、摊派费用以及对财产的查封、扣押、冻结等具体行政行为时，应当同时责令被申请人返还财产，解除对财产的查封、扣押、冻结措施，或者赔偿相应的价款。

29. 在行政诉讼中一并提出国家赔偿请求，人民法院应当如何处理

在行政诉讼中提出国家赔偿，一般有两种情况：

（1）在一审中提出行政赔偿请求。行政诉讼当事人可以在提起行政诉讼的同时一并提出行政赔偿的请求，也可以在一审庭审结束之前提出请求，人民法院对当事人在此期间提出的行政赔偿请求应当作出是否以赔偿的决定；诉讼当事人在一审期间没有提出行政赔偿请求的，人民法院不得主动作出判决，但是人民法院判决确认违法或者无效的，可以同时判决责令被告采取补救措施；给原告造成损失的，依法判决被告承担赔偿责任。此外，被告不依法履行、未按照约定履行或者违法变更、解除行政诉讼法第十二条第一

款第十一项规定的行政协议的,人民法院判决被告承担继续履行、采取补救措施或者赔偿损失等责任。

原告提起行政诉讼时未一并提起行政赔偿诉讼,人民法院审查认为可能存在行政赔偿的,应当告知原告可以一并提起行政赔偿诉讼。原告在第一审庭审终结前提起行政赔偿诉讼,符合起诉条件的,人民法院应当依法受理;原告在第一审庭审终结后、宣判前提起行政赔偿诉讼的,是否准许由人民法院决定。

(2)在二审中提出行政赔偿请求。行政诉讼当事人在二审期间提出行政赔偿请求的,二审人民法院可以就行政赔偿问题进行调解,调解不成的,告知当事人另行起诉。但是,如果当事人在一审中提出了行政赔偿请求,只是在判决中遗漏行政赔偿请求的,二审人民法院应当分情况处理:经审查认为依法应当给予赔偿的,可以就行政赔偿问题进行调解,调解不成的将行政赔偿部分发回重审;经审查认为依法不应当予以赔偿的,应当驳回赔偿请求。

30. 当事人对行政强制确认违法及行政赔偿同时提起诉讼,人民法院分别立案,是否仍属于一并提起行政赔偿诉讼,当事人是否需要等待确认违法判决生效后再另行主张赔偿

为了实质化解行政争议,依据国家赔偿法相关规定,行政赔偿申请人在提起行政诉讼时一并请求行政赔偿的,人民法院在确认行政行为违法的同时,应当依法对行政赔偿请求一并作出实体裁判。当事人对行政强制确认违法及行政赔偿同时提起诉讼,即使人民法院分别立案,仍属于一并提起行政赔偿诉讼,无需等待确认违法判决生效后再另行主张赔偿。(最高人民法院发布九起关于审理行政赔偿案例之二:杨某某诉某区人民政府行政赔偿案)

配套

《行政复议法》第29条;《行政诉讼法》第76条;《最高人民法院关于审理行政赔偿案件若干问题的规定》第13、14、16、19条;《最高人民法院关于适用〈中华人民共和国行政诉讼法〉的解释》第109条

第十条　【行政赔偿的共同赔偿义务机关】赔偿请求人可以向共同赔偿义务机关中的任何一个赔偿义务机关要求赔偿,该赔偿义务机关应当先予赔偿。

本条是关于选择赔偿义务机关的规定。

共同赔偿义务机关，是指共同行使行政职权时侵犯公民、法人和其他组织的合法权益并造成损害的两个或者两个以上具有独立主体资格的行政机关。

共同赔偿义务机关之间负有连带责任，受害人可以向其中的任何一个行政机关要求赔偿。赔偿请求人可以先向赔偿义务机关提出赔偿请求，也可以在对具体行政行为提起的行政诉讼中或是专门的行政赔偿诉讼中提出赔偿请求。在行政诉讼中，共同赔偿义务机关为共同被告。

31. 如何正确认定共同赔偿义务机关

在认定共同赔偿义务机关时，要注意以下两点：一是两个以上行政机关行使职权的行为都是损害发生的原因，即两个以上行政机关的职权行为都与损害之间存在因果关系。二是作为赔偿义务机关的两个以上的行政机关必须是具有独立主体资格的行政机关。同时对行政机关应作广义的理解，即包括所有具备赔偿义务主体资格的赔偿义务机关，如法律法规授权的组织、委托组织或个人行使行政权力的行政机关等。

两个以上行政机关分别实施违法行政行为造成同一损害，每个行政机关的违法行为都足以造成全部损害的，各个行政机关承担连带赔偿责任。

两个以上行政机关分别实施违法行政行为造成同一损害的，人民法院应当根据其违法行政行为在损害发生和结果中的作用大小，确定各自承担相应的行政赔偿责任；难以确定责任大小的，平均承担责任。

《最高人民法院关于审理行政赔偿案件若干问题的规定》第 21、22 条；《海关行政赔偿办法》第 33 条

第十一条　【根据损害提出数项赔偿要求】赔偿请求人根据受到的不同损害，可以同时提出数项赔偿要求。

本条是关于同时提出数项赔偿请求的规定。

行政赔偿请求人对不同的损害后果，可以同时提出数项赔偿请求，这种

做法不仅有利于更加快捷、有效地弥补公民、法人和其他组织所受的损害，而且有利于赔偿义务机关对各种因素进行综合考虑，作出即时合理的处理结果。各项损害后果之间一般具有一定的联系，常常是同一侵权行为产生的多项损害，或者是多种侵权行为实施于一人产生的多项损害。

配套

《海关行政赔偿办法》第 17 条

第十二条　【赔偿请求人递交赔偿申请书】 要求赔偿应当递交申请书，申请书应当载明下列事项：

（一）受害人的姓名、性别、年龄、工作单位和住所，法人或者其他组织的名称、住所和法定代表人或者主要负责人的姓名、职务；

（二）具体的要求、事实根据和理由；

（三）申请的年、月、日。

赔偿请求人书写申请书确有困难的，可以委托他人代书；也可以口头申请，由赔偿义务机关记入笔录。

赔偿请求人不是受害人本人的，应当说明与受害人的关系，并提供相应证明。

赔偿请求人当面递交申请书的，赔偿义务机关应当当场出具加盖本行政机关专用印章并注明收讫日期的书面凭证。申请材料不齐全的，赔偿义务机关应当当场或者在五日内一次性告知赔偿请求人需要补正的全部内容。

注解

本条是关于递交赔偿申请书的规定。实践中，有的行政机关既不作出赔偿决定，也不受理，导致赔偿请求人的请求无法进入赔偿程序。针对这种情况，2010 年修改国家赔偿法时，在本条第 4 款作出专门规定，赔偿请求人当面递交申请书的，赔偿义务机关应当当场出具书面凭证。该书面凭证是赔偿请求人作出赔偿申请的证据，也是计算赔偿义务机关应当作出赔偿决定的期限的依据，以及赔偿请求人进一步向法院提起诉讼的依据。

行政赔偿申请应当以书面形式提出。一般情况下，赔偿申请书要求赔偿请求人自己书写，但如果赔偿请求人书写赔偿申请书确实存在困难的，也可以委托他人代为书写。如果赔偿请求人自己书写有困难，又找不到人代写的，也可以口头申请，由赔偿义务机关记入笔录。

配套

《海关行政赔偿办法》第18条；《司法行政机关行政赔偿、刑事赔偿办法》第10条；《民航行政机关行政赔偿办法》第14条

第十三条 【行政赔偿义务机关作出赔偿决定】赔偿义务机关应当自收到申请之日起两个月内，作出是否赔偿的决定。赔偿义务机关作出赔偿决定，应当充分听取赔偿请求人的意见，并可以与赔偿请求人就赔偿方式、赔偿项目和赔偿数额依照本法第四章的规定进行协商。

赔偿义务机关决定赔偿的，应当制作赔偿决定书，并自作出决定之日起十日内送达赔偿请求人。

赔偿义务机关决定不予赔偿的，应当自作出决定之日起十日内书面通知赔偿请求人，并说明不予赔偿的理由。

注解

本条是关于赔偿义务机关的履行期限的规定。2010年修改后的国家赔偿法，与原来的规定相比，新增了关于与赔偿请求人进行协商、作出赔偿决定的形式以及送达、通知决定的内容。主要是在可操作性方面，进一步完善了行政赔偿义务机关作出赔偿决定的程序，减少行政赔偿义务机关作出赔偿决定的随意性，从而更好地保障赔偿请求人的合法权益。此外，一些行政部门法中虽然也对行政机关作出赔偿决定的程序作出了规定，但是却不尽详细，因此在法条适用过程中，还应当遵守《国家赔偿法》中的相关程序性规定。

赔偿义务机关收到行政赔偿申请后，要对之进行审查，自收到申请之日起两个月内作出是否赔偿的决定。关于"收到申请之日"的确定，如果赔偿请求人当面递交申请书的，以行政赔偿义务机关当场出具的书面凭证载明的收讫日期为准；如果赔偿请求人是通过信函方式邮寄申请书的，以邮件的签

收日期为准。

在 1994 年的国家赔偿法中没有规定赔偿义务机关与赔偿请求人可以通过协商达成协议或者和解解决纠纷，但实践中此类情况大量存在。为了不损害国家以及当事人利益，有必要对协商程序加以详细规定。"应当"意味着听取赔偿请求人的意见是行政赔偿义务机关作出赔偿决定的必经程序，至于具体采取的形式可以由行政赔偿义务机关自行决定。"充分听取赔偿请求人的意见"是指行政赔偿义务机关作出赔偿决定前，应当听取或者主动询问赔偿请求人对赔偿方式、赔偿项目和赔偿数额的意见。同时，本条对协商的范围也进行了界定。一是协商的内容仅限于"赔偿方式、赔偿项目和赔偿数额"。至于是否赔偿，则应当由行政赔偿义务机关严格依法裁量作出判断。二是协商的程度限于"依照本法第四章的规定进行协商"。国家赔偿法第四章规定了国家赔偿的赔偿方式和计算标准，行政赔偿义务机关应当依据该章规定的赔偿方式的适用范围及种类，以及计算赔偿数额的标准，与赔偿申请人进行协商。需要说明的是，协商的结果不是达成协议书或者调解书，而是由行政赔偿义务机关作出赔偿决定。

应 用

32. 赔偿义务机关可否以协议书或者调解书形式结案处理赔偿案件

根据本条第 2 款、第 3 款的最新规定，赔偿义务机关有必须制作书面赔偿决定的义务。即不论是协商达成赔偿协议、还是直接决定赔偿，也不论是决定给予赔偿、还是决定不给予赔偿，都要制作赔偿决定书。这是对赔偿义务机关设定的强制性义务，其目的是体现赔偿决定的规范性和严肃性，便于财政部门审核赔偿决定和依据决定内容支付赔偿金，也便于赔偿申请人进一步提起行政诉讼时，法院对行政赔偿义务机关的行为进行审查。这也说明，赔偿义务机关处理赔偿案件，不仅不能用协议书结案，也不适用调解书结案。

33. 赔偿义务机关决定不予赔偿的，可否口头简单通知赔偿请求人

赔偿义务机关决定不予赔偿的，不仅要在作出决定之日起 10 日内书面通知赔偿请求人，且要说明不予赔偿的理由。行政赔偿义务机关受理赔偿申请后，可能决定给予赔偿，也可能决定不给予赔偿。决定不予赔偿的，也不能是简单的口头通知，而应当"书面通知"赔偿请求人，以方便赔偿请求人证明赔偿义务机关是否已先行处理其赔偿请求，更好地保障其合法权益。根

据本法第 13 条的规定，行政赔偿义务机关还应当在书面通知中列明不予赔偿的理由，不予赔偿的理由应当是正当合法、充分合理的，如赔偿申请超过了两年的请求国家赔偿的时限，或者不属于本法规定的赔偿范围，或者属于国家赔偿的法定免责情形等。总之，法律上禁止无理由的拒绝赔偿。否则，上级行政机关根据申请人的投诉，可以参照行政复议法的相关规定，对有关责任人员给予批评教育，甚至依法问责。

配套

《海关行政赔偿办法》第 22 条

第十四条　【赔偿请求人向法院提起诉讼】赔偿义务机关在规定期限内未作出是否赔偿的决定，赔偿请求人可以自期限届满之日起三个月内，向人民法院提起诉讼。

赔偿请求人对赔偿的方式、项目、数额有异议的，或者赔偿义务机关作出不予赔偿决定的，赔偿请求人可以自赔偿义务机关作出赔偿或者不予赔偿决定之日起三个月内，向人民法院提起诉讼。

注解

本条是关于单独提起行政赔偿诉讼的起诉期限的规定。修正后的《国家赔偿法》在第 14 条增加了赔偿请求人提起行政赔偿之诉的事由，由原来的"逾期不予赔偿"和"赔偿请求人对赔偿数额有异议"两项增加为对"赔偿的方式""赔偿项目""赔偿数额"有异议和"作出不予赔偿决定""未作出是否赔偿的决定"五项，从而进一步扩大了赔偿请求人的诉权。此外，本条修改的另一大特色就是对单独提起行政赔偿诉讼的起诉期限作出了详细的规定。本条针对赔偿义务机关不同处理结果规定了不同的期限起算点，从而修正了原《国家赔偿法》对起诉期限的起算点"一刀切"式规定的不合理之处，使《国家赔偿法》更加完善。

理解本条还需注意，单独提起行政赔偿诉讼的起诉期限为 3 个月。而在申请行政复议或者提起行政诉讼时一并提出赔偿请求的，适用行政复议法、行政诉讼法有关时效的规定。《行政诉讼法》第 45 条规定，申请人不服复议决定的，可以在收到复议决定书之日起 15 日内向人民法院提起诉讼。复议机关逾期不作决定的，申请人可以在复议期满之日起 15 日内向人民法院提起诉讼。法律另有规定的除外。由此可见，在行政赔偿请求人单独提起行政赔偿诉讼的情形下，本法为其规定了 3 个月的起诉期限，属于相对较长的期限，可以有效保证赔偿请求人有较充裕的时间行使赔偿请求权。

应用

34. 单独提起行政赔偿诉讼的起诉期限如何起算

修改后的国家赔偿法规定，对于单独提起行政赔偿诉讼的起诉期限，根据先行处理的结果不同，则 3 个月起诉期限的起算点也不同。本法修改之前，并未针对行政赔偿义务机关不同处理结果规定不同的期限起算点，而是统一规定为自期间届满之日起 3 个月内。如此，即便赔偿义务机关已经作出了是否赔偿的决定，赔偿请求人仍需要等到上述规定的期限届满后才能向人民法院提起诉讼，此规定显然不合理。在实践中，赔偿请求人都是知道结果后即向法院起诉。因此，修改后的本法针对赔偿义务机关不同处理结果规定了不同的期限起算点：（1）在规定期限内未作出是否赔偿的决定的，自期限届满之日起 3 个月内。（2）在规定期限内作出是否赔偿的决定的，自该赔偿决定作出之日起 3 个月内。第二种情形又包括两种具体情况：①作出赔偿决定，但赔偿请求人对赔偿的方式、项目、数额有异议的；②作出不予赔偿决定的。

配套

《最高人民法院关于审理行政赔偿案件若干问题的规定》第 15、16、17 条

第十五条　【举证责任】人民法院审理行政赔偿案件，赔偿请求人和赔偿义务机关对自己提出的主张，应当提供证据。

赔偿义务机关采取行政拘留或者限制人身自由的强制措施期间，被限制人身自由的人死亡或者丧失行为能力的，赔偿义务机关的行为与被限制人身自由的人的死亡或者丧失行为能力是否存在因果关系，赔偿义务机关应当提供证据。

注解

本条是关于行政赔偿案件举证责任的规定。本条在总结我国行政诉讼举证制度和国家赔偿举证制度探索实践的基础上，确定了两种举证责任的分配

方式，即在国家赔偿上以"谁主张，谁举证"为原则，以举证责任倒置为例外的两种举证责任分配方式。其中，该条规定的举证责任倒置的分配规则并没有像《行政诉讼法》一样把它作为基本规则，而是对它的使用范围作了严格限制，即只适用于"赔偿义务机关采取行政拘留或者限制人身自由的强制措施期间，被限制人身自由的人死亡或者丧失行为能力的，赔偿义务机关的行为与被限制人身自由的人的死亡或者丧失行为能力是否存在因果关系"这种情况，而在其他举证方面不予适用。

举证责任是指当事人对自己所主张的事实提供证据证明的义务，并在不能提出证据时承担不利法律后果的一种法律责任。对"谁主张、谁举证"的正确理解是，双方当事人应对自己的事实主张承担举证责任，而不是法律主张即诉讼请求。一般而言，作出肯定性主张的一方负有举证责任，作出否定性主张一方不负有举证责任。

所谓举证责任倒置，是相对于举证责任分配的一般原则而言的。在民事诉讼中，对某些特殊类型的案件，如果仍然按照举证责任分配的一般原则分配举证责任，将有违实体法上基本的公平正义，则采用相反的方法对举证责任进行分配。本条第2款之所以将被限制人身自由人死亡或者丧失行为能力与赔偿义务机关的职务行为之间的因果关系证明责任分配给赔偿义务机关，是与我国当前看守所及其他羁押场所的管理体制和实际情况相吻合的。被行政拘留或被限制人身自由的人被羁押于特定场所，不能享有人身自由，要严格看管和对其进行必要的审讯，但也要充分尊重和保障他们应当享有的人权，一旦他们死亡或丧失行为能力，外界并不知道其客观原因，他们自身已没有举证能力，只有监管机构才有可能把事实讲清楚。

《最高人民法院关于审理行政赔偿案件若干问题的规定》第11条规定，行政赔偿诉讼中，原告应当对行政行为造成的损害提供证据；因被告的原因导致原告无法举证的，由被告承担举证责任。

人民法院对于原告主张的生产和生活所必需物品的合理损失，应当予以支持；对于原告提出的超出生产和生活所必需的其他贵重物品、现金损失，可以结合案件相关证据予以认定。

该规定第12条规定，原告主张其被限制人身自由期间受到身体伤害，被告否认相关损害事实或者损害与违法行政行为存在因果关系的，被告应当提供相应的证据证明。

配套

《国家赔偿法》第26条；《最高人民法院关于审理行政赔偿案件若干问题的规定》第11、12条

第十六条　【行政追偿】赔偿义务机关赔偿损失后，应当责令有故意或者重大过失的工作人员或者受委托的组织或者个人承担部分或者全部赔偿费用。

对有故意或者重大过失的责任人员，有关机关应当依法给予处分；构成犯罪的，应当依法追究刑事责任。

注解

本条是关于行政追偿和行政赔偿责任人员责任追究的规定。

行政追偿，是指国家在向行政赔偿请求人支付赔偿费用后，依法责令具有故意或者重大过失的工作人员、受委托的组织或者个人承担部分或者全部赔偿费用的法律制度。

赔偿义务机关向其工作人员、受委托的组织或者个人行使行政追偿权，应当具备两个条件：

（1）行政赔偿义务机关已经履行了赔偿责任；

（2）工作人员、受委托的组织或者个人对致害行为存在主观故意或者重大过失。

其中，"故意"是指工作人员在实施侵权行为时主观上能认识到自己的行政行为违法并可能造成公民合法权益的损害，希望或放任结果发生的一种心理状态；"重大过失"是指行政机关工作人员没有达到其职务上的一般要求，由于疏忽大意或者过于自信，未能预见或避免一般情况下能够预见或避免的侵害后果的一种心理状态。

对于符合追偿条件的，赔偿义务机关必须追偿，即不能不追偿。追偿数额的确定，一般根据被追偿人主观过错的严重程度，并考虑其他相关因素如被追偿人的家庭、生活、工作等，综合决定对其全部追偿或者部分追偿以及追偿的具体数额。

应用

35. 行政追偿人和被追偿人都有哪些

行政追偿的主体是行使追偿权的赔偿义务机关和作为被追偿人的行政机关

工作人员、受委托的组织或者个人。根据我国法律规定，主要有以下几种：

（1）因行政机关工作人员违法行使职权，侵犯公民、法人或者其他组织合法权益造成损害而引起行政赔偿的，该工作人员所在行政机关是追偿人，该工作人员是被追偿人；

（2）法律、法规授权的组织的工作人员行使职权引起行政赔偿的，该组织为追偿人，该工作人员是被追偿人；

（3）受行政机关委托的组织或者个人违法行使委托的行政职权引起行政赔偿的，委托机关是追偿人，受委托的组织或者个人是被追偿人。

配套

《国家赔偿法》第31条；《海关行政赔偿办法》第51—55条；《民航行政机关行政赔偿办法》第40—44条

第三章 刑事赔偿

第一节 赔偿范围

第十七条 【侵犯人身权的刑事赔偿范围】行使侦查、检察、审判职权的机关以及看守所、监狱管理机关及其工作人员在行使职权时有下列侵犯人身权情形之一的，受害人有取得赔偿的权利：

（一）违反刑事诉讼法的规定对公民采取拘留措施的，或者依照刑事诉讼法规定的条件和程序对公民采取拘留措施，但是拘留时间超过刑事诉讼法规定的时限，其后决定撤销案件、不起诉或者判决宣告无罪终止追究刑事责任的；

（二）对公民采取逮捕措施后，决定撤销案件、不起诉或者判决宣告无罪终止追究刑事责任的；

（三）依照审判监督程序再审改判无罪，原判刑罚已经执行的；

（四）刑讯逼供或者以殴打、虐待等行为或者唆使、放纵他人以殴打、虐待等行为造成公民身体伤害或者死亡的；

（五）违法使用武器、警械造成公民身体伤害或者死亡的。

注解

本条是关于侵犯人身权的刑事赔偿范围的规定。

刑事拘留赔偿的情形包括：一是对于违反刑事诉讼法的规定采取刑事拘留措施的；二是对公安机关虽依法采取刑事拘留措施，但超过了法律规定的拘留期限，并且其后决定撤销案件、不起诉或者判决宣告无罪终止追究刑事责任的。对于公安机关依法采取刑事拘留措施，并且在法定期间内进行侦查取证活动，没有超过期限，其后予以释放的，国家不承担赔偿责任。

刑事拘留的条件：一是正在预备犯罪、实行犯罪或者在犯罪后即时被发觉的；二是被害人或者在场亲眼看见的人指认他犯罪的；三是在身边或者住处发现有犯罪证据的；四是犯罪后企图自杀、逃跑或者在逃的；五是有毁灭、伪造证据或者串供可能的；六是不讲真实姓名、住址，身份不明的；七是有流窜作案、多次作案、结伙作案重大嫌疑的。只有在上述情形下，公安机关才能采取拘留措施，超出法律规定的情形实施刑事拘留，即构成违法拘留。

《刑事诉讼法》第91条对刑事拘留的期限作了明确规定，公安机关对被拘留的人，认为需要逮捕的，应当在拘留后的三日以内，提请人民检察院审查批准。在特殊情况下，提请审查批准的时间可以延长一日至四日。对于流窜作案、多次作案、结伙作案的重大嫌疑分子，提请审查批准的时间可以延长至三十日。因此，只有流窜作案、多次作案、结伙作案的重大嫌疑人，报请批捕的时间才能延长至30日。对于其他刑事案件的犯罪嫌疑人，报请批捕时间只能是7日以内。对不属于流窜作案、多次作案、结伙作案情形，采取拘留措施，拘留期限超过法定时限的，受害人有权获得国家赔偿。

依照《刑事诉讼法》规定的条件和程序对公民采取拘留措施，但是拘留时间超过刑事诉讼法规定的时限的，国家赔偿包括整个拘留期间，并不是只赔偿超过规定时限的那部分期间。

撤销案件，是指侦查机关在侦查过程中，发现不应对犯罪嫌疑人追究刑事责任的，对已经立案侦查的案件依法予以撤销的处理决定。

刑事不起诉，是指人民检察院对公安机关侦查终结移送起诉的案件和直接立案侦查终结的案件进行审查后，认为犯罪嫌疑人的行为不符合起诉条件，而依法作出的不将犯罪嫌疑人提交人民法院进行审判，终止刑事程序的处理决定。

宣告无罪，是指人民法院根据查明的案件事实、证据和法律规定，确认被告人无罪，或认为证据不足，指控的犯罪不能成立、作出宣告被告无罪的判决。人民法院的一审判决、二审判决和审判监督程序的再审改判都可能产生无罪判决。

解除、撤销拘留或者逮捕措施后虽尚未撤销案件、作出不起诉决定或者判决宣告无罪，但是符合下列情形之一的，属于本条第1项、第2项规定的终止追究刑事责任：（1）办案机关决定对犯罪嫌疑人终止侦查的；（2）解除、撤销取保候审、监视居住、拘留、逮捕措施后，办案机关超过1年未移送起诉、作出不起诉决定或者撤销案件的；（3）取保候审、监视居住法定期限届满后，办案机关超过1年未移送起诉、作出不起诉决定或撤销案件的；（4）人民检察院撤回起诉超过30日未作出不起诉决定的；（5）人民法院决定按撤诉处理后超过30日，人民检察院未作出不起诉决定的；（6）人民法院准许刑事自诉案件自诉人撤诉的，或者人民法院决定对刑事自诉案件按撤诉处理的。赔偿义务机关有证据证明尚未终止追究刑事责任，且经人民法院赔偿委员会审查属实的，应当决定驳回赔偿请求人的赔偿申请。

错判有多种情形，包括无罪被判有罪、有罪被判无罪、此罪被判彼罪、重罪轻判等，但根据本法，上述情形并不都要进行国家赔偿，只有无罪被判有罪，并全部或者部分执行刑罚的，国家才承担赔偿责任。

这里的刑罚，指剥夺人身自由的刑罚，主要指实际羁押的有期徒刑和无期徒刑。虽被判处刑罚，但没有被羁押，不能请求国家赔偿。人民法院判处管制、有期徒刑缓刑、剥夺政治权利等刑罚被依法改判无罪的，国家不承担赔偿责任。但是，判决生效前被羁押的，依法有权取得国家赔偿。（参见《最高人民法院关于人民法院执行〈中华人民共和国国家赔偿法〉几个问题的解释》）

需要注意的是，一般来说，对刑事诉讼程序中作出的法律行为请求赔偿，应以刑事诉讼程序终结作为条件。但2011年2月28日公布的《最高人民法院关于适用〈中华人民共和国国家赔偿法〉若干问题的解释（一）》明确规定，在以下两种情形的刑事案件中，不需以刑事案件终结作为请求赔偿的条件：（1）赔偿请求人有证据证明其与尚未终结的刑事案件无关的；（2）刑事案件被害人依据刑事诉讼法第 245 条的规定，以财产未返还或者认为返还的财产受到损害而要求赔偿的。

刑讯逼供，是指司法人员在办案过程中为逼取口供，对犯罪嫌疑人、被告人使用肉刑或者变相肉刑逼取口供的行为。与刑事拘留、逮捕的国家赔偿责任不同，刑讯逼供或者以殴打、虐待等行为侵犯公民身体健康权的，不以受害者无罪为前提，有罪的受害者也有权获得此项赔偿。因此，受害者在受伤后即可申请国家赔偿，不必等诉讼结束。

刑事司法机关工作人员应当按照法律、法规规定的情形、使用方法、对象来使用武器、警械。依法不应配备武器、警械的工作人员配备或者私自携带、使用武器、警械，依法佩带武器、警械的司法机关工作人员违反规定使用武器、警械，造成公民身体伤害或者死亡的，受害人有取得国家赔偿的权利。

应 用

36. 刑事拘留赔偿的认定

对公民采取刑事拘留措施后终止追究刑事责任，具有下列情形之一的，属于本条第 1 项规定的违法刑事拘留：（1）违反刑事诉讼法规定的条件采取拘留措施的；（2）违反刑事诉讼法规定的程序采取拘留措施的；（3）依照刑事诉讼法规定的条件和程序对公民采取拘留措施，但是拘留时间超过刑事诉讼法规定的时限。违法刑事拘留的人身自由赔偿金自拘留之日起计算。

37. 逮捕赔偿的认定

逮捕，是指有权机关依法剥夺犯罪嫌疑人的人身自由，将其押解到一定场所羁押起来的行为。根据《刑事诉讼法》第 81 条的规定，逮捕的条件包括：对有证据证明有犯罪事实，可能判处徒刑以上刑罚的犯罪嫌疑人、被告人，采取取保候审尚不足以防止发生下列社会危险性的，应当予以逮捕：（1）可能实施新的犯罪的；（2）有危害国家安全、公共安全或者社会秩序的现实危险的；（3）可能毁灭、伪造证据，干扰证人作证或者串供的；（4）可能对被害人、举报人、控告人实施打击报复的；（5）企图自杀或者逃跑的。对有证据证明有犯罪事实，可能判处 10 年有期徒刑以上刑罚的，或者有证据证明有犯罪事实，可能判处徒刑以上刑罚，曾经故意犯罪或者身份不明的，应当予以逮捕。被取保候审、监视居住的犯罪嫌疑人、被告人违反取保候审、监视居住规定，情节严重的，可以予以逮捕。我国刑事诉讼法对逮捕程序作了明确规定，逮捕必须经人民检察院批准或人民法院决定，由公安机关执行逮捕。其他任何机关、团体和个人都无权批准或决定逮捕。对各级人民代表大会的代表实行逮捕的，除由检察院或法院批准或决定外，还必须报请同级人民代表大会或其常务委员会批准。有权机关在进行逮捕时，应当遵循上述规定，违反上述规定的即为违法。但是根据本法第 19 条规定的精神，并不是只要错捕就承担赔偿责任。对于犯罪情节轻微，依照刑法规定不需要判处刑罚或者免除刑罚，不再追究被羁押人刑事责任，检察机关作出不起诉决定的，国家不承担赔偿责任。而只有在对没有犯罪事实的人错误逮捕时，国家才承担赔偿责任。如果已经发现的犯罪事实并不能对被告判处刑罚，人民法院判决免予处罚的，不能认定为错捕。

对于逮捕的国家赔偿，主要有两种情况：一是依法实施逮捕，但经进一步侦查发现采取强制措施错误的；二是有关机关违反刑事诉讼法的规定，致使结果错误的。

38. 刑事审判赔偿的认定

根据本条第 3 项的规定，在依照审判监督程序再审改判无罪、原判刑罚已经执行的情况下，受害人有取得赔偿的权利。这是对刑事审判行为造成损害国家承担赔偿责任的限定。实践中，错判有多种情形，包括无罪判有罪、轻罪判重罪、有罪判无罪、此罪判彼罪等，但根据本法，上述情形并不都要进行国家赔偿，只有无罪被判有罪，并且全部或者部分执行刑罚的，国家才承担赔偿责任。因此，刑事审判行为承担赔偿责任不以失当为归责原则，也不以一般错判为归责原则，而是以"冤判"为归责原则（将无罪判成有罪）。

根据我国刑事诉讼法的规定，对于发生法律效力的判决，当事人可以向人民法院或者人民检察院申诉。而申诉可能被驳回，也有可能引起审判监督程序，对案件重新进行审理。如果再审认定原判决确有错误，宣布被告人无罪，这样，不论原判刑罚是部分执行还是全部执行完毕，对于受害人来说，损害都已造成，国家都应承担赔偿责任。但是，被判处刑罚但宣告缓刑，在缓刑期内经审判监督程序宣告无罪，由于原判刑罚没有实际执行，没有发生侵害人身自由的事实，因而不产生国家赔偿问题。

39. 公民被判数罪，经再审改判为一罪，能否请求国家赔偿

我国刑法规定对犯有数罪的应分别审理、分别定罪、分别量刑，只有在

决定如何处罚时才将数罪的刑罚依照"数罪并罚"原则合并处罚。因此，数罪并罚的案件经再审改判部分罪名不成立，监禁期限超出再审判决确定的刑期，公民对超期监禁申请国家赔偿的，应当决定予以赔偿。

40. 本条第 4 项中的"造成"如何理解

根据《最高人民法院赔偿委员会关于黄彩华申请国家赔偿一案的批复》(1999 年 8 月 25 日，〔1999〕赔他字第 2 号) 的规定，本条第 4 项规定中使用的是"造成"身体伤害或者死亡的表述方法，这与致人伤害或死亡是有区别的。"造成"应当理解为只要实施了法律规定的违法侵权行为，并产生了"伤害或者死亡"的后果，就应当适用原国家赔偿法第 15 条第 4 项的规定。

配套

《最高人民法院关于适用〈中华人民共和国国家赔偿法〉若干问题的解释（一）》第 7 条；《刑事诉讼法》第 81、82、91、163、168、245、252 条；《最高人民法院、最高人民检察院关于办理刑事赔偿案件适用法律若干问题的解释》

第十八条　【侵犯财产权的刑事赔偿范围】行使侦查、检察、审判职权的机关以及看守所、监狱管理机关及其工作人员在行使职权时有下列侵犯财产权情形之一的，受害人有取得赔偿的权利：

（一）违法对财产采取查封、扣押、冻结、追缴等措施的；

（二）依照审判监督程序再审改判无罪，原判罚金、没收财产已经执行的。

注解

本条是对司法机关侵犯财产权，国家承担赔偿责任范围的规定。本条第 1 项中的"违法"应结合《刑事诉讼法》及相关司法解释中的内容进行理解，因此在具体适用本条时，应参照适用其他相关法律的规定。

在刑事侦查、刑事审判、刑事附带民事诉讼、刑事执行中，对财产采取查封、扣押、冻结、追缴等措施，是法律赋予有关国家机关的一项职权，其目的在于保证刑事诉讼正常进行。

查封是指将可以用作证据或与案件有关不便提取的财物予以就地封存的

一种措施;《刑事诉讼法》第102条规定,人民法院在必要的时候,可以采取保全措施,查封、扣押或者冻结被告人的财产。这里的必要主要是指确实存在因被告人的行为或其他原因使将来的判决不能执行或难以执行的可能性。

扣押主要是指司法机关及其工作人员对发现能够证明犯罪嫌疑人有罪或者无罪的财产、物品、文件,依法强制扣留的一种刑事性强制措施。《刑事诉讼法》第141、142、143、145条规定了扣押的条件、对象和程序:(1)扣押条件与对象。在侦查活动中发现的可用以证明犯罪嫌疑人有罪或者无罪的各种财物、文件,应当查封、扣押;与案件无关的财物、文件,不得查封、扣押。对查封、扣押的财物、文件,要妥善保管或者封存,不得使用、调换或者损毁。(2)扣押程序。对查封、扣押的财物、文件,应当会同在场见证人和被查封、扣押财物、文件持有人查点清楚,当场开列清单一式二份,由侦查人员、见证人和持有人签名或者盖章,一份交给持有人,另一份附卷备查。(3)扣押邮件、电报。侦查人员认为需要扣押犯罪嫌疑人的邮件、电报的时候,经公安机关或者人民检察院批准,即可通知邮电机关将有关的邮件、电报检交扣押。不需要继续扣押的时候,应立即通知邮电机关。(4)解除扣押程序。对查封、扣押的财物、文件、邮件、电报,经查明确实与案件无关的,应当在3日以内解除查封、扣押,予以退还。

冻结是指司法机关在案件的侦查和审理过程中发现被告人的存款、汇款与案件有直接关系时,要求有关部门对其停止支付或转移的一种措施。《刑事诉讼法》第144、145条规定了冻结的条件、对象及程序:(1)冻结对象、条件。人民检察院、公安机关根据侦查犯罪的需要,可以依照规定查询、冻结犯罪嫌疑人的存款、汇款、债券、股票、基金份额等财产。有关单位和个人应当配合。犯罪嫌疑人的存款、汇款、债券、股票、基金份额等财产已被冻结的,不得重复冻结。(2)解冻程序。冻结的存款、汇款、债券、股票、基金份额等财产,经查明确实与案件无关的,应当在3日以内解除冻结,予以退还。

追缴是指对犯罪分子犯罪工具、赃物、违法所得物强制收缴的一种措施。与查封、扣押、冻结不同,追缴应当在刑事案件结束时进行,即作出有罪判决后,需要追缴的,才能实施追缴。《刑法》第64条规定,犯罪分子违法所得的一切财物,应当予以追缴或责令退赔。

根据《刑事诉讼法》的以上规定，在刑事诉讼中，采取查封、扣押、冻结、追缴等措施，必须符合法定的条件。首先，必须由具有法定职权的机关采取，根据《刑事诉讼法》等有关法律规范规定，采取查封、扣押、冻结、追缴等措施的职权由公安机关、人民检察院和人民法院行使，其中追缴罚金、没收财产的职权由人民法院行使。其次，享有职权的机关必须依照法律规定，在法定情形下，针对法定的对象采取各种措施，比如这些措施只能针对与案件有关财物、文件，与案件无关的则不能采取。最后，必须根据法定的程序和形式作出，根据《刑事诉讼法》的规定，对于查封、扣押的财物和文件，应当会同在场见证人和被查封、扣押财物、文件持有人查点清楚后才能作出。

此外，《最高人民法院关于适用〈中华人民共和国刑事诉讼法〉的解释》、《人民检察院刑事诉讼规则》以及《公安机关办理刑事案件程序规定》，对刑事诉讼中采取查封、扣押、冻结、追缴等措施的程序，也作出了一系列的规定。

应用

41. 违法查封、扣押、冻结、追缴等措施承担赔偿责任的情形主要有哪些

违法对财产采取查封、扣押、冻结、追缴等措施承担赔偿责任的情形主要有以下几种：（1）超越法定职权而实施查封、扣押、冻结、追缴等措施的；（2）查封、扣押、冻结了和本案无关的财物、文件、邮件、电报等；（3）对于查封、扣押的财物、文件、邮件、电报或者冻结的存款、汇款、债券、股票、基金份额等财产，经查明确实与案件无关的，并未在 3 日以内解除查封、扣押、冻结，退还原主或者原邮电机关；（4）对于查封、扣押的财物、文件，没有尽到妥善保管或者封存义务，或者进行了使用、调换或者损毁；（5）犯罪嫌疑人的存款、汇款、债券、股票、基金份额等财产已被冻结的，进行重复冻结；（6）其他违法对财产采取查封、扣押、冻结、追缴等措施的行为。

42. 再审改判无罪，但原判罚金、没收财产已经执行的，能否请求国家赔偿

刑事赔偿以公民无罪为前提。因此，罚金和没收财产产生国家赔偿责任的前提是：（1）判处罚金或者没收财产的判决必须生效且已经执行；（2）生

效判决经审判监督程序被撤销，受害人被宣告无罪。

再审改判无罪，说明原判处的罚金或者没收财产错误，如果已经执行，国家应当予以返还。如果因被判处罚金或者没收财产造成受害人财产损失的，也应当由国家承担赔偿责任。若没收的财产已经毁损，如果是种类物，应以相同数量、质量的财产赔偿；如果是特定物，应对其合理估价后以金钱赔偿。

43. 对于人民法院违法查封且未尽保管义务造成直接损失的，能否请求国家赔偿

对于人民法院违法查封且未尽保管义务造成直接损失的，人民法院应当承担国家赔偿责任。

44. 国家赔偿案件中，赔偿请求人对生效裁判关于涉案财产权属的认定不服的，如何解决

在国家赔偿案件中，认定赔偿请求人的财产权受到侵害，是基于赔偿请求人对涉案财产享有合法权益。人民法院赔偿委员会对于涉案财产权属的判断，应当受生效刑事、民事等裁判文书既判力的羁束，赔偿请求人对生效裁判相关认定不服的，应当通过审判监督程序予以解决。（《最高人民法院公报》2017 年第 9 期：汪崇余、杭州华娱文化艺术有限公司申请无罪赔偿申诉审查决定书案）

配套

《刑事诉讼法》第 141—145、245 条；《最高人民法院关于适用〈中华人民共和国刑事诉讼法〉的解释》第 359—370 条；《人民检察院刑事诉讼规则》第 208—217 条；《公安机关办理刑事案件程序规定》第 227—247 条；《最高人民法院、最高人民检察院关于办理刑事赔偿案件适用法律若干问题的解释》

第十九条 【刑事赔偿免责情形】 属于下列情形之一的，国家不承担赔偿责任：

（一）因公民自己故意作虚伪供述，或者伪造其他有罪证据被羁押或者被判处刑罚的；

（二）依照刑法第十七条、第十八条规定不负刑事责任的人

被羁押的；

（三）依照刑事诉讼法第十五条、第一百七十三条第二款、第二百七十三条第二款、第二百七十九条规定不追究刑事责任的人被羁押的；

（四）行使侦查、检察、审判职权的机关以及看守所、监狱管理机关的工作人员与行使职权无关的个人行为；

（五）因公民自伤、自残等故意行为致使损害发生的；

（六）法律规定的其他情形。

注解

本条是关于国家不承担赔偿责任的情形的规定。

对于因公民自己故意作虚伪供述，或者伪造其他有罪证据被羁押或者被判处刑罚的认定，应当具备以下几个条件：（1）必须存在受害人本人的主观故意；（2）必须是公民自愿虚伪供述或者伪造证据；（3）受害人所作的虚假供述或者伪造的证据应当对认定犯罪具有关键性作用或者决定作用。

行使国家侦查、检察、审判、看守、监狱管理职权的机关的工作人员与行使职权无关的个人行为，是指上述机关的工作人员不是以机关工作人员身份而是以个人名义实施的行为，一般包括：（1）上述机关的工作人员非行使职权时作出的行为；（2）上述机关的工作人员利用职权为个人谋取利益的行为。

因公民自伤、自残等故意行为致使损害发生的，国家不承担赔偿责任，但是，如果公民自伤、自残行为是因为有关机关工作人员的刑讯逼供或殴打、威胁、折磨致使其难以忍受而引起的，不属于公民故意自伤自残的情况，国家应当承担赔偿责任。

赔偿义务机关主张依据本条第 1 项、第 5 项规定的情形免除赔偿责任的，应当就该免责事由的成立承担举证责任。

法律规定的其他情形，包括不可抗力、正当防卫、紧急避险、第三人过错等情况。

应用

45. 国家不承担赔偿责任的情形还有哪些

国家不承担赔偿责任的情形，还有以下几种情况：

（1）取保候审。取保候审期间当事人人身自由虽然受到部分限制，但实际上没有被羁押，国家不承担赔偿责任。

（2）保外就医。被判处有期徒刑、无期徒刑的犯罪分子，在刑罚执行中保外就医期间，虽然人身自由受到一定的限制，但实际上并未被羁押，国家不承担赔偿责任。

（3）假释。对被判处有期徒刑、无期徒刑的被告人依法予以假释，属于附条件的提前释放，虽然其人身自由仍然受到一定程度的限制，但实际上未被羁押，国家不承担赔偿责任。

46. 依照刑法第 17、18 条规定不负刑事责任的人包括哪些

依照刑法第 17、18 条的规定，不负刑事责任的人包括：

（1）不满 14 周岁的人；

（2）已满 14 周岁不满 16 周岁，犯故意杀人、故意伤害致人重伤或者死亡、强奸、抢劫、贩卖毒品、放火、爆炸、投放危险物质罪以外罪行的人；

（3）不能辨认或者不能控制自己行为的精神病人。

47. 依照刑事诉讼法第 15 条规定不追究刑事责任的人包括哪些

依照刑事诉讼法第 15 条①的规定，不追究刑事责任的人包括：（1）情节显著轻微、危害不大，不认为是犯罪的；（2）犯罪已过追诉时效期限的；（3）经特赦令免除刑罚的；（4）依照刑法告诉才处理的犯罪，没有告诉或者撤回告诉的；（5）犯罪嫌疑人、被告人死亡的；（6）其他法律规定免予追究刑事责任的。

48. 因法律的修改致赔偿请求人被宣告无罪，赔偿义务机关依据修改前的法律规定对其进行追诉并采取羁押措施的，是否属于国家赔偿法第十九条第三项规定的法定免责情形

国家赔偿法和刑事诉讼法没有就因法律的修改致终止追究刑事责任的情形是否应予国家赔偿的问题作出明确规定。而无罪羁押赔偿原则是国家赔偿法确定的刑事赔偿的原则，因相关法律的修改导致赔偿请求人被宣告无罪，应区分对赔偿请求人进行追诉并采取羁押措施所依据的法律适用情形。法律修改前，因法律规定赔偿请求人的行为构成犯罪，对其羁押属于国家赔偿法

---

① 2018 年 10 月 26 日《刑事诉讼法》修订后，该第 15 条调整为第 16 条。

第十九条第三项和刑事诉讼法规定的法定免责情形，国家对此不承担赔偿责任；法律修改后，赔偿请求人的行为依法已不构成犯罪，仍对赔偿请求人采取羁押措施，构成非法羁押，赔偿义务机关应予以赔偿。（最高人民法院发布25起国家赔偿法颁布实施二十五周年典型案例之二十四：王振宏申请河北省秦皇岛市中级人民法院二审无罪国家赔偿案）

配套

《刑法》第17、18条；《刑事诉讼法》第16条、第177条第2款、第284条第2款、第290条；《监狱法》第14条第1款；《看守所条例》第4条；《人民检察院监狱检察办法》第32条；《人民检察院看守所检察办法》第3条

第二节 赔偿请求人和赔偿义务机关

第二十条 【刑事赔偿请求人】赔偿请求人的确定依照本法第六条的规定。

注解

本条是关于刑事赔偿请求人的规定。

刑事赔偿请求人是指因行使侦查、检察、审判、监狱管理职权的机关及其工作人员在行使职权时违法侵害其人身权和财产权，依照本法的有关规定有权提起国家赔偿请求的人，包括自然人、法人和其他组织。依照本法第6条的规定，刑事赔偿请求人的范围包括：（1）受害的公民、法人和其他组织。（2）受害的公民死亡，其继承人和其他有扶养关系的亲属有权要求赔偿。依法享有继承权的同一顺序继承人有数人时，其中一人或者部分人作为赔偿请求人申请国家赔偿的，申请效力及于全体。赔偿请求人为数人时，其中一人或者部分赔偿请求人非经全体同意，申请撤回或者放弃赔偿请求，效力不及于未明确表示撤回申请或者放弃赔偿请求的其他赔偿请求人。（3）受害的法人或者其他组织终止，承受其权利的法人或者其他组织有权要求赔偿。

第二十一条 【刑事赔偿义务机关】行使侦查、检察、审判职权的机关以及看守所、监狱管理机关及其工作人员在行使职权时侵犯公民、法人和其他组织的合法权益造成损害的，该机关为赔偿义务机关。

对公民采取拘留措施，依照本法的规定应当给予国家赔偿的，作出拘留决定的机关为赔偿义务机关。

对公民采取逮捕措施后决定撤销案件、不起诉或者判决宣告无罪的，作出逮捕决定的机关为赔偿义务机关。

再审改判无罪的，作出原生效判决的人民法院为赔偿义务机关。二审改判无罪，以及二审发回重审后作无罪处理的，作出一审有罪判决的人民法院为赔偿义务机关。

注解

本条是关于刑事赔偿义务机关的规定。

刑事赔偿义务机关是指在刑事赔偿法律关系中代表国家接受刑事赔偿请求、支付赔偿费用的义务机关，即行使侦查、检察、审判职权的机关以及看守所、监狱管理机关。依照法律授权，行使侦查权的机关有公安机关、国家安全机关等；行使检察权的机关为各级人民检察院；行使审判职权的机关为各级人民法院，包括各专门法院；看守所是对罪犯和重大犯罪嫌疑人临时羁押的场所；监狱管理机关行使监狱管理职权。

根据法律规定，有权在侦查犯罪过程中作出刑事拘留决定的机关是公安机关、国家安全机关和人民检察院。这些机关违反刑事诉讼法的规定对公民采取拘留措施，或者拘留时间超过刑事诉讼法规定时限，其后决定撤销案件、不起诉或者判决宣告无罪终止追究刑事责任的，作出拘留决定的机关为赔偿义务机关。

根据法律规定，有权作出逮捕决定的机关只有人民检察院和人民法院。因此，如果人民检察院或者人民法院作出逮捕决定，对公民采取逮捕措施后决定撤销案件、不起诉或者判决宣告无罪的，作出逮捕决定的人民检察院或者人民法院为赔偿义务机关。

根据第4款的规定，作出最后错误判决的人民法院为赔偿义务机关。具体而言，一审法院判决发生法律效力，再审改判无罪后，一审法院为赔偿义务机关；二审法院维持一审有罪的判决或作出减轻刑罚的判决发生法律效力，再审改判无罪的，二审法院为赔偿义务机关；二审改判无罪，以及二审发回重审后作无罪处理的，作出一审判决的人民法院为赔偿义务机关。

49. 人民法院作为赔偿义务机关与赔偿请求人就赔偿事项达成协议，是否应制作赔偿决定书并交代诉权

赔偿义务机关违法行使职权，造成的损害事实存在，但损害的程度一时难以查清时，赔偿义务机关与赔偿请求人可就损害程度进行协商。协商达成协议后，经审查符合《国家赔偿法》规定的，应当予以确认。赔偿义务机关仍需制作赔偿决定书，并且在赔偿决定书中向赔偿请求人交代诉权。

50. 本条第4款中规定的重审无罪赔偿包括哪些情形

一审判决有罪，二审发回重审后具有下列情形之一的，属于本条第4款规定的重审无罪赔偿，作出一审有罪判决的人民法院为赔偿义务机关：（1）原审人民法院改判无罪并已发生法律效力的；（2）重审期间人民检察院作出不起诉决定的；（3）人民检察院在重审期间撤回起诉超过30日或者人民法院决定按撤诉处理超过30日未作出不起诉决定的。依照审判监督程序再审后作无罪处理的，作出原生效判决的人民法院为赔偿义务机关。

配 套

《刑事诉讼法》第80条；《看守所条例》

第三节 赔 偿 程 序

第二十二条 【刑事赔偿的提出和赔偿义务机关先行处理】
赔偿义务机关有本法第十七条、第十八条规定情形之一的，应当给予赔偿。

赔偿请求人要求赔偿，应当先向赔偿义务机关提出。

赔偿请求人提出赔偿请求，适用本法第十一条、第十二条的规定。

注 解

本条是关于刑事赔偿程序启动的前提条件，以及赔偿义务机关先行处理的规定。刑事赔偿程序是指由赔偿请求人和赔偿义务机关参加的，因刑事司法机关及其工作人员在刑事诉讼过程中侵害公民、法人和其他组织的权利，受害人向国家申请予以赔偿的程序。

理解本条的关键是第 2 款"赔偿请求人要求赔偿，应当先向赔偿义务机关提出"，该款使用了"应当先……"的语言模式，把赔偿请求的提出强制性地限定于先向赔偿义务机关提出，而不能作选择。这种制度设置被称作"赔偿义务机关先行处理程序"，即刑事赔偿请求人要求赔偿，必须先向赔偿义务机关提出，这是刑事赔偿程序的必经程序。只有其作出处理后，才能启动此后的复议程序和国家赔偿委员会的决定程序。即使赔偿义务机关不作处理，也要给它 2 个月的时间，满 2 个月后才能启动此后的复议程序和国家赔偿委员会的决定程序，赔偿义务机关先行处理程序是刑事赔偿程序中不能省略的程序。

应用

51. 刑事赔偿程序可分为哪几个阶段

总体来讲，刑事赔偿程序分为三个阶段：第一阶段为赔偿义务机关先行处理程序。这一程序中，赔偿请求人向赔偿义务机关提出赔偿申请，赔偿义务机关根据申请，决定是否赔偿，以及赔偿方式和赔偿数额。第二阶段为复议程序。在这一程序中，赔偿请求人对赔偿义务机关不予赔偿的决定不服或者对赔偿决定的具体内容有异议的，可以向赔偿义务机关的上一级机关申请复议。第三阶段为法院赔偿委员会的决定程序。赔偿请求人在不服复议决定或者复议机关逾期不作复议决定时，可向人民法院赔偿委员会申请作出赔偿决定。但当刑事赔偿的义务机关是人民法院时，赔偿程序只有两个部分：赔偿义务机关先行处理程序和法院赔偿委员会的决定程序。即赔偿请求人向负有赔偿义务的人民法院提出赔偿申请，相关人民法院作出决定。赔偿请求人对其决定不服的，无需经复议程序，可直接向其上一级人民法院的赔偿委员会申请作出赔偿决定。

配套

《国家赔偿法》第 11—12、17—19、39 条

第二十三条 **【刑事赔偿义务机关赔偿决定的作出】**赔偿义务机关应当自收到申请之日起两个月内，作出是否赔偿的决定。赔偿义务机关作出赔偿决定，应当充分听取赔偿请求人的意见，并可以与赔偿请求人就赔偿方式、赔偿项目和赔偿数额依照本法第四章的规定进行协商。

赔偿义务机关决定赔偿的，应当制作赔偿决定书，并自作出决定之日起十日内送达赔偿请求人。

赔偿义务机关决定不予赔偿的，应当自作出决定之日起十日内书面通知赔偿请求人，并说明不予赔偿的理由。

注解

期限开始的日，不计算在期间内。即如果赔偿义务机关在 9 月 1 日收到申请，那么最迟应当在 11 月 2 日作出是否赔偿的决定。如果期限届满的最后一日是节假日的，则以节假日后的第一日为届满日期。

协商并不意味着赔偿请求人可以漫天要价，更不意味着赔偿义务机关可以为了息事宁人而无限制地进行高价赔付。协商的依据和标准是本法第四章（赔偿方式和计算标准）的有关规定。关于赔偿方式，双方可以协议是支付赔偿金、返还财产或者恢复原状；关于赔偿项目和数额，双方可以根据本法第 33 条至第 36 条的规定，进行协商。如果协商不成，赔偿义务机关可根据本法第四章的规定，作出决定。

一般来说，赔偿决定书应当载明赔偿请求人和受害人的基本身份信息，赔偿请求的具体内容，赔偿义务机关决定给予赔偿的方式、项目和数额。

赔偿义务机关收到赔偿申请后，经审查决定不予赔偿的，也应当制作书面通知。与赔偿决定书相类似，不予赔偿决定的书面通知，也应载明赔偿请求人的基本信息和赔偿请求的具体内容，并应当说明不予赔偿的理由。

应用

52. 复议机关未尽告知义务致使赔偿请求人逾期申请的，人民法院赔偿委员会应否受理

复议机关受理案件后，逾期不作出决定，也未告知赔偿请求人逾期可以向复议机关所在地的同级人民法院赔偿委员会申请作出赔偿决定的诉权，造成赔偿请求人逾期申请的过错在于复议机关，不能因为复议机关的过错而剥夺赔偿请求人的诉权。因此，赔偿请求人逾期后在法定时效内向人民法院赔偿委员会申请作出决定的，人民法院赔偿委员会应当受理。

第二十四条　【刑事赔偿复议申请的提出】赔偿义务机关在规定期限内未作出是否赔偿的决定，赔偿请求人可以自期限届满

之日起三十日内向赔偿义务机关的上一级机关申请复议。

赔偿请求人对赔偿的方式、项目、数额有异议的，或者赔偿义务机关作出不予赔偿决定的，赔偿请求人可以自赔偿义务机关作出赔偿或者不予赔偿决定之日起三十日内，向赔偿义务机关的上一级机关申请复议。

赔偿义务机关是人民法院的，赔偿请求人可以依照本条规定向其上一级人民法院赔偿委员会申请作出赔偿决定。

注解

本条是对赔偿义务机关逾期不作赔偿决定，或者赔偿请求人对赔偿义务机关决定赔偿或不赔偿不服的，申请复议或向人民法院赔偿委员会申请赔偿的规定。

本条第3款规定，赔偿义务机关是人民法院的，赔偿请求人对义务机关拖延赔偿、拒绝赔偿，或者对赔偿决定不服的，可以向其上一级人民法院赔偿委员会申请作出赔偿决定。之所以这么规定，是因为本法规定，中级以上的人民法院设立专门的赔偿委员会负责处理国家赔偿案件，且赔偿委员会作出的赔偿决定，是发生法律效力的决定。在上级人民法院有专门"理赔"机构的情况下，法院系统内部的国家赔偿案件就没有必要设置单独的复议机构和复议程序。划归赔偿委员会统一处理，有利于节省资源、优化配置，提高审判效能。

应用

53. 行政赔偿和刑事赔偿的复议有哪些区别

刑事赔偿的复议程序是指赔偿请求人向赔偿义务机关提出赔偿请求后，赔偿义务机关不予赔偿，或者赔偿请求人对赔偿决定有异议时，可以向赔偿义务机关的上一级机关提出复议申请，由复议机关进行审查并对赔偿争议作出决定的程序。

行政赔偿和刑事赔偿均有关于复议的规定，但它们存在以下区别：（1）行为性质和法律依据不同。行政赔偿复议，是本法依托于行政复议程序而设计的赔偿程序，国家赔偿的决定过程被包含在行政复议程序中，因此，其性质仍属于行政行为，其法律依据除了本法之外，主要是行政复议法；刑事赔偿复议是本法设立的对刑事司法行为引起的损害赔偿进行审查的程序，其性质属于司法行为，其法律依据是本法的规定以及相关司法解释。（2）是否经过"先行处理"不同。行政赔偿请求人要求赔偿，可以先向赔偿义务机关提出，也可以在申请行政复议时一并提出；而刑事赔偿请求，必须先向赔偿义务机关提出，对赔偿义务机关的决定不服时，才可以向赔偿义务机关的上一级机关提出复议申请。（3）审查决定的内容不同。行政赔偿复议解决的是下一级行政机关的具体行政行为的合法性和合理性，在审查具体行政行为是否违法的过程中，一并解决赔偿问题；刑事赔偿复议审查的内容，则是其下一级机关作出的司法赔偿决定是否正确、恰当，并依法作出复议决定。（4）法定救济途径不同。行政赔偿请求人对行政复议决定不服，包括对国家赔偿部分不服的，可以提起行政诉讼；刑事赔偿请求人对刑事赔偿复议决定不服的，只能向复议机关所在地的同级人民法院赔偿委员会申请作出赔偿决定。（5）复议机关不同。行政赔偿复议的机关是行政机关，而刑事赔偿复议机关则是除人民法院以外的司法机关，包括侦查机关、检察机关以及看守所、监狱管理机关。

54. 提起刑事赔偿复议的情形有哪几种

根据本条规定，申请复议的情形有三种：

第一，赔偿义务机关逾期未作出决定的。依据本法第23条的规定，赔偿义务机关应当自收到赔偿申请之日起2个月内作出是否赔偿的决定，这是法律设定的赔偿义务机关的职责。但是，如果赔偿义务机关拖延履行法定职责的，还应当设定一种监督和制约机制。通过设定赔偿复议制度，为赔偿请求人增加了救济的渠道，有利于保证赔偿请求人的赔偿请求权得到切实有效的保障。

第二，赔偿义务机关在2个月的处理期限内作出了予以赔偿的决定，但是赔偿请求人对赔偿的方式、项目、数额有异议，可以向赔偿义务机关的上一级机关申请复议。本法关于国家赔偿的主要方式有返还财产、恢复原状、给付赔偿金等。赔偿项目包括限制人身自由赔偿金、财产损害赔偿金、人身损害赔偿金（如医疗费、护理费、康复费、丧葬费、生活自助具费、残疾赔偿金、死亡赔偿金）、精神损害抚慰金等。

第三，赔偿义务机关作出不予赔偿决定，赔偿请求人可以向其上一级机关申请复议。申请复议的时效，本条规定为30日，目的是督促赔偿请求人及时行使权利。

《国家赔偿法》第12、22条

第二十五条 【刑事赔偿复议的处理和对复议决定的救济】
复议机关应当自收到申请之日起两个月内作出决定。

赔偿请求人不服复议决定的，可以在收到复议决定之日起三十日内向复议机关所在地的同级人民法院赔偿委员会申请作出赔偿决定；复议机关逾期不作决定的，赔偿请求人可以自期限届满之日起三十日内向复议机关所在地的同级人民法院赔偿委员会申请作出赔偿决定。

注解

本条是关于复议的处理程序以及对复议决定救济程序的规定。刑事赔偿的复议程序只适用于行使侦查、检察、监狱管理职权的机关作为赔偿义务机关的情形，而不适用于法院作为赔偿义务机关的情形。法院作为赔偿义务机关的，赔偿请求人在经过先行程序后，可以直接向其上一级人民法院赔偿委员会申请作出赔偿决定。

1. 刑事赔偿决定程序。刑事赔偿决定程序是指赔偿委员会受理刑事赔偿请求、作出决定的程序。这是我国《国家赔偿法》规定的最终解决和确定刑事赔偿问题所适用的程序。

在《国家赔偿法》制定过程中，对刑事赔偿适用程序问题存在着较大的争议。第一种观点主张采用诉讼制，凡不服赔偿义务机关决定的，都可以向法院起诉，被告是法院、检察院或公安机关。第二种观点认为，完全采用普通司法程序，依靠司法机关本身，尤其致害机关是法院的话由其负责刑事赔偿的监督与审查，极易出现法院审法院、法院审检察院的尴尬局面，也不符合我国现行的司法体制现实。因此，应由独立于司法机关之外的机构负责赔偿案件的救济与处理。第三种观点认为，刑事赔偿案件与其他民事、行政、刑事案件一样，属于社会争议的一种，从解决争议的角度看，必须有一个最终裁判者，这个裁判者目前只能是法院而不是其他机关。由于复杂烦琐的程序规定不适合赔偿案件的处理，因此，法院对于请求权人提出的赔偿请求，可采用"决定"方式予以接受或驳回，对于这种决定，不能上诉，只能申请上级法院复议。

2. 刑事赔偿复议的决定。复议机关受理复议申请后，应指定与本案无利害关系的工作人员办理。工作人员应当调查收集证据，查明案件事实，同时充分听取赔偿请求人的意见，与赔偿请求人就赔偿方式、数额等进行协商。复议机关应当听取赔偿义务机关的意见。复议可以采取书面方式审理，复议机关认为必要的，也可以采取其他的方式处理。

复议机关应当自收到复议申请之日起2个月内作出决定，对赔偿义务机关认定事实清楚，适用法律法规正确、适当的决定应予以维持；对于认定事实错误、适用法律法规错误或确定的赔偿方式、数额不合理的决定应当予以撤销；认为应当予以赔偿的，复议机关应重新作出决定或者变更赔偿义务机关的决定。

复议决定作出后，应当制作刑事赔偿复议决定书，直接送达赔偿义务机关和赔偿请求人。法律没有规定复议决定的送达期限，但根据本法的基本精神和第2条规定的及时履行赔偿义务的原则，复议决定应当及时送达。

复议机关作出的决定对于作为下级机关的赔偿义务机关具有约束力，复议决定一经生效，赔偿义务机关必须执行。复议机关如果在2个月内不作出决定，赔偿请求人可以申请复议机关所在地的同级人民法院赔偿委员会作出赔偿决定；如果赔偿请求人对复议机关作出的决定不服，可以在收到复议决定之日起30日内向复议机关所在地的同级人民法院赔偿委员会申请作出赔偿决定。

赔偿请求人在申请法院赔偿委员会作出决定时，应当递交赔偿申请书，同时还应提供其在赔偿义务机关先行处理程序中和复议程序中提交的有关法律文书，以及赔偿义务机关或者复议机关作出的有关决定书。赔偿义务机关或者复议机关逾期未作出决定的，应提供相关证明材料。赔偿委员会在收到赔偿申请后，应及时通知赔偿请求人是否受理。赔偿委员会决定受理的，在依法作出赔偿决定之前，赔偿请求人申请撤回赔偿申请的，应当准许。

配套

《国家赔偿法》第28条

第二十六条 【举证责任分配】人民法院赔偿委员会处理赔偿请求，赔偿请求人和赔偿义务机关对自己提出的主张，应当提

51

供证据。

被羁押人在羁押期间死亡或者丧失行为能力的，赔偿义务机关的行为与被羁押人的死亡或者丧失行为能力是否存在因果关系，赔偿义务机关应当提供证据。

在刑事赔偿中举证责任分配有两种情况。一是谁主张谁举证，即赔偿委员会处理赔偿请求，赔偿请求人和赔偿义务机关对自己提出的主张，应当提供证据。二是举证责任倒置，即被羁押人在羁押期间死亡或者丧失行为能力的，对于赔偿义务机关的行为与被羁押人的死亡或者丧失行为能力是否存在因果关系，赔偿义务机关应当提供证据。

法律规定被羁押人在羁押期间死亡或者丧失行为能力的，赔偿义务机关的行为与被羁押人的死亡或者丧失行为能力是否存在因果关系实行举证责任倒置，主要考虑在于：第一，由赔偿义务机关负担举证责任，体现公平原则。第二，由赔偿义务机关负担举证责任，有利于发挥其举证优势。在被羁押人在羁押期间死亡或者丧失行为能力的案件中，原司法行为是由赔偿义务机关作出的，被申请的赔偿义务机关掌握了作出原司法行为的事实和法律依据，所以赔偿义务机关的举证能力较申请人强。

需要注意的是，国家赔偿法 2010 年修改时虽然增加了关于举证责任的规定，但该条规定比较原则，考虑到赔偿义务机关作出职权行为时应有充足的事实和法律依据，并形成规范的卷宗材料，在提供证据上具有便利条件。而赔偿请求人收集证明职权行为违法的证据时受到较多限制，处于明显弱势。为了保障赔偿请求人的权利，2011 年 3 月 17 日公布的《最高人民法院关于人民法院赔偿委员会审理国家赔偿案件程序的规定》明确，赔偿义务机关对于职权行为的合法性负有举证责任，并规定赔偿请求人可以提供证明职权行为违法的证据，但是不因此免除赔偿义务机关对其职权行为合法性的举证责任。

55. 申请人提出刑事赔偿请求时，应当提交哪些主要证据

申请人提交的证据在一定程度上决定了其是否符合刑事赔偿的条件以及赔

偿标准等重要问题，因此，在提出刑事赔偿请求时，应当包括以下主要证据：

（1）人身自由受到侵犯的，应提交释放证明、不起诉决定、无罪判决或者再审无罪判决等法律文书；

（2）造成受害人死亡的，应提交受害人死亡证明书或者其他载明死亡原因、时间、年龄情况等的证明书，死亡人在死亡前的职业和工资收入状况，死亡人生前抚养人的姓名、年龄，因死亡而花费的丧葬费用收据等；

（3）因人身伤害请求赔偿的，应提交证明伤害程度、性质的医院证明书，医疗费收据以及其他因此受损的证明；

（4）因财产受损害而请求赔偿的，应提交证明财产损失的证据、修理费收据或者重新购置收据等。

配套

《最高人民法院关于人民法院赔偿委员会审理国家赔偿案件程序的规定》第12、13条

第二十七条　【赔偿委员会办理案件程序】人民法院赔偿委员会处理赔偿请求，采取书面审查的办法。必要时，可以向有关单位和人员调查情况、收集证据。赔偿请求人与赔偿义务机关对损害事实及因果关系有争议的，赔偿委员会可以听取赔偿请求人和赔偿义务机关的陈述和申辩，并可以进行质证。

注解

本条是对赔偿委员会处理赔偿案件程序的规定。

赔偿委员会对案情复杂、双方有争议的案件，可以通知赔偿请求人和赔偿义务机关到法院进行陈述和申辩，并可以进行质证，这不仅有利于保护赔偿请求人的求偿权，也有利于体现司法的程序公正，切实做到依法保护、依法监督。

另外，本条关于质证的规定实质上是肯定了人民法院将听证引入赔偿委员会审理程序的有益探索，从法律上确定了赔偿委员会在必要时组织赔偿请求人和赔偿义务机关进行质证作为书面审理方式的补充。2011年3月17日公布的《最高人民法院关于人民法院赔偿委员会审理国家赔偿案件程序的规定》在总结实践经验的基础上，对质证范围作了具体解释，明确规定对侵权

事实、损害后果及因果关系争议较大的，对是否属于本法第 19 条规定的国家不承担赔偿责任的情形争议较大的，以及对赔偿方式、赔偿项目或者赔偿数额争议较大的，赔偿委员会可以组织赔偿请求人和赔偿义务机关进行质证。

应用

56. 书面审查主要针对哪些内容

在司法实践中，书面审查主要有以下几个方面的内容：

（1）有本法第 17 条、第 18 条规定情形的法律文书。如公安机关的撤销案件决定书，检察机关的不起诉决定书、撤销案件决定书，人民法院发生法律效力宣告无罪的刑事判决书，看守所、监狱发给被羁押人的释放证明等。

（2）赔偿义务机关作出的赔偿或者不予赔偿的决定书。赔偿义务机关逾期未作决定的，应当提供相关的证明材料，如本法第 12 条中涉及的申请书、委托书、赔偿义务机关收到申请的收据或要求补正申请的告知书，本法第 24 条规定的复议申请书、复议机关收到复议申请的证明等。

（3）其他相关的法律文书、证明材料。如证明损害事实存在的医疗费、护理费、停产停业损失等证明，证明损害事实和司法机关行使职权行为之间存在因果关系的证明材料等。

57. 质证一般应按照何种顺序进行

质证一般按照以下顺序进行：

（1）赔偿请求人、赔偿义务机关分别陈述，复议机关进行说明；

（2）审判员归纳争议焦点；

（3）赔偿请求人、赔偿义务机关分别出示证据，发表意见；

（4）询问参加质证的证人、鉴定人、勘验人；

（5）赔偿请求人、赔偿义务机关就争议的事项进行质询和辩论；

（6）审判员宣布赔偿请求人、赔偿义务机关认识一致的事实和证据；

（7）赔偿请求人、赔偿义务机关最后陈述意见。

58. 赔偿委员会审理程序中应当中止审理或终结审理的情形有哪些

有下列情形之一的，赔偿委员会应当决定中止审理：（1）赔偿请求人死亡，需要等待其继承人和其他有扶养关系的亲属表明是否参加赔偿案件处理的；（2）赔偿请求人丧失行为能力，尚未确定法定代理人的；（3）作为赔偿请求人的法人或者其他组织终止，尚未确定权利义务承受人的；（4）赔偿请求人因不可抗拒的事由，在法定审限内不能参加赔偿案件处理的；（5）宣告无罪的案件，人民法院决定再审或者人民检察院按照审判监督程序提出抗诉的；（6）应当中止审理的其他情形。中止审理的原因消除后，赔偿委员会应当及时恢复审理，并通知赔偿请求人、赔偿义务机关和复议机关。

有下列情形之一的，赔偿委员会应当决定终结审理：（1）赔偿请求人死亡，没有继承人和其他有扶养关系的亲属或者赔偿请求人的继承人和其他有扶养关系的亲属放弃要求赔偿权利的；（2）作为赔偿请求人的法人或者其他组织终止后，其权利义务承受人放弃要求赔偿权利的；（3）赔偿请求人据以申请赔偿的撤销案件决定、不起诉决定或者无罪判决被撤销的；（4）应当终结审理的其他情形。

配套

《最高人民法院关于人民法院赔偿委员会审理国家赔偿案件程序的规定》第1、2、14条

第二十八条　【赔偿委员会办理案件期限】人民法院赔偿委员会应当自收到赔偿申请之日起三个月内作出决定；属于疑难、复杂、重大案件的，经本院院长批准，可以延长三个月。

应 用

59. 如何理解申请延长审限的案件类别

申请延长审限的案件为三类：疑难、复杂、重大案件。所谓疑难，是指法律关系不清、法律规定不明、法律认识不统一，法律适用出现重大分歧，需要征求立法机关或相关部门意见，或者需要向上级法院请示的案件。所谓复杂，主要是指案件事实比较复杂，短期内难以查清，或者是当事人有特殊原因，无法向法院讲清关键事实等。例如，案件事实需要委托鉴定的，当事人因患病、出国等原因，暂时不能参加听证、质证的。所谓重大，是指案件有重大影响，如涉及人数众多，或在社会上影响广泛，案件的处理将对公共政策产生重大影响等。

配套

《最高人民法院关于人民法院赔偿委员会审理国家赔偿案件程序的规定》第3、4条

第二十九条　【赔偿委员会的组成】中级以上的人民法院设立赔偿委员会，由人民法院三名以上审判员组成，组成人员的人数应当为单数。

赔偿委员会作赔偿决定，实行少数服从多数的原则。

赔偿委员会作出的赔偿决定，是发生法律效力的决定，必须执行。

注解

本条是对人民法院赔偿委员会的组成的规定。2010 年修改之后的《国家赔偿法》大幅度地改变了国家赔偿委员会的组成，把原来赔偿委员会"由人民法院 3 名至 7 名审判员组成"的做法，改成现在"由人民法院 3 名以上审判员组成，组成人员的人数应当为单数"，取消了赔偿委员会成员的上限限制，是考虑到国家赔偿审判工作的重要性、特殊性，它要履行司法监督职能，监督和纠正其他违法的司法行为，必须配备审判经验丰富、知识层次较高的司法人员。并且"组成人员的人数应当为单数"的规定，使第 2 款"少数服从多数"的规定，更加具有可行性。而此前最高人民法院《关于贯彻执行〈中华人民共和国国家赔偿法〉设立赔偿委员会的通知》中规定的"中级人民法院的赔偿委员会由 3 到 5 名委员，高级人民法院的赔偿委员会由 5 到 7 名委员组成"的做法，都已失去效力，而应以现行修改后的规定为准。因此，《国家赔偿法》修正案生效实施之后，人民法院赔偿委员会的设置应有新的调整，应当按照法律的规定，重新设立有固定人员编制的独立的办案机构。至于应当是多少个编制，法律规定是 3 名审判员以上，可以根据各级各地法院的实际情况确定。

应用

60. 赔偿决定作出后是否需过一段时间再生效

关于赔偿决定的效力，根据本条规定，赔偿委员会作出的赔偿决定，是发生法律效力的决定，必须执行。这里的发生法律效力的决定，是指决定一经作出，就产生法律拘束力。决定中确定的事项应予实现和执行，除依照审判监督程序外，不得依通常的上诉程序予以撤销或变更，也不得就同一事件再行申请赔偿。赔偿委员会决定赔偿的决定书，是发生法律效力的法律文书，赔偿义务机关和有关财政部门必须自觉履行赔偿义务，如不自觉履行赔偿义务，人民法院得依法采取相应执行措施确保赔偿决定得到实现。

配套

《最高人民法院关于贯彻执行〈中华人民共和国国家赔偿法〉设立赔偿委员会的通知》；《人民法院组织法》第27、35条；《最高人民法院赔偿委员会工作规则》；《最高人民法院关于人民法院赔偿委员会审理国家赔偿案件程序的规定》第7、8条

第三十条　【赔偿委员会重新审查程序】 赔偿请求人或者赔偿义务机关对赔偿委员会作出的决定，认为确有错误的，可以向上一级人民法院赔偿委员会提出申诉。

赔偿委员会作出的赔偿决定生效后，如发现赔偿决定违反本法规定的，经本院院长决定或者上级人民法院指令，赔偿委员会应当在两个月内重新审查并依法作出决定，上一级人民法院赔偿委员会也可以直接审查并作出决定。

最高人民检察院对各级人民法院赔偿委员会作出的决定，上级人民检察院对下级人民法院赔偿委员会作出的决定，发现违反本法规定的，应当向同级人民法院赔偿委员会提出意见，同级人民法院赔偿委员会应当在两个月内重新审查并依法作出决定。

注解

对赔偿委员会作出的决定错误的，原国家赔偿法没有规定纠正程序，不利于对赔偿委员会的监督，不利于保障赔偿请求人的合法权益。2010年修改《国家赔偿法》时，新增了赔偿委员会重新审查程序。

重新审查并不是对原赔偿决定的上诉审，重新审查期间，原赔偿决定仍然发生法律效力，不停止执行。

可以提出申诉的当事人包括赔偿请求人和赔偿义务机关。只要当事人认为赔偿委员会作出的决定确有错误，即有权向上一级人民法院赔偿委员会提出申诉。而对于当事人的申诉，赔偿委员会经过审查后，认为应当重新审查

的，才决定重新审查，包括即使没有"发现违反本法规定"，但只要"认为应当重新审查"的，也可以决定重新审查。

本条第 2 款规定的是赔偿委员会依职权重新审查，依职权重新审查的条件是"违反本法规定"，强调的是对本法本身的违反。只要违反本法的规定，就应当重新审查。从另一角度说，如果没有违反本法的规定，即使认定事实有出入，或者适用其他法律有错误，因为在赔偿金额上也不会出现大的差错，为维护赔偿决定的稳定性，不必重新审查。

只有最高人民检察院有权对各级人民法院赔偿委员会作出的决定，上级人民检察院有权对下级人民法院赔偿委员会作出的赔偿决定进行监督。地方人民检察院如果认为同级人民法院赔偿委员会的赔偿决定违反本法规定的，无权进行监督，应当提请上级人民检察院向其同级人民法院赔偿委员会提出意见进行监督。比如，如果是县级检察机关作为赔偿义务机关，则由中级人民法院赔偿委员会负责办理赔偿案件，进行监督的上级人民检察院即为最高人民检察院、省级人民检察院。如果是设区的市级检察机关作为赔偿义务机关，则由高级人民法院赔偿委员会负责办理赔偿案件，进行监督的上级人民检察院即为最高人民检察院。

应 用

61. 如何理解本条第 2 款中的"依法作出决定"

所谓"依法作出决定"，需要从三方面来理解：一是经重新审查，认为原赔偿决定并无违法，检察机关的监督意见不能成立的，将重新审查的意见通知检察机关；二是经重新审查认为本院原赔偿决定确有错误的，按照第 2 款的规定，经本院院长决定，由赔偿委员会重新作出决定；三是经重新审查认为下级法院的赔偿决定确有错误的，指令下级法院重新作出决定，或由本院重新作出纠错决定。对后两种情况，可在纠错决定作出后，将新的决定抄送提出意见的检察机关。

62. 当事人认为人民法院错误执行给其造成损害，是否应当在执行程序终结后提出赔偿请求

最高人民法院赔偿委员会认为，执行程序终结不是国家赔偿程序启动的绝对标准。一般来讲，执行程序只有终结以后，才能确定错误执行行为给当事人造成的损失数额，才能避免执行程序和赔偿程序之间的并存交叉，也才

能对赔偿案件在穷尽其他救济措施后进行终局性的审查处理。但是，这种理解不应当绝对化和形式化，应当从实质意义上进行理解。在人民法院执行行为长期无任何进展、也不可能再有进展，被执行人实际上已经彻底丧失清偿能力，申请执行人等已因错误执行行为遭受无法挽回的损失的情况下，应当允许其提出国家赔偿申请。否则，有错误执行行为的法院只要不作出执行程序终结的结论，国家赔偿程序就不能启动，这样理解与国家赔偿法以及相关司法解释的目的是背道而驰的。（指导案例116号：丹东益阳投资有限公司申请丹东市中级人民法院错误执行国家赔偿案）

配套

《最高人民法院关于国家赔偿监督程序若干问题的规定》

第三十一条 【刑事赔偿的追偿】赔偿义务机关赔偿后，应当向有下列情形之一的工作人员追偿部分或者全部赔偿费用：

（一）有本法第十七条第四项、第五项规定情形的；

（二）在处理案件中有贪污受贿，徇私舞弊，枉法裁判行为的。

对有前款规定情形的责任人员，有关机关应当依法给予处分；构成犯罪的，应当依法追究刑事责任。

注解

本条是关于刑事赔偿的追偿与处罚的规定。

刑事赔偿中的追偿，是指赔偿义务机关在代表国家承担刑事赔偿责任后，再向因故意或者重大过失侵害公民、法人或者其他组织合法权益的人员要求偿还国家已经赔偿的部分或者全部赔偿金的制度。与行政追偿相比，刑事追偿的范围要窄得多，其对象仅限于行使侦查、检察、审判、监狱管理职权的国家机关的工作人员，且追偿的范围仅限于本条规定的三种情形。

行政处分是一种行政责任，通常是由赔偿义务机关对其内部人员作出，方式包括：警告、记过、记大过、降级、降职、撤职、开除公职等。

关于具体如何向有关工作人员追偿国家赔偿费用，2011年通过的《国家赔偿费用管理条例》规定，赔偿义务机关应当依照本法第16条、第31条的规定，责令有关工作人员、受委托的组织或者个人承担或者向有关工作人员追偿部分或者全部国家赔偿费用。赔偿义务机关作出责令承担或者追偿部分或者全部国家赔偿费用决定后，应当书面通知有关财政部门。有关工作人员、受委托的组织或者个人应当依照财政收入收缴的规定上缴应当承担或者被追偿的国家赔偿费用。

配套

《国家赔偿费用管理条例》第 12 条

第四章　赔偿方式和计算标准

第三十二条　【赔偿方式】国家赔偿以支付赔偿金为主要方式。

能够返还财产或者恢复原状的，予以返还财产或者恢复原状。

注解

本条是关于赔偿方式的规定。国家赔偿的方式，是指国家承担赔偿责任的各种形式。根据本条规定，国家赔偿是以金钱赔偿为主要方式，以返还财产、恢复原状为补充方式，即在大部分情形下，应当通过支付货币的方式进行赔偿，只有在返还财产、恢复原状为可能和适当之时，才可以返还财产、恢复原状的方式赔偿。

支付赔偿金广泛适用于侵犯人身权和财产权的赔偿，返还财产和恢复原状则只适用于侵犯财产权的赔偿，而且，即使是在侵犯财产权的赔偿当中，返还财产和恢复原状也不是主要方式，而是作为金钱赔偿方式的补充。

支付赔偿金、返还财产和恢复原状三种方式既可以单独适用，也可以合并适用。

支付赔偿金的具体情况包括：

（1）支付侵犯人身自由权、生命健康权的赔偿金；

（2）财产损坏的，赔偿修复所需的费用；

（3）财产灭失的，按侵权行为发生时当地市场价格予以赔偿；

（4）财产已拍卖的，给付拍卖所得的价款；

（5）财产已变卖的，按合法评估机构的估价赔偿；

（6）造成其他损害的，赔偿直接损失。

恢复原状的具体情况包括：

（1）解除查封、扣押、冻结；

（2）返还财产、恢复原状；

（3）退还罚款、罚没财物。

应　用

63. 国家赔偿为什么以金钱赔偿为主

在法律上，赔偿是对侵权行为造成损害的一种补救手段，然而，损害在性质、程度、情节上不可能整齐划一，彼此间的差异难以避免，赔偿方式的多元化也就成为制度设计的必然结局。国家赔偿采用何种具体方式，既要考虑到对受害人权益进行救济的及时性，也要对国家机关正常履行职责予以适当关注，有必要以法律的形式明确规定。《国家赔偿法》之所以在赔偿方式上确立金钱赔偿为主，其他方式为辅的制度，主要考虑了以下几点原因：（1）金钱赔偿具有较强的便捷性，既能够保障公务的连续性，又可以避免双方因标准不一无法达成共识而难以实施。（2）金钱赔偿具有广泛的适用性，无论是哪种损害，都可以根据案件具体情况量化为一定数额的金钱，金钱赔偿有着其他责任形式无法替代的优势。而若以恢复原状为原则，行政机关将因此承担诸多不必要的工作，造成人力、物力的浪费，同时还会影响到行政机关正常的管理活动和行政效率。故此，2010 年修改之后的《国家赔偿法》仍坚持了原有的赔偿方式，即仍采取以支付赔偿金为主，以返还财产和恢复原状等其他方式为辅的赔偿机制。

64. 采用返还财产方式进行国家赔偿，需要具备什么条件

返还财产是指赔偿义务机关将违法取得的财产返还受害人的赔偿方式，一般是指返还原物，也包括种类物，只适用于财产权受到损害时的赔偿，一般需要满足以下几个条件：

（1）原物仍然存在，具有返还的可能性；

（2）采用返还财产方式比采用金钱赔偿方式更快捷；

（3）返还财物不影响公务的正常执行。

65. 什么情况下采用恢复原状的赔偿方式

恢复原状是指赔偿义务机关对受害人的财产进行修复，使之恢复到受损

害前的形状、性能和状态的赔偿方式。此种方式的适用不以受害人提出请求为前提，只要赔偿义务机关认为必要即可适用，一般需满足以下条件：

（1）受损害的财产或者其他合法权益能够恢复；

（2）采用恢复原状的方式比采用金钱赔偿方式更快捷；

（3）恢复原状不会妨碍公务，也不会损害公共利益。

66. 因强占土地引起的赔偿问题，是否应当优先适用恢复原状的判决方式

因强占土地引起的赔偿问题，在具备恢复原状条件的情况下，应当优先适用恢复原状的判决方式，将土地恢复至能够耕种的状态并予以返还的原则，对于从根本上保护耕地，具有积极的借鉴意义。（最高人民法院发布 8 起耕地保护典型行政案例之三：杨某 1 等诉淇县人民政府等违法占地及行政赔偿案）

第三十三条 【人身自由的国家赔偿标准】侵犯公民人身自由的，每日赔偿金按照国家上年度职工日平均工资计算。

注解

本条是对侵犯人身自由的赔偿标准的规定。侵犯人身自由是指非法剥夺或者限制公民的人身自由。根据本条的规定，侵犯公民人身自由的，每日的赔偿金按照国家上年度职工日平均工资计算。我国《国家赔偿法》对侵害公民人身自由权的赔偿采用随机标准，而不是规定一个最高赔偿限额或固定的标准的理由是：第一，我国社会处在快速的发展之中，个人收入与物价水平在相当长时期内会持续变化。确定固定的赔偿数额，虽然在操作上较为便捷，但适应性较差。第二，我国各地、各行业发展差距较大，明确规定赔偿数额极易产生同等损害不同赔偿的现象，对受害人有失公允。《国家赔偿法》规定以国家职工日平均工资计算侵犯人身自由的赔偿金，符合我国的国情，既便于操作，也比较灵活，有利于在全国范围内统一实施。

同时，理解本条需注意：侵犯公民人身自由，客观上属于无法恢复原状和返还其已经失去的那部分自由，只能支付赔偿金。

应用

67. 如何理解"国家上年度职工日平均工资"

"国家上年度职工日平均工资"作为一个法律概念，目前并没有明确的具体解释。在审判实践中，以国家统计局每年发布的上一年度全国城镇在岗职工年平均工资统计数据为标准基数、全体职工每年的法定工作日总数进行折算。国家统计局于 1996 年 2 月 1 日对最高人民法院作出《关于对职工日平均工资计算问题的复函》（国统字〔1996〕34 号）中称："你院法函（1995）166 号收悉，现就你们提出的有关职工日平均工资的计算方法答复如下：一、我局现有的劳动统计中没有设置'职工日平均工资'指标，也不计算'职工日平均工资'。二、对此项指标，我们建议采用职工年平均工资除以全年法定工作日数的方法计算。最近，劳动部在《关于贯彻执行〈劳动法〉若干问题的意见》中规定，实行每周 40 小时工作制的年法定工作日数为 254 天。"需要注意的是，本复函是 1996 年作出的，根据最新的《全国年节及纪念日放假办法》，2008 年以后，法定年节假日修改为 11 天，加上 52 周的双休日，职工的法定年工作日应为 250 天。参照上述政策精神，最高人民法院每年都要折算出侵犯公民人身自由权的日赔偿金标准，对外发布，并要求各级人民法院执行。这个赔偿标准到目前为止是浮动的，并且是不断上涨的。而之所以以上年度的职工日平均工资计算，是因为本年度的工资水平一般到次年才能计算出来，不利于及时赔偿，而上年度按一般情况与本年度最为接近。本条所指"上年度"，应为赔偿义务机关、复议机关或者人民法院赔偿委员会作出赔偿决定时的上年度；复议机关或者人民法院赔偿委员会决定维持原赔偿决定的，按作出赔偿决定时的上年度执行。

配套

《最高人民法院关于人民法院执行〈中华人民共和国国家赔偿法〉几个问题的解释》第 6 条；《海关行政赔偿办法》第 43 条

第三十四条　【生命健康权的国家赔偿标准】 侵犯公民生命健康权的，赔偿金按照下列规定计算：

（一）造成身体伤害的，应当支付医疗费、护理费，以及赔偿因误工减少的收入。减少的收入每日的赔偿金按照国家上年度职工日平均工资计算，最高额为国家上年度职工年平均工资的五倍；

（二）造成部分或者全部丧失劳动能力的，应当支付医疗费、护理费、残疾生活辅助具费、康复费等因残疾而增加的必要支出和继续治疗所必需的费用，以及残疾赔偿金。残疾赔偿金根据丧失劳动能力的程度，按照国家规定的伤残等级确定，最高不超过国家上年度职工年平均工资的二十倍。造成全部丧失劳动能力的，对其扶养的无劳动能力的人，还应当支付生活费；

（三）造成死亡的，应当支付死亡赔偿金、丧葬费，总额为国家上年度职工年平均工资的二十倍。对死者生前扶养的无劳动能力的人，还应当支付生活费。

前款第二项、第三项规定的生活费的发放标准，参照当地最低生活保障标准执行。被扶养的人是未成年人的，生活费给付至十八周岁止；其他无劳动能力的人，生活费给付至死亡时止。

注　解

本条是关于侵犯生命健康权的赔偿金计算标准的规定。本条 2010 年修改时，不但增加了护理费、残疾生活辅助具费、康复费等因残疾而增加的必要支出和继续治疗所必需的费用的规定，而且还修改了残疾赔偿金和生活费的赔偿标准。其将残疾赔偿金的标准改为"残疾赔偿金根据丧失劳动能力的程度，按照国家规定的伤残等级确定，最高不超过国家上年度职工年平均工资的二十倍"，不再区分丧失劳动能力和全部丧失劳动能力这一标准，而是规定了最高限额。如此规定是考虑到丧失劳动能力的受害人在实际损失上，随其年龄、收入、未来发展不同而不同，严格地根据这些因素进行逐一认定会产生极大的工作量，也由于不能统一标准，而无法保证实践中真正实现这种实质上的公平。为了便于操作，同时也照顾到大多数情况下对公平合理的要求，《国家赔偿法》规定了以年度职工年平均工资为计算基准不超过 20 倍的最高赔偿限额。此外，2010 年修改后的《国家赔偿法》还将生活费的发放标准也修改为"参照当地最低生活保障标准执行"，这是考虑到我国目前社会保障制度已经初步建立，"低保"标准比较容易掌握，也是政府主管部门每年公开发布的，具有公正性和可操作性。因此修改之后的生活费标准不仅有利于扩大赔偿的范围，保护公民的合法权益，而且还实现了与其他法条中有关人身损害赔偿规定的协调一致。

同时需注意，根据本条的规定，侵犯公民生命健康权的，只能采取金钱赔偿的方式，赔偿标准具体分为致伤、致残、致死三种情况。

应用

68. 如何准确理解致伤的国家赔偿标准

理解致伤的国家赔偿标准需注意以下四点：（1）身体伤害是指通过医疗后能够复原的一般伤害。（2）"医疗费"是指受害人为恢复健康进行医学治疗所花的费用，包括挂号费、检查费、诊疗费、治疗费、手术费、药费、住院费、护理费、营养费、交通费以及其他必需的医疗费。前七项费用应以诊断证明和医药费单据为凭证，并须系治疗侵害人的侵害行为所致伤害的药费。住院费（住宿费）是指为了医疗目的而住院或住旅馆所花的费用，应根据实际需要确定。营养费是指必要的食疗、复原身体所需的费用，不包括受害人自行大补的费用。交通费是指受害人去医院诊治所花费的乘坐交通工具的费用，可根据具体需要确定或以车票为凭证。护理费是指受害人生活不能自理时，由医院提供特殊护理服务或由病人及其家属聘请的专人护理所用的费用（如家属护理的误工工资等），注意是否需要专人护理，应由医院决定。（3）因误工减少的收入，是指受害人因受伤导致不能参加工作而失去的收入。误工日一般以治疗医院开具的休假日数为准，没有休假证明而自行休息的误工日不应计入。（4）因误工减少收入的计算标准按国家上年度职工年平均工资计算，最高额为国家上年度职工年平均工资的 5 倍。

69. 如何准确理解致残的国家赔偿标准

理解致残的国家赔偿标准需注意以下四点：（1）致残程度必须达到"造成部分或者全部丧失劳动能力"的情况，才能按本标准进行赔偿。（2）残疾赔偿金，实际上是伤残者因为身体残疾导致的收入丧失，原则上包括因伤残所失去的收入和解决致残后的生活不便而增加的费用。（3）注意区分全部丧失劳动能力和部分丧失劳动能力。原国家赔偿法规定部分丧失劳动能力的，最高额为国家上年度职工年平均工资的 10 倍；全部丧失劳动能力的，最高额为国家上年度职工年平均工资的 20 倍。2010 年国家赔偿法修改后规定为：残疾赔偿金根据丧失劳动能力的程度，按照国家规定的伤残等级确定，最高不超过国家上年度职工年平均工资的 20 倍。这主要是考虑伤残等级共分为十级、四级伤残以上的，受害人要退出劳动岗位，所受的损失往往超过平均工资的 10 倍，限定 10 倍，缺乏科学依据。（4）全部丧失劳动能力的，对其扶养的无劳动能力的人，还应当支付生活费。生活费的发放标准参照当地政府部门公布的最低生活保障标准执行。被扶养的人是未成年人的，生活费给付至 18 周岁止，其他无劳动能力的人，生活费给付至死亡时止。

70. 如何准确理解致死的国家赔偿标准

理解致死的国家赔偿标准需注意以下四点：（1）丧葬费具体包括哪些项目，未见具体规定，司法实践也缺乏统一标准，一般有停尸费、运尸费、火化费、骨灰盒购置费、墓葬费等内容。最高人民法院《关于审理人身损害赔偿案件适用法律若干问题的解释》第 14 条并未对丧葬费的项目进行逐一的列举，而是直接规定丧葬费按照"受诉法院所在地上一年度职工月平均工资标准，以六个月总额计算"。这一规定能否适用于国家赔偿，有待进一步明确。（2）死亡赔偿金和丧葬费是一个固定的数额，即国家上年度职工年平均工资的 20 倍，但受害人死亡前花费的医疗费，不应包括在内。（3）死者生前扶养的无劳动能力的人的生活费的支付，与全部丧失劳动能力的标准相同。（4）受害人所扶养的人应是有法定义务应由其扶养的人。（5）有劳动能力的具有扶养关系的人不得请求支付生活费。（6）要注意支付生活费的终止时间，未成年人到十八周岁为止，其他无劳动能力的被扶养人是至死亡时为止。（7）生活费的发放标准是参照当地最低生活保障标准执行。

第三十五条　【精神损害的国家赔偿标准】有本法第三条或者第十七条规定情形之一，致人精神损害的，应当在侵权行为影响的范围内，为受害人消除影响，恢复名誉，赔礼道歉；造成严重后果的，应当支付相应的精神损害抚慰金。

注解

根据《最高人民法院关于人民法院赔偿委员会审理国家赔偿案件适用精神损害赔偿若干问题的意见》的规定，人民法院赔偿委员会适用精神损害赔偿条款，应当严格遵循以下原则：一是依法赔偿原则。严格依照本法规定，不得扩大或者缩小精神损害赔偿的适用范围，不得增加或者减少其适用条件。二是综合裁量原则。综合考虑个案中侵权行为的致害情况，侵权机关及其工作人员的违法、过错程度等相关因素，准确认定精神损害赔偿责任。三是合理平衡原则。坚持同等情况同等对待，不同情况区别处理，适当考虑个案及地区差异，兼顾社会发展整体水平和当地居民生活水平。

赔偿义务机关有本法第 3 条、第 17 条规定情形之一，依法应当承担国家赔偿责任的，可以同时认定该侵权行为致人精神损害。但是赔偿义务机关有证据证明该公民不存在精神损害，或者认定精神损害违背公序良俗的除外。

侵权行为致人精神损害，应当为受害人消除影响、恢复名誉或者赔礼道歉；侵权行为致人精神损害并造成严重后果，应当在支付精神损害抚慰金的同时，视案件具体情形，为受害人消除影响、恢复名誉或者赔礼道歉。消除影响、恢复名誉与赔礼道歉，可以单独适用，也可以合并适用，并应当与侵权行为的具体方式和造成的影响范围相当。人民法院可以根据案件具体情况，组织赔偿请求人与赔偿义务机关就消除影响、恢复名誉或者赔礼道歉的具体方式进行协商。协商不成作出决定的，应当采用下列方式：（1）在受害人住所地或者所在单位发布相关信息；（2）在侵权行为直接影响范围内的媒体上予以报道；（3）赔偿义务机关有关负责人向赔偿请求人赔礼道歉。

应 用

71. 如何认定本条规定的"造成严重后果"

有下列情形之一的，可以认定为本条规定的"造成严重后果"：（1）受害人被非法限制人身自由超过六个月；（2）受害人经鉴定为轻伤以上或者残疾；（3）受害人经诊断、鉴定为精神障碍或者精神残疾，且与违法行政行为存在关联；（4）受害人名誉、荣誉、家庭、职业、教育等方面遭受严重损害，且与违法行政行为存在关联。

有下列情形之一的，可以认定为后果特别严重：（1）受害人被限制人身自由十年以上；（2）受害人死亡；（3）受害人经鉴定为重伤或者残疾一至四级，且生活不能自理；（4）受害人经诊断、鉴定为严重精神障碍或者精神残疾一至二级，生活不能自理，且与违法行政行为存在关联。

72. 精神损害抚慰金的具体数额应如何确定

致人精神损害，造成严重后果的，精神损害抚慰金一般应当在本法第 33

条、第 34 条规定的人身自由赔偿金、生命健康赔偿金总额的 50% 以下（包括本数）酌定；后果特别严重，或者虽然不具有《最高人民法院关于审理国家赔偿案件确定精神损害赔偿责任适用法律若干问题的解释》第 7 条第 2 款规定的后果特别严重的情形，但是确有证据证明前述标准不足以抚慰的，可以在 50% 以上酌定。

精神损害抚慰金的具体数额，应当在兼顾社会发展整体水平的同时，参考下列因素合理确定：（1）精神受到损害以及造成严重后果的情况；（2）侵权行为的目的、手段、方式等具体情节；（3）侵权机关及其工作人员的违法、过错程度、原因力比例；（4）原错判罪名、刑罚轻重、羁押时间；（5）受害人的职业、影响范围；（6）纠错的事由以及过程；（7）其他应当考虑的因素。

精神损害抚慰金的数额一般不少于 1000 元；数额在 1000 元以上的，以千为计数单位。赔偿请求人请求的精神损害抚慰金少于 1000 元，且其请求事由符合造成严重后果情形，经释明不予变更的，按照其请求数额支付。

配套

《最高人民法院关于人民法院赔偿委员会审理国家赔偿案件适用精神损害赔偿若干问题的意见》；《最高人民法院关于审理国家赔偿案件确定精神损害赔偿责任适用法律若干问题的解释》

第三十六条　【财产权的国家赔偿标准】侵犯公民、法人和其他组织的财产权造成损害的，按照下列规定处理：

（一）处罚款、罚金、追缴、没收财产或者违法征收、征用财产的，返还财产；

（二）查封、扣押、冻结财产的，解除对财产的查封、扣押、冻结，造成财产损坏或者灭失的，依照本条第三项、第四项的规定赔偿；

（三）应当返还的财产损坏的，能够恢复原状的恢复原状，不能恢复原状的，按照损害程度给付相应的赔偿金；

（四）应当返还的财产灭失的，给付相应的赔偿金；

（五）财产已经拍卖或者变卖的，给付拍卖或者变卖所得的价款；变卖的价款明显低于财产价值的，应当支付相应的赔偿金；

（六）吊销许可证和执照、责令停产停业的，赔偿停产停业期间必要的经常性费用开支；

（七）返还执行的罚款或者罚金、追缴或者没收的金钱，解除冻结的存款或者汇款的，应当支付银行同期存款利息；

（八）对财产权造成其他损害的，按照直接损失给予赔偿。

注 解

国家赔偿仅限于因国家机关及其工作人员的违法行为所造成的受害人的直接损失，不包括间接损失。直接损失是已经取得的利益的丧失，间接损失是可得利益的丧失。国家之所以仅对直接损失负责，主要在于：（1）我国目前的国力财力还不雄厚，又不能大幅度增加全民负担，很难在短时期内做到完全公平合理。(2) 可得利益不同于既得利益，相对人并未实际取得。虽然在一般情况下可以取得，但不能绝对排除意外情况的发生，因此也存在着不能实际取得的风险。(3) 某些可得利益的推算是无穷尽的（如鸡生蛋、蛋生鸡等），而国家的财力则是有限的。

拍卖是指以公开竞价的形式，将特定物品或者财产权利转让给最高应价者的买卖方式。变卖是指将特定财物委托商业企业代为销售的买卖方式。赔偿义务机关违法对财产予以没收或者查封、扣押、冻结后，如果对财产进行了拍卖、变卖，原物已经不存在或者他人取得了所有权，返还财产已经不可能，只能采取给付赔偿金的方式。财产已经拍卖或者变卖的，给付拍卖或者变卖所得的价款，变卖的价款明显低于财产价值的，应当支付相应的赔偿金。

经常性费用开支，是指法人、其他组织和个体工商户为维系停产停业期间运营所需的基本开支，包括留守职工工资、必须缴纳的税费、水电费、房屋场地租金、设备租金、设备折旧费等必要的经常性费用。

应 用

73. 直接损失主要包括哪些情形

直接损失主要包括以下情形：（1）存款利息、贷款利息、现金利息；

（2）机动车停运期间的营运损失；（3）通过行政补偿程序依法应当获得的奖励、补贴等；（4）对财产造成的其他实际损失。

74. 因人民法院执行对象错误造成的财产损失，人民法院应当怎样赔偿

人民法院执行对象错误属于错误执行的一种，人民法院应对错误执行造成的直接损失部分（例如差价部分、霉变坏损部分）承担国家赔偿责任。对已经被执行的财产估价，应当根据财产的质量、等级、当时当地市场价格等因素综合考虑，受害人在提出赔偿数额时应当提供相应的证据。

配套

《海关行政赔偿办法》第 42 条；《民航行政机关行政赔偿办法》第 35 条；《最高人民法院关于审理行政赔偿案件若干问题的规定》第 29 条；《最高人民法院关于审理民事、行政诉讼中司法赔偿案件适用法律若干问题的解释》第 14—16 条

第三十七条　【国家赔偿费用】赔偿费用列入各级财政预算。

赔偿请求人凭生效的判决书、复议决定书、赔偿决定书或者调解书，向赔偿义务机关申请支付赔偿金。

赔偿义务机关应当自收到支付赔偿金申请之日起七日内，依照预算管理权限向有关的财政部门提出支付申请。财政部门应当自收到支付申请之日起十五日内支付赔偿金。

赔偿费用预算与支付管理的具体办法由国务院规定。

注解

根据《国家赔偿费用管理条例》的规定，国家赔偿费用由各级人民政府按照财政管理体制分级负担。各级人民政府应当根据实际情况，安排一定数额的国家赔偿费用，列入本级年度财政预算。当年需要支付的国家赔偿费用超过本级年度财政预算安排的，应当按照规定及时安排资金。

赔偿义务机关应当自受理赔偿请求人支付申请之日起 7 日内，依照预算管理权限向有关财政部门提出书面支付申请，并提交下列材料：（1）赔偿请求人请求支付国家赔偿费用的申请；（2）生效的判决书、复议决定书、赔偿决定书或者调解书；（3）赔偿请求人的身份证明。财政部门应当自受理申请之日起 15 日内，按照预算和财政国库管理的有关规定支付国家赔偿费用。

财政部门自支付国家赔偿费用之日起 3 个工作日内告知赔偿义务机关、赔偿请求人。

应用

75. 哪些费用属于国家赔偿费用

国家赔偿费用是指依照本法的规定，应当向赔偿请求人赔偿的费用。具体包括本法第 33 条至第 36 条规定的下列费用：侵犯公民人身自由应当给付的赔偿金，侵犯公民生命健康权应当给付的赔偿金，侵犯人身权致人精神损害造成严重后果应当给付的精神损害抚慰金，以及侵犯公民、法人和其他组织的财产权应当给付的赔偿金等。

76. 赔偿请求人如何申请支付国家赔偿费用

根据本法的要求，并为方便赔偿请求人获得国家赔偿费用，《国家赔偿费用管理条例》明确规定：赔偿请求人凭书面申请、生效判决书、复议决定书、赔偿决定书或者调解书以及身份证明，即可向赔偿义务机关申请赔偿费用；并可以口头申请。

77. 赔偿义务机关对赔偿请求人支付国家赔偿费用的申请如何处理

为方便赔偿请求人获得国家赔偿费用，赔偿请求人向赔偿义务机关提出支付申请后，《国家赔偿费用管理条例》规定赔偿义务机关应当依法及时予以受理：申请材料真实、有效、完整的，赔偿义务机关收到申请材料即为受理并书面通知赔偿请求人；申请材料不完整的，赔偿义务机关应当当场或者在 3 个工作日内一次告知赔偿请求人需要补正的全部材料。申请材料虚假、无效，赔偿义务机关决定不予受理的，应当书面通知赔偿请求人并说明理由。赔偿费用支付期限，自赔偿受理之日起计算。赔偿义务机关自受理赔偿请求人支付申请之日起 7 日内，依照预算管理权限向有关财政部门提出书面支付申请。

配套

《国家赔偿费用管理条例》

第五章　其他规定

第三十八条　【民事、行政诉讼中的司法赔偿】人民法院在民事诉讼、行政诉讼过程中，违法采取对妨害诉讼的强制措施、保全措施或者对判决、裁定及其他生效法律文书执行错误，造成损害的，赔偿请求人要求赔偿的程序，适用本法刑事赔偿程序的规定。

注解

妨害诉讼的行为一般是指诉讼参加人或者其他人故意实施的扰乱、危害正常的诉讼秩序，并在客观上妨害了诉讼活动正常进行的行为。对妨害诉讼的强制措施是人民法院在民事、行政诉讼过程中，为了保护诉讼的顺利进行，对妨害诉讼的行为人所采取的一种教育和制裁的手段，是保证人民法院审判工作顺利进行的一项措施，包括：拘传、训诫、责令退出法庭、罚款、拘留等等。在对妨害诉讼的各种强制措施中，真正能够引起国家承担赔偿责任的只有罚款、拘留两种，而其他的强制措施一般不会造成对公民人身自由与财产权的损害，所以也就不会引起国家赔偿责任的问题。

违法采取对妨害诉讼的强制措施包括：（1）对没有实施妨害诉讼行为的人采取罚款或者拘留措施的；（2）超过法律规定金额采取罚款措施的；（3）超过法律规定期限采取拘留措施的；（4）对同一妨害诉讼的行为重复采取罚款、拘留措施的；（5）其他违法情形。

保全措施主要包括证据保全和财产保全两种，其中证据保全是指在证据可能灭失或者以后难以取得的情况下，人民法院依据职权对证据资料采取收存等方法，以保持其证明作用的措施；财产保全是指人民法院审理案件，在判决前，对于因当事人一方的行为或者其他原因，可能使得判决不能执行或难以执行，根据当事人的申请，或者必要时依职权而采取的限制当事人对其财物进行处分的强制措施，如查封、扣押、冻结等。

违法采取保全措施，包括以下情形：（1）依法不应当采取保全措施而采取的；（2）依法不应当解除保全措施而解除，或者依法应当解除保全措施而不解除的；（3）明显超出诉讼请求的范围采取保全措施的，但保全财产为不可分割物且被保全人无其他财产或者其他财产不足以担保债权实现的除外；（4）在给付特定物之诉中，对与案件无关的财物采取保全措施的；（5）违法保全案外人财产的；（6）对查封、扣押、冻结的财产不履行监管职责，造成被保全财产毁损、灭失的；（7）对季节性商品或者鲜活、易腐烂变质以及其他不宜长期保存的物品采取保全措施，未及时处理或者违法处理，造成物品毁损或者严重贬值的；（8）对不动产或者船舶、航空器和机动车等特定动产采取保全措施，未依法通知有关登记机构不予办理该保全财产的变更登记，造成该保全财产所有权被转移的；（9）违法采取行为保全措施的；（10）其他违法情形。

民事、行政诉讼中的执行，是指法院执行组织及其工作人员，按照法定的程序，根据法院生效的判决、裁定或者其他法律文书的规定，在义务人不履行义务的情况下，运用国家强制力强制义务人履行义务，实现法律所保护的权利的行为。强制执行措施主要有：查询、冻结、划拨被执行人的存款；扣留、提取被执行人的收入、存款；查封、扣押、拍卖、变卖被执行人的财产；强制被执行人迁出房屋或者退出占用的土地等。

对判决、裁定及其他生效法律文书执行错误，包括以下情形：（1）执行未生效法律文书的；（2）超出生效法律文书确定的数额和范围执行的；（3）对已经发现的被执行人的财产，故意拖延执行或者不执行，导致被执行财产流失的；（4）应当恢复执行而不恢复，导致被执行财产流失的；（5）违法执行案外人财产的；（6）违法将案件执行款物执行给其他当事人或者案外人的；（7）违法对抵押物、质物或者留置物采取执行措施，致使抵押权人、质权人或者留置权人的优先受偿权无法实现的；（8）对执行中查封、扣押、冻结的财产不履行监管职责，造成财产毁损、灭失的；（9）对季节性商品或者鲜活、易腐烂变质以及其他不宜长期保存的物品采取执行措施，未及时处理或者违法处理，造成物品毁损或者严重贬值的；（10）对执行财产应当拍卖而未依法拍卖的，或者应当由资产评估机构评估而未依法评估，违法变卖或者以物抵债的；（11）其他错误情形。违法采取先予执行措施，包括以下情形：（1）违反法律规定的条件和范围先予执行的；（2）超出诉讼请求的范围先予执行的；（3）其他违法情形。

具有下列情形之一的，国家不承担赔偿责任：（1）属于民事诉讼法第108条、第110条第2款和第240条规定情形的；（2）申请执行人提供执行标的物错误的，但人民法院明知该标的物错误仍予以执行的除外；（3）人民法院依法指定的保管人对查封、扣押、冻结的财产违法动用、隐匿、毁损、转移或者变卖的；（4）人民法院工作人员与行使职权无关的个人行为；（5）因不可抗力、正当防卫和紧急避险造成损害后果的；（6）依法不应由国家承担赔偿责任的其他情形。

因多种原因造成公民、法人和其他组织合法权益损害的，应当根据人民法院及其工作人员行使职权的行为对损害结果的发生或者扩大所起的作用等因素，合理确定赔偿金额。受害人对损害结果的发生或者扩大也有过错的，应当根据其过错对损害结果的发生或者扩大所起的作用等因素，依法减轻国家赔偿责任。公民、法人和其他组织的损失，已经在民事、行政诉讼过程中获得赔偿、补偿的，对该部分损失，国家不承担赔偿责任。

人民法院在民事、行政诉讼过程中，违法采取对妨害诉讼的强制措施、保全措施、先予执行措施，或者对判决、裁定及其他生效法律文书执行错误，系因上一级人民法院复议改变原裁决所致的，由该上一级人民法院作为赔偿义务机关。公民、法人或者其他组织依据本法第38条规定申请赔偿的，应当在民事、行政诉讼程序或者执行程序终结后提出，但下列情形除外：(1) 人民法院已依法撤销对妨害诉讼的强制措施的；(2) 人民法院采取对妨害诉讼的强制措施，造成公民身体伤害或者死亡的；(3) 经诉讼程序依法确认不属于被保全人或者被执行人的财产，且无法在相关诉讼程序或者执行程序中予以补救的；(4) 人民法院生效法律文书已确认相关行为违法，且无法在相关诉讼程序或者执行程序中予以补救的；(5) 赔偿请求人有证据证明其请求与民事、行政诉讼程序或者执行程序无关的；(6) 其他情形。

应用

78. 对没有犯罪事实的人错误逮捕的，人民检察院是否应当为受害人恢复名誉

根据《最高人民法院赔偿委员会关于赔偿义务机关应当为受害人消除影响恢复名誉赔礼道歉的批复》（1999 年 6 月 1 日，〔1999〕赔他字第 3 号）的规定，赔偿义务机关对依法确认有本法原第15条第1、2、3项规定的情形之一，并造成受害人名誉权、荣誉权损害的，应当在侵权行为影响的范围内，为受害人消除影响，恢复名誉、赔礼道歉。对没有犯罪事实的人错误逮捕的，属于本法原第15条第2项规定的情形，人民检察院应当依法为受害人消除影响，恢复名誉，赔礼道歉。赔礼道歉不宜作为决定书中的主文内容，但应在决定书的理由部分加以表述。

配套

《最高人民法院关于适用〈中华人民共和国国家赔偿法〉若干问题的解释（一）》第 8 条；《最高人民法院关于审理民事、行政诉讼中司法赔偿案件适用法律若干问题的解释》

第三十九条　【国家赔偿请求时效】 赔偿请求人请求国家赔偿的时效为两年，自其知道或者应当知道国家机关及其工作人员行使职权时的行为侵犯其人身权、财产权之日起计算，但被羁押等限制人身自由期间不计算在内。在申请行政复议或者提起行政诉讼时一并提出赔偿请求的，适用行政复议法、行政诉讼法有关时效的规定。

赔偿请求人在赔偿请求时效的最后六个月内，因不可抗力或者其他障碍不能行使请求权的，时效中止。从中止时效的原因消除之日起，赔偿请求时效期间继续计算。

注 解

本条是关于申请赔偿的时效的规定。

时效，是指一定的事实状态持续一定时间而产生一定法律后果的法律制度。时效分为取得时效和消灭时效，前者是指一定的事实状态持续一定时间而取得权利的时效，后者是指一定的事实状态持续一定时间而消灭权利的时效。法律规定时效的目的是督促权利人及时行使权利，解决纠纷。

本法中的"时效"是一种消灭时效。超过本法规定的期限，赔偿请求人便不能再行使赔偿请求权。消灭时效与诉讼时效不完全相同。诉讼时效是指时效期限届满后权利人的权利不受法院的法律保护，而消灭时效除这种情况外还包括权利的消灭。

时效中止，是指在出现法定事由时停止计算时效，已经进行的时效期间并不能消灭效力，而从中止时效的原因消除之日起，继续计算赔偿请求时效的期间。

不可抗力，是指不能预见、不能避免并不能克服的客观情况，一般是指自然灾害，如火山、地震、海啸等，在某些情况下也包括社会事件，如暴乱、战争、国家行为等。

需要特别注意的是，本法没有规定赔偿请求时效的中断。这主要是因为有关国家机关作出赔偿决定后，赔偿义务机关就应当履行，赔偿请求人不会再次提出赔偿请求，因此没有必要规定中断制度。

79. 国家赔偿请求时效的起算点如何计算

根据本条规定，赔偿请求时效自赔偿请求人知道或者应当知道国家机关及其工作人员行使职权时的行为侵犯其人身权、财产权之日起计算。认定赔偿请求人知道，或者推定其应当知道，由法院或者赔偿委员会裁量判断。赔偿请求人知道的内容一般来说包括以下三个方面：职权行为，损害，职权行为与损害之间的因果关系。因此，赔偿请求人知道或者应当知道，应当是指全部知道这三个方面的内容，也就是说，时效期间的起算点是赔偿请求人全部知道这三方面内容之时。赔偿请求人只知道职权行为，不知道损害的程度和因果关系，还不能说赔偿请求人已经知道，因此不能开始计算时效期间。

《民法典》第 188、192 条；《行政诉讼法》第 45—48 条；《行政复议法》第 9 条；《最高人民法院关于适用〈中华人民共和国行政诉讼法〉的解释》第 64—65 条；《最高人民法院关于审理司法赔偿案件适用请求时效制度若干问题的解释》

第四十条　【对等原则】外国人、外国企业和组织在中华人民共和国领域内要求中华人民共和国国家赔偿的，适用本法。

外国人、外国企业和组织的所属国对中华人民共和国公民、法人和其他组织要求该国国家赔偿的权利不予保护或者限制的，中华人民共和国与该外国人、外国企业和组织的所属国实行对等原则。

本条是关于涉外赔偿的规定。

涉外国家赔偿，是指外国人、外国企业和组织因我国国家机关及其工作人员违法行使职权而受到损害，依照本法以及有关的国际规则和国际惯例对受害人所遭受的损害给予国家赔偿。

本法所规定的外国人，是指在我国境内居住，但不具有中华人民共和国国籍的人，包括无国籍人。

本法所规定的外国企业和组织，是指具有外国国籍的企业和组织，既可以是在外国登记注册的法人，也可以是不具备法人资格的其他组织。

对等原则，又称相互保护主义，是指一国对其他国家的公民、法人或者其他组织不予保护或限制的，其他国家同样对该国的公民、法人或其他组织不予保护和限制。

第六章　附　　则

第四十一条　【不得收费和征税】赔偿请求人要求国家赔偿的，赔偿义务机关、复议机关和人民法院不得向赔偿请求人收取任何费用。

对赔偿请求人取得的赔偿金不予征税。

注　解

本条是关于国家赔偿不得征收税费的规定。

赔偿请求不收费原则，是指在处理国家赔偿案件的过程中，赔偿义务机关、复议机关和人民法院不得向赔偿请求人收取任何费用。该原则仅针对赔偿请求人，对于被请求人而言，如果法律规定应当缴纳费用的，被请求人必须缴纳。

赔偿金不征税原则，是指受害人从赔偿义务机关那里获得的赔偿金无须向税务机关缴纳税款。

应　用

80. 国家赔偿为什么不征税

赔偿金不征税，首先，国家赔偿是基于违法行使行政行为而产生的赔偿责任，是对受害人的弥补，如果还要求受害人将其中一部分赔偿金以税款的形式归还给国库，则背离了国家赔偿的原则和宗旨。其次，国家赔偿金是一种不足额的赔偿，其只能赔偿受害人的直接物质损失，对于精神损失与间接物质损失不予赔偿，因此，其数额是不能完全弥补受害人所遭受的损失的，如果在此基础上还要征税，更是大大弱化了国家的赔偿责任，进一步损害了受害人的合法权益。最后，国家税收一般是针对公民、法人或者其他组织从事生产经营等活动的收入，而国家赔偿金并不是请求人获得的收入，而是其合法权利受到侵害后所获得的相应赔偿。所以对此不应当纳入税金的征收范围。

配套

《最高人民法院关于受理行政赔偿案件是否收取诉讼费用的答复》

第四十二条　【施行时间】本法自 1995 年 1 月 1 日起施行。

注解

本条是关于生效日期的规定。

一般而言法律的生效时间有两种方式：一种是自该法公布之日起生效，一种是公布后经过一段时间后生效。《国家赔偿法》的生效采取了后一种生效方式，即本法所规定的"本法自 1995 年 1 月 1 日起施行"，即自生效之日起所发生的各种国家赔偿纠纷都适用新的《国家赔偿法》。

注意，按照《全国人民代表大会常务委员会关于修改〈中华人民共和国国家赔偿法〉的决定》规定，2010 年《国家赔偿法》的修改自 2010 年 12 月 1 日起生效。这就是说，该次国家赔偿法新修改的内容，从决定公布到生效实施也给予了 8 个月的过渡期。之所以给予这么长的过渡期，是考虑到此次《国家赔偿法》的修改，改变了归责原则、扩大了赔偿范围、调整了赔偿程序、提高了赔偿标准等，相关的国家机关都要认真做好准备工作，适应新的规定，清理过去发布的与修改决定不相符的规章制度，保证新法内容的实施效果。

最后，需要特别注意的是，2011 年 2 月 28 日公布的《最高人民法院关于适用〈中华人民共和国国家赔偿法〉若干问题的解释（一）》对于修改后的国家赔偿法如何适用作了明确规定。

第一，对侵权行为持续至 2010 年 12 月 1 日以后的，规定适用修正的国家赔偿法。实践中有些案件的侵权行为不是单一的时间点，而是一个持续的过程。如侵犯人身自由权，对无罪的人予以羁押，整个羁押过程都是侵权行为的持续（如某人自 2009 年 1 月被刑事拘留、逮捕和被判刑，直至 2011 年 1 月经再审判决无罪，其两年的羁押时间即应视为侵权行为）。规定持续至 2010 年 12 月 1 日以后的侵权行为适用修正后的国家赔偿法，有利于体现法律修改所彰显的加大人权保障力度的初衷，也与最高人民法院在1995年国家赔偿法实施之初作出的国家赔偿法溯及力的有关规定相符合，体现了法律适用的前后统一。

第二，对于侵权行为虽发生在2010年12月1日以前，但根据时效规定，赔偿请求人在2010年12月1日以后提出赔偿请求，以及在2010年12月1日前已经受理赔偿请求人的赔偿请求但尚未作出生效赔偿决定的案件，规定适用修正后的国家赔偿法。如此规定的意义在于：贯彻了国家赔偿法修改中畅通赔偿程序、增加精神损害赔偿的新规定和新精神，照顾了司法解释稿征求意见过程中人民群众所反映的意见和要求。如此规定既坚持了法不溯及既往的一般适用原则，也兼顾了司法实践中发生的具体情况。

配套

《最高人民法院关于适用〈中华人民共和国国家赔偿法〉若干问题的解释（一）》；《最高人民法院关于〈中华人民共和国国家赔偿法〉溯及力和人民法院赔偿委员会受案范围问题的批复》

配套法规

综　合

最高人民法院关于人民法院赔偿委员会依照《中华人民共和国国家赔偿法》第三十条规定纠正原生效的赔偿委员会决定应如何适用人身自由赔偿标准问题的批复

（2014 年 6 月 23 日最高人民法院审判委员会第 1621 次会议通过　2014 年 6 月 30 日最高人民法院公告公布　自 2014 年 8 月 1 日起施行　法释〔2014〕7 号）

吉林、山东、河南省高级人民法院：

关于人民法院赔偿委员会在赔偿申诉监督程序中如何适用人身自由赔偿标准问题，经研究，批复如下：

人民法院赔偿委员会依照《中华人民共和国国家赔偿法》第三十条规定纠正原生效的赔偿委员会决定时，原决定的错误系漏算部分侵犯人身自由天数的，应在维持原决定支付的人身自由赔偿金的同时，就漏算天数按照重新审查或者直接审查后作出决定时的上年度国家职工日平均工资标准计算相应的人身自由赔偿金；原决定的错误系未支持人身自由赔偿请求的，按照重新审查或者直接审查后作出决定时的上年度国家职工日平均工资标准计算人身自由赔偿金。

最高人民法院办公厅关于国家赔偿法实施中若干问题的座谈会纪要

(2012 年 12 月 25 日　法办〔2012〕490 号)

为进一步贯彻实施修正后的国家赔偿法，保障赔偿请求人请求赔偿的权利，保证人民法院依法公正审查处理各类国家赔偿案件，规范和加强国家赔偿工作，最高人民法院对修正后的国家赔偿法实施中的新情况、新问题进行了专题调研。2012 年 10 月 17 日，最高人民法院在贵州贵阳召开座谈会，各高级人民法院参加。会议总结了修正后的国家赔偿法实施中若干新情况、新问题，并依据《中华人民共和国国家赔偿法》及其司法解释，对亟待解决的若干问题形成共识，现将有关内容纪要如下：

一、人民法院办理自赔案件，决定准予赔偿请求人撤回赔偿申请，赔偿请求人收到该决定书后，在国家赔偿法第三十九条规定的时效内又向作为赔偿义务机关的人民法院提出赔偿申请，且有证据证明其撤回赔偿的申请确属违背真实意思表示或者有其他正当理由的，人民法院应予受理。

二、人民法院赔偿委员会审理国家赔偿案件，决定准予赔偿请求人撤回赔偿申请，赔偿请求人收到该决定书后又向人民法院赔偿委员会申请作出赔偿决定的，收到申请的人民法院应当依照国家赔偿法第三十条的规定审查处理。

三、赔偿请求人在刑事诉讼程序结束前书面承诺放弃请求国家赔偿的权利，其后在国家赔偿法第三十九条规定的时效内又向作为赔偿义务机关的人民法院提出赔偿申请，收到申请的人民法院应当依照《最高人民法院关于国家赔偿案件立案工作的规定》(以下简称《赔偿立案规定》)予以审查立案。

四、人民法院办理自赔案件，与赔偿请求人达成协议并作出国家赔偿决定书后，赔偿请求人反悔并依照国家赔偿法第二十四条的规定向上一级人民法院赔偿委员会提出赔偿申请，收到申请的人民法院应当依照《赔偿立案规定》予以审查立案。

人民法院办理自赔案件，与赔偿请求人达成协议，但未在规定期限内作出国家赔偿决定书，赔偿请求人依照国家赔偿法第二十四条的规定向上一级人民法院赔偿委员会提出赔偿申请，收到申请的人民法院应当依照《赔偿立案规定》予以审查立案。

五、人民法院或人民法院赔偿委员会受理国家赔偿案件后，经审查，赔偿义务机关已履行赔偿协议，且给付的金额能够填平补齐赔偿请求人实际损失的，应当决定驳回赔偿请求人提出的赔偿申请。

六、赔偿请求人以赔偿义务机关及其工作人员行使职权侵犯其财产权为由提出赔偿申请，人民法院经审查发现该财产权属尚存在争议的，应当决定不予受理。

已经受理案件的，人民法院或人民法院赔偿委员会应当决定驳回赔偿请求人提出的赔偿申请，并告知其经民事诉讼程序确认财产权属后再行申请赔偿。

七、在涉及普通合伙、合伙企业债权债务清算的民事案件中，部分合伙人以民事诉讼保全措施侵犯其财产权为由提出赔偿申请，人民法院经审查发现该民事案件尚在审理中的，应当决定不予受理。

已经受理案件的，人民法院或人民法院赔偿委员会应当决定驳回赔偿请求人提出的赔偿申请，并告知其在有关债权债务清算案件审理终结并最终确认权利义务关系后再行申请赔偿。

八、赔偿请求人认为人民法院有国家赔偿法第三十八条规定情形的，应当在民事诉讼、行政诉讼程序或者执行程序终结后提出赔偿申请。有下列情形之一的，人民法院应当依照《最高人民法院关于适用〈中华人民共和国国家赔偿法〉若干问题的解释（一）》第八条的解释精神，予以审查立案：

（一）不属于被执行人的财产，且经民事诉讼程序确认权属的；

（二）人民法院生效法律文书已确认相关行为违法的；

（三）赔偿请求人有证据证明其与民事诉讼、行政诉讼程序或者执行程序无关的。

九、人民法院办理自赔案件，应当充分听取赔偿请求人的意见。案件争议较大或者案情疑难、复杂的，人民法院可以组织赔偿请求人、原案件承办人以及其他相关人员进行听证。

人民法院赔偿委员会审理国家赔偿案件，对符合《最高人民法院关于人民法院赔偿委员会审理国家赔偿案件程序的规定》第十四条规定情形的，可以组织赔偿请求人和赔偿义务机关进行质证。

人民法院或人民法院赔偿委员会进行听证、质证的，应当对听证、质证的情况制作笔录。

十、人民法院赔偿委员会审理国家赔偿案件，赔偿请求人和赔偿义务机关应当依照国家赔偿法第二十六条的规定，对自己提出的主张承担举证责任。

赔偿义务机关主张其行为合法的，应当就其合法性承担举证责任。

被羁押人在羁押期间死亡或丧失行为能力的，赔偿义务机关应当对其行为与被羁押人死亡或者丧失行为能力是否存在因果关系承担举证责任。

十一、批准逮捕与提起公诉不是同一人民检察院的，由作出逮捕决定的人民检察院作为赔偿义务机关。

十二、在行政非诉强制执行中，由人民法院进行合法性审查，行政机关组织具体实施的案件，赔偿请求人仅就具体实施行为申请赔偿的，人民法院应告知其向作出具体实施行为的行政机关提出赔偿申请。

十三、第一审人民法院判处被告人成立数罪，第二审人民法院撤销其中部分罪名，实际羁押期限超出生效刑事判决确定刑期的，国家不承担赔偿责任。

第一审人民法院判处被告人成立两罪，第二审人民法院撤销其中一罪，并依照刑事诉讼法第十五条的规定，对另一罪不追究刑事责任的，国家不承担赔偿责任。

十四、依照国家赔偿法第十七条第（四）项的规定，行使侦查、检察、审判职权的机关以及看守所、监狱管理机关及其工作人员，有放纵他人虐待、违法不履行或怠于履行法定职责等不作为情形，且与公民在羁押期间死亡或者受到伤害存在因果关系的，受害人有取得赔偿的权利。

人民法院赔偿委员会应当根据赔偿义务机关就前款所述不作为情形对于造成损害结果所起的作用，决定其应当承担赔偿责任的比例和份额。

十五、国家赔偿法第十九条第（一）项规定的"公民自己故意作虚伪供述"，是指非因他人强迫或胁迫，赔偿请求人本人故意作出虚伪供述，导致其被羁押或被刑罚处罚的情形。

十六、修正后的国家赔偿法实施前，人民法院已将错判的罚金返还给赔偿请求人，赔偿请求人依照修正后的国家赔偿法向人民法院再行主张支付利息的，人民法院不予支持。

十七、人民法院或人民法院赔偿委员会审查处理国家赔偿案件并决定赔偿的，不得以赔偿请求人已获得原单位补发工资、奖金、津贴和补贴为由，拒绝赔偿或者在决定中扣除其依法应当获得的赔偿金。

十八、行使侦查职权的机关违反刑事诉讼法的规定延长拘留时限，其后决定撤销案件、不起诉或者判决宣告无罪终止追究刑事责任的，侵犯人身自由的赔偿金应自拘留之日起计算。

十九、人民法院作出民事判决认定民事诉讼强制措施或保全措施合法，当事人不服，经第二审程序或审判监督程序作出生效民事判决撤销该认定的，当事人可以依照国家赔偿法的规定向作为赔偿义务机关的人民法院提出赔偿申请。

二十、赔偿请求人依照《最高人民法院关于适用〈中华人民共和国国家赔偿法〉若干问题的解释（一）》第七条、第八条规定，在刑事、民事、行政诉讼或者执行程序终结后提出赔偿申请，相关诉讼、执行程序期间不计入赔偿请求时效。

二十一、人民法院赔偿委员会审理国家赔偿案件期间，赔偿请求人与赔偿义务机关达成赔偿协议，人民法院赔偿委员会经审查认为该协议不违反法律规定，应当根据协议内容制作国家赔偿决定书，并撤销原赔偿决定、复议决定。

二十二、人民法院赔偿委员会依照《最高人民法院关于人民法院赔偿委员会审理国家赔偿案件程序的规定》第十九条第二项、第三项规定依法重新作出决定的，应当撤销原赔偿决定、复议决定。

二十三、人民法院或人民法院赔偿委员会依照国家赔偿法第三十五条规定，决定为受害人消除影响，恢复名誉，赔礼道歉的，应写入国家赔偿决定书的决定主文。

最高人民法院关于适用
《中华人民共和国国家赔偿法》
若干问题的解释（一）

（2011年2月14日最高人民法院审判委员会第1511次会议通过 2011年2月28日最高人民法院公告公布 自2011年3月18日起施行 法释〔2011〕4号）

为正确适用2010年4月29日第十一届全国人民代表大会常务委员会第十四次会议修正的《中华人民共和国国家赔偿法》，对人民法院处理国家赔偿案件中适用国家赔偿法的有关问题解释如下：

第一条 国家机关及其工作人员行使职权侵犯公民、法人和其他组织合法权益的行为发生在2010年12月1日以后，或者发生在2010年12月1日以前、持续至2010年12月1日以后的，适用修正的国家赔偿法。

第二条 国家机关及其工作人员行使职权侵犯公民、法人和其他组织合法权益的行为发生在2010年12月1日以前的，适用修正前的国家赔偿法，但有下列情形之一的，适用修正的国家赔偿法：

（一）2010年12月1日以前已经受理赔偿请求人的赔偿请求但尚未作出生效赔偿决定的；

（二）赔偿请求人在2010年12月1日以后提出赔偿请求的。

第三条 人民法院对2010年12月1日以前已经受理但尚未审结的国家赔偿确认案件，应当继续审理。

第四条 公民、法人和其他组织对行使侦查、检察、审判职权的机关以及看守所、监狱管理机关在2010年12月1日以前作出并已发生法律效力的不予确认职务行为违法的法律文书不服，未依据修正前的国家赔偿法规定提出申诉并经有权机关作出侵权确认结论，直接向人民法院赔偿委员会申请赔偿的，不予受理。

第五条 公民、法人和其他组织对在 2010 年 12 月 1 日以前发生法律效力的赔偿决定不服提出申诉的，人民法院审查处理时适用修正前的国家赔偿法；但是仅就修正的国家赔偿法增加的赔偿项目及标准提出申诉的，人民法院不予受理。

第六条 人民法院审查发现 2010 年 12 月 1 日以前发生法律效力的确认裁定、赔偿决定确有错误应当重新审查处理的，适用修正前的国家赔偿法。

第七条 赔偿请求人认为行使侦查、检察、审判职权的机关以及看守所、监狱管理机关及其工作人员在行使职权时有修正的国家赔偿法第十七条第（一）、（二）、（三）项、第十八条规定情形的，应当在刑事诉讼程序终结后提出赔偿请求，但下列情形除外：

（一）赔偿请求人有证据证明其与尚未终结的刑事案件无关的；

（二）刑事案件被害人依据刑事诉讼法第一百九十八条①的规定，以财产未返还或者认为返还的财产受到损害而要求赔偿的。

第八条 赔偿请求人认为人民法院有修正的国家赔偿法第三十八条规定情形的，应当在民事、行政诉讼程序或者执行程序终结后提出赔偿请求，但人民法院已依法撤销对妨害诉讼采取的强制措施的情形除外。

第九条 赔偿请求人或者赔偿义务机关认为人民法院赔偿委员会作出的赔偿决定存在错误，依法向上一级人民法院赔偿委员会提出申诉的，不停止赔偿决定的执行；但人民法院赔偿委员会依据修正的国家赔偿法第三十条的规定决定重新审查的，可以决定中止原赔偿决定的执行。

第十条 人民检察院依据修正的国家赔偿法第三十条第三款的规定，对人民法院赔偿委员会在 2010 年 12 月 1 日以后作出的赔偿决定提出意见的，同级人民法院赔偿委员会应当决定重新审查，并可以决定中止原赔偿决定的执行。

第十一条 本解释自公布之日起施行。

---

① 对应修正后的刑事诉讼法第 245 条。

最高人民检察院关于适用修改后
《中华人民共和国国家赔偿法》
若干问题的意见

(2011 年 4 月 22 日最高人民检察院第十一届检察委员会第六十一次会议通过　2011 年 4 月 25 日最高人民检察院公布　自公布之日起施行　高检发刑申字〔2011〕3 号)

第十一届全国人民代表大会常务委员会第十四次会议于 2010 年 4 月 29 日通过的《关于修改〈中华人民共和国国家赔偿法〉的决定》，自 2010 年 12 月 1 日起施行。现就人民检察院处理国家赔偿案件中适用修改后国家赔偿法的若干问题提出以下意见：

一、人民检察院和人民检察院工作人员行使职权侵犯公民、法人和其他组织合法权益的行为发生在 2010 年 12 月 1 日以后的，适用修改后国家赔偿法的规定。

人民检察院和人民检察院工作人员行使职权侵犯公民、法人和其他组织合法权益的行为发生在 2010 年 12 月 1 日以前的，适用修改前国家赔偿法的规定，但在 2010 年 12 月 1 日以后提出赔偿请求的，或者在 2010 年 12 月 1 日以前提出赔偿请求但尚未作出生效赔偿决定的，适用修改后国家赔偿法的规定。

人民检察院和人民检察院工作人员行使职权侵犯公民、法人和其他组织合法权益的行为发生在 2010 年 12 月 1 日以前、持续至 2010 年 12 月 1 日以后的，适用修改后国家赔偿法的规定。

二、人民检察院在 2010 年 12 月 1 日以前受理但尚未办结的刑事赔偿确认案件，继续办理。办结后，对予以确认的，依法进入赔偿程序，适用修改后国家赔偿法的规定办理；对不服不予确认申诉的，适用修改前国家赔偿法的规定处理。

人民检察院在 2010 年 12 月 1 日以前已经作出决定并发生法律效力的刑事赔偿确认案件，赔偿请求人申诉或者原决定确有错误需要纠正的，适用修改前国家赔偿法的规定处理。

　　三、赔偿请求人不服人民检察院在 2010 年 12 月 1 日以前已经生效的刑事赔偿决定，向人民检察院申诉的，人民检察院适用修改前国家赔偿法的规定办理；赔偿请求人仅就修改后国家赔偿法增加的赔偿项目及标准提出申诉的，人民检察院不予受理。

　　四、赔偿请求人或者赔偿义务机关不服人民法院赔偿委员会在 2010 年 12 月 1 日以后作出的赔偿决定，向人民检察院申诉的，人民检察院应当依法受理，依照修改后国家赔偿法第三十条第三款的规定办理。

　　赔偿请求人或者赔偿义务机关不服人民法院赔偿委员会在 2010 年 12 月 1 日以前作出的赔偿决定，向人民检察院申诉的，不适用修改后国家赔偿法第三十条第三款的规定，人民检察院应当告知其依照法律规定向人民法院提出申诉。

　　五、人民检察院控告申诉检察部门、民事行政检察部门在 2010 年 12 月 1 日以后接到不服人民法院行政赔偿判决、裁定的申诉案件，以及不服人民法院赔偿委员会决定的申诉案件，应当移送本院国家赔偿工作办公室办理。

　　人民检察院民事行政检察部门在 2010 年 12 月 1 日以前已经受理，尚未办结的不服人民法院行政赔偿判决、裁定申诉案件，仍由民事行政检察部门办理。

　　六、本意见自公布之日起施行。

最高人民法院关于人民法院赔偿委员会审理国家赔偿案件适用精神损害赔偿若干问题的意见①

（2014 年 7 月 29 日　法发〔2014〕14 号）

2010 年 4 月 29 日第十一届全国人大常委会第十四次会议审议通过的《全国人民代表大会常务委员会关于修改〈中华人民共和国国家赔偿法〉的决定》，扩大了消除影响、恢复名誉、赔礼道歉的适用范围，增加了有关精神损害抚慰金的规定，实现了国家赔偿中精神损害赔偿制度的重大发展。国家赔偿法第三十五条规定："有本法第三条或者第十七条规定情形之一，致人精神损害的，应当在侵权行为影响的范围内，为受害人消除影响，恢复名誉，赔礼道歉；造成严重后果的，应当支付相应的精神损害抚慰金。"为依法充分保障公民权益，妥善处理国家赔偿纠纷，现就人民法院赔偿委员会审理国家赔偿案件适用精神损害赔偿若干问题，提出以下意见：

一、充分认识精神损害赔偿的重要意义

现行国家赔偿法与 1994 年国家赔偿法相比，吸收了多年来理论及实践探索与发展的成果，在责任范围和责任方式等方面对精神损害赔偿进行了完善和发展，有效提升了对公民人身权益的保护水平。人民法院赔偿委员会要充分认识国家赔偿中的精神损害赔偿制度的重要意义，将贯彻落实该项制度作为"完善人权司法保障制度"的重要内容，正确适用国家赔偿法第三十五条等相关法律规定，依法处理赔偿请求人提出的精神损害赔偿申请，妥善化解国家赔偿纠纷，切实尊重和保障人权。

---

① 本意见中的规定与《最高人民法院关于审理国家赔偿案件确定精神损害赔偿责任适用法律若干问题的解释》不一致的，以该解释为准。

二、严格遵循精神损害赔偿的适用原则

人民法院赔偿委员会适用精神损害赔偿条款，应当严格遵循以下原则：一是依法赔偿原则。严格依照国家赔偿法的规定，不得扩大或者缩小精神损害赔偿的适用范围，不得增加或者减少其适用条件。二是综合裁量原则。综合考虑个案中侵权行为的致害情况，侵权机关及其工作人员的违法、过错程度等相关因素，准确认定精神损害赔偿责任。三是合理平衡原则。坚持同等情况同等对待，不同情况区别处理，适当考虑个案及地区差异，兼顾社会发展整体水平和当地居民生活水平。

三、准确把握精神损害赔偿的前提条件和构成要件

人民法院赔偿委员会适用精神损害赔偿条款，应当以公民的人身权益遭受侵犯为前提条件，并审查是否满足以下责任构成要件：行使侦查、检察、审判职权的机关以及看守所、监狱管理机关及其工作人员在行使职权时有国家赔偿法第十七条规定的侵权行为；致人精神损害；侵权行为与精神损害事实及后果之间存在因果关系。

四、依法认定"致人精神损害"和"造成严重后果"

人民法院赔偿委员会适用精神损害赔偿条款，应当严格依法认定侵权行为是否"致人精神损害"以及是否"造成严重后果"。

一般情形下，人民法院赔偿委员会应当综合考虑受害人人身自由、生命健康受到侵害的情况，精神受损情况，日常生活、工作学习、家庭关系、社会评价受到影响的情况，并考量社会伦理道德、日常生活经验等因素，依法认定侵权行为是否致人精神损害以及是否造成严重后果。

受害人因侵权行为而死亡、残疾（含精神残疾）或者所受伤害经有合法资质的机构鉴定为重伤或者诊断、鉴定为严重精神障碍的，人民法院赔偿委员会应当认定侵权行为致人精神损害并且造成严重后果。

五、妥善处理两种责任方式的内在关系

人民法院赔偿委员会适用精神损害赔偿条款，应当妥善处理"消除影响，恢复名誉，赔礼道歉"与"支付相应的精神损害抚慰金"两种责任方式的内在关系。

侵权行为致人精神损害但未造成严重后果的，人民法院赔偿委员会应当根据案件具体情况决定由赔偿义务机关为受害人消除影响、恢复名

誉或者向其赔礼道歉。

侵权行为致人精神损害且造成严重后果的，人民法院赔偿委员会除依照前述规定决定由赔偿义务机关为受害人消除影响、恢复名誉或者向其赔礼道歉外，还应当决定由赔偿义务机关支付相应的精神损害抚慰金。

六、正确适用"消除影响，恢复名誉，赔礼道歉"责任方式

人民法院赔偿委员会适用精神损害赔偿条款，要注意"消除影响、恢复名誉"与"赔礼道歉"作为非财产责任方式，既可以单独适用，也可以合并适用。其中，消除影响、恢复名誉应当公开进行。

人民法院赔偿委员会可以根据赔偿义务机关与赔偿请求人协商的情况，或者根据侵权行为直接影响所及、受害人住所地、经常居住地等因素确定履行范围，决定由赔偿义务机关以适当方式公开为受害人消除影响、恢复名誉。人民法院赔偿委员会决定由赔偿义务机关公开赔礼道歉的，参照前述规定执行。

赔偿义务机关在案件审理终结前已经履行消除影响、恢复名誉或者赔礼道歉义务，人民法院赔偿委员会可以在国家赔偿决定书中予以说明，不再写入决定主文。人民法院赔偿委员会决定由赔偿义务机关为受害人消除影响、恢复名誉或者向其赔礼道歉的，赔偿义务机关应当自收到人民法院赔偿委员会国家赔偿决定书之日起三十日内主动履行消除影响、恢复名誉或者赔礼道歉义务。赔偿义务机关逾期未履行的，赔偿请求人可以向作出生效国家赔偿决定的赔偿委员会所在法院申请强制执行。强制执行产生的费用由赔偿义务机关负担。

七、综合酌定"精神损害抚慰金"的具体数额

人民法院赔偿委员会适用精神损害赔偿条款，决定采用"支付相应的精神损害抚慰金"方式的，应当综合考虑以下因素确定精神损害抚慰金的具体数额：精神损害事实和严重后果的具体情况；侵权机关及其工作人员的违法、过错程度；侵权的手段、方式等具体情节；罪名、刑罚的轻重；纠错的环节及过程；赔偿请求人住所地或者经常居住地平均生活水平；赔偿义务机关所在地平均生活水平；其他应当考虑的因素。

人民法院赔偿委员会确定精神损害抚慰金的具体数额，还应当注意体现法律规定的"抚慰"性质，原则上不超过依照国家赔偿法第三十三条、第三十四条所确定的人身自由赔偿金、生命健康赔偿金总额的百分之三十五，最低不少于一千元。

受害人对精神损害事实和严重后果的产生或者扩大有过错的，可以根据其过错程度减少或者不予支付精神损害抚慰金。

八、认真做好法律释明工作

人民法院赔偿委员会发现赔偿请求人在申请国家赔偿时仅就人身自由或者生命健康所受侵害提出赔偿申请，没有同时就精神损害提出赔偿申请的，应当向其释明国家赔偿法第三十五条的内容，并将相关情况记录在案。在案件终结后，赔偿请求人基于同一事实、理由，就同一赔偿义务机关另行提出精神损害赔偿申请的，人民法院一般不予受理。

九、其他国家赔偿案件的参照适用

人民法院审理国家赔偿法第三条、第三十八条规定的涉及侵犯人身权的国家赔偿案件，以及人民法院办理涉及侵犯人身权的自赔案件，需要适用精神损害赔偿条款的，参照本意见处理。

最高人民法院关于审理国家赔偿案件确定
精神损害赔偿责任适用法律若干问题的解释

(2021 年 2 月 7 日最高人民法院审判委员会第 1831 次会议通过　2021 年 3 月 24 日最高人民法院公告公布　自 2021 年 4 月 1 日起施行　法释〔2021〕3 号)

为正确适用《中华人民共和国国家赔偿法》有关规定，合理确定精神损害赔偿责任，结合国家赔偿审判实际，制定本解释。

第一条　公民以人身权受到侵犯为由提出国家赔偿申请，依照国家赔偿法第三十五条的规定请求精神损害赔偿的，适用本解释。

法人或者非法人组织请求精神损害赔偿的，人民法院不予受理。

第二条　公民以人身权受到侵犯为由提出国家赔偿申请，未请求精神损害赔偿，或者未同时请求消除影响、恢复名誉、赔礼道歉以及精神损害抚慰金的，人民法院应当向其释明。经释明后不变更请求，案件审结后又基于同一侵权事实另行提出申请的，人民法院不予受理。

第三条　赔偿义务机关有国家赔偿法第三条、第十七条规定情形之一，依法应当承担国家赔偿责任的，可以同时认定该侵权行为致人精神损害。但是赔偿义务机关有证据证明该公民不存在精神损害，或者认定精神损害违背公序良俗的除外。

第四条　侵权行为致人精神损害，应当为受害人消除影响、恢复名誉或者赔礼道歉；侵权行为致人精神损害并造成严重后果，应当在支付精神损害抚慰金的同时，视案件具体情形，为受害人消除影响、恢复名誉或者赔礼道歉。

消除影响、恢复名誉与赔礼道歉，可以单独适用，也可以合并适用，并应当与侵权行为的具体方式和造成的影响范围相当。

第五条　人民法院可以根据案件具体情况，组织赔偿请求人与赔偿义务机关就消除影响、恢复名誉或者赔礼道歉的具体方式进行协商。

协商不成作出决定的，应当采用下列方式：

（一）在受害人住所地或者所在单位发布相关信息；

（二）在侵权行为直接影响范围内的媒体上予以报道；

（三）赔偿义务机关有关负责人向赔偿请求人赔礼道歉。

第六条　决定为受害人消除影响、恢复名誉或者赔礼道歉的，应当载入决定主文。

赔偿义务机关在决定作出前已为受害人消除影响、恢复名誉或者赔礼道歉，或者原侵权案件的纠正被媒体广泛报道，客观上已经起到消除影响、恢复名誉作用，且符合本解释规定的，可以在决定书中予以说明。

第七条　有下列情形之一的，可以认定为国家赔偿法第三十五条规定的"造成严重后果"：

（一）无罪或者终止追究刑事责任的人被羁押六个月以上；

（二）受害人经鉴定为轻伤以上或者残疾；

（三）受害人经诊断、鉴定为精神障碍或者精神残疾，且与侵权行为存在关联；

（四）受害人名誉、荣誉、家庭、职业、教育等方面遭受严重损害，且与侵权行为存在关联。

受害人无罪被羁押十年以上；受害人死亡；受害人经鉴定为重伤或者残疾一至四级，且生活不能自理；受害人经诊断、鉴定为严重精神障碍或者精神残疾一至二级，生活不能自理，且与侵权行为存在关联的，可以认定为后果特别严重。

第八条 致人精神损害，造成严重后果的，精神损害抚慰金一般应当在国家赔偿法第三十三条、第三十四条规定的人身自由赔偿金、生命健康赔偿金总额的百分之五十以下（包括本数）酌定；后果特别严重，或者虽然不具有本解释第七条第二款规定情形，但是确有证据证明前述标准不足以抚慰的，可以在百分之五十以上酌定。

第九条 精神损害抚慰金的具体数额，应当在兼顾社会发展整体水平的同时，参考下列因素合理确定：

（一）精神受到损害以及造成严重后果的情况；

（二）侵权行为的目的、手段、方式等具体情节；

（三）侵权机关及其工作人员的违法、过错程度、原因力比例；

（四）原错判罪名、刑罚轻重、羁押时间；

（五）受害人的职业、影响范围；

（六）纠错的事由以及过程；

（七）其他应当考虑的因素。

第十条 精神损害抚慰金的数额一般不少于一千元；数额在一千元以上的，以千为计数单位。

赔偿请求人请求的精神损害抚慰金少于一千元，且其请求事由符合本解释规定的造成严重后果情形，经释明不予变更的，按照其请求数额支付。

第十一条 受害人对损害事实和后果的发生或者扩大有过错的，可以根据其过错程度减少或者不予支付精神损害抚慰金。

第十二条 决定中载明的支付精神损害抚慰金及其他责任承担方式，赔偿义务机关应当履行。

第十三条 人民法院审理国家赔偿法第三十八条所涉侵犯公民人身权的国家赔偿案件，以及作为赔偿义务机关审查处理国家赔偿案件，涉及精神损害赔偿的，参照本解释规定。

第十四条 本解释自 2021 年 4 月 1 日起施行。本解释施行前的其他有关规定与本解释不一致的，以本解释为准。

最高人民法院印发
《关于司法赔偿案件案由的规定》的通知

(2023 年 4 月 19 日 法〔2023〕68 号)

各省、自治区、直辖市高级人民法院，解放军军事法院，新疆维吾尔自治区高级人民法院生产建设兵团分院：

最高人民法院《关于司法赔偿案件案由的规定》已于 2023 年 4 月 3 日由最高人民法院审判委员会第 1883 次会议讨论通过，自 2023 年 6 月 1 日起施行，《关于国家赔偿案件案由的规定》（法〔2012〕32 号）同时废止。现将《关于司法赔偿案件案由的规定》（以下简称《案由规定》）印发给你们，并就适用《案由规定》的有关问题通知如下。

一、认真学习和准确适用《案由规定》

本次对案由规定进行修改，坚持以国家赔偿法为依据，重点解决原案由规定过于简单笼统、案由划分过于粗疏以及司法赔偿审判实践中部分案件无案由可用、以申请赔偿理由代替案由等问题。案由规定的修改以必要性和实用性为原则，尊重既往案由使用习惯，结合审判实践需要，确保修改后的案由规定体系完整、分类准确、适用方便。

准确适用司法赔偿案件案由，有利于人民法院司法赔偿立案、审判工作的精细化，有利于提高案件统计的准确性，可以为人民法院司法决策提供有效参考。各级人民法院要充分认识到准确适用司法赔偿案件案由的重要性，认真学习《案由规定》，理解案由层级式列举的体系和具体适用规则，准确选择适用具体案由，依法维护赔偿请求人申请赔偿权利，切实落实新时代司法赔偿审判工作"人民性"理念，不断促进司法赔偿审判精细化发展。

二、案由的体系编排和确定标准

《案由规定》坚持以国家赔偿法篇章体系为依据，将案由的列举方式由原案由规定的平铺式改为层级式，以"刑事赔偿""非刑事司法赔偿"2 个一级案由为基础，进行三级分类，使每一个司法赔偿案件都有可适用的案由。其中，"刑事赔偿"案由按照侵权客体分为 3 个二级案由，分别是"人身自由损害刑事赔偿""生命健康损害刑事赔偿"和"财产损害刑事赔偿"；"非刑事司法赔偿"案由按照侵权行为分为 4 个二级案由，分别是"违法采取对妨害诉讼的强制措施赔偿""违法保全赔偿""违法先予执行赔偿"和"错误执行赔偿"。

三级案由以原有的 14 个案由为基础，除"违法保全赔偿""错误执行赔偿"被保留为二级案由外，其他 12 个原有案由均被保留为三级案由。同时，根据司法赔偿审判实践需要，新增三级案由 8 个，分别是"变相羁押赔偿""怠于履行监管职责致伤、致死赔偿""违法没收、拒不退还取保候审保证金赔偿"以及涉执行司法赔偿案由"无依据、超范围执行赔偿""违法执行损害案外人权益赔偿""违法采取执行措施赔偿""违法采取执行强制措施赔偿""违法不执行、拖延执行赔偿"。

三、案由具体适用规则

（一）一般适用规则

《案由规定》实现了人民法院各种司法赔偿案件类型的全覆盖。在具体适用时，不应在《案由规定》之外创设其他案由，如"其他赔偿""国家赔偿"等。应当按照层级递进原则，由下至上，先适用三级案由；无对应的三级案由时，适用二级案由；二级案由仍不对应的，适用一级案由。在有下一层级案由可适用的情况下，不能直接适用上一层级案由。例如，赔偿请求人主张赔偿义务机关违法刑事拘留侵害人身申请赔偿，应适用三级案由"违法刑事拘留赔偿"，而非"人身自由损害刑事赔偿"或者"刑事赔偿"。

（二）选择性案由适用规则

本次修改，《案由规定》中共有选择性案由 9 个，即"刑讯逼供致伤、致死赔偿""殴打、虐待致伤、致死赔偿""怠于履行监管职责致伤、致死赔偿""违法使用武器、警械致伤、致死赔偿""刑事违法查封、扣押、冻结、追缴赔偿""违法没收、拒不退还取保候审保证金赔偿""错判罚金、没收财产赔偿""无依据、超范围执行赔偿""违法不执行、拖延执行赔偿"。在适用选择性案由时应根据赔偿请求人的具体理由、请求确定，如赔偿请求人主张赔偿义务机关刑讯逼供致身体伤残申请赔偿，案由应为"刑讯逼供致伤赔偿"，并非"刑讯逼供致伤、致死赔偿"；主张赔偿义务机关在刑事诉讼过程中违法扣押、追缴财产致财产损失申请赔偿，案由应为"刑事违法扣押、追缴赔偿"，并非"刑事违法查封、扣押、冻结、追缴赔偿"。

（三）多个案由合并适用规则

赔偿义务机关实施了多个侵权行为，赔偿请求人在一个案件中申请一并赔偿时，可以并列适用不同的案由。如赔偿请求人主张赔偿义务机关违法刑事拘留并刑讯逼供致身体受伤申请赔偿，案由应为"违法刑事拘留、刑讯逼供致伤赔偿"。如果多个案由分属不同层级，按照由下至上的顺序排列案由。如赔偿请求人主张执行法院错误执行其享有质权的财产，并在其申诉过程中存在拉扯拖拽行为致身体伤害申请赔偿，可适用三级案由"违法执行损害案外人权益赔偿"和一级案由"非刑事司法赔偿"，在决定书中可表述为"违法执行损害案外人权益、非刑事司法赔偿"。

四、其他应注意的问题

（一）各级人民法院要准确把握司法赔偿案件案由的性质和功能。《案由规定》不是司法赔偿案件受案范围规定，人民法院在确定具体个案是否属于受案范围时，应当根据国家赔偿法及相关司法解释的规定进行判断，不能以《案由规定》作为判断依据。

（二）申请赔偿的事项不属于国家赔偿法调整范围的，人民法院可以根据申请赔偿的具体理由确定相应案由，如赔偿请求人在国家赔偿法实施前被再审改判无罪，申请国家赔偿虽不属于人民法院国家赔偿案件的受案范围，但仍可适用"再审无罪赔偿"案由。如以民事、行政判决错误为由请求作出原错判的人民法院承担赔偿责任，可以适用"非刑事司法赔偿"案由。

（三）案件名称的表述应与案由表述保持一致，不能用申请赔偿的理由代替案由。如赔偿请求人主张人民法院违法保全侵犯财产权申请赔偿，案件名称应表述为"某某申请某某人民法院违法保全赔偿案"，不应表述为"某某以违法保全为由申请某某人民法院国家赔偿案"。

（四）本通知下发后，各高级人民法院要切实抓好辖区内法院相关人员对《案由规定》的学习、培训工作，确保培训到人，尤其是从事立案登记和司法统计的人员。今后在适用《案由规定》填写案由时，各级人民法院务必要切实负起责任，认真按照本通知要求予以填写。对于未做培训或者不负责任、随意填写的法院，最高人民法院将适时予以通报批评。

关于司法赔偿案件案由的规定

（2023 年 4 月 3 日最高人民法院审判委员会第 1883 次会议通过　自 2023 年 6 月 1 日起施行）

为正确适用法律，统一确定案由，根据《中华人民共和国国家赔偿法》等法律规定，结合人民法院司法赔偿审判工作实际情况，对司法赔偿案件案由规定如下：

一、刑事赔偿

适用于赔偿请求人主张赔偿义务机关在行使刑事司法职权时侵犯人身权或者财产权的赔偿案件。

（一）人身自由损害刑事赔偿

适用于赔偿请求人主张赔偿义务机关在行使刑事司法职权时侵犯人身自由的赔偿案件。

1. 违法刑事拘留赔偿

适用于赔偿请求人主张赔偿义务机关违反刑事诉讼法规定的条件、程序或者时限采取拘留措施的赔偿案件。

2. 变相羁押赔偿

适用于赔偿请求人主张赔偿义务机关违反刑事诉讼法的规定指定居所监视居住或者超出法定时限连续传唤、拘传，实际已达到刑事拘留效果的赔偿案件。

3. 无罪逮捕赔偿

适用于赔偿请求人主张赔偿义务机关采取逮捕措施错误的赔偿案件。

4. 二审无罪赔偿

适用丁赔偿请求人主张二审已改判无罪，赔偿义务机关此前作出一审有罪错判的赔偿案件。

5. 重审无罪赔偿

适用于赔偿请求人主张二审发回重审后已作无罪处理，赔偿义务机关此前作出一审有罪错判的赔偿案件。

6. 再审无罪赔偿

适用于赔偿请求人主张依照审判监督程序已再审改判无罪或者改判部分无罪，赔偿义务机关此前作出原生效有罪错判的赔偿案件。

（二）生命健康损害刑事赔偿

适用于赔偿请求人主张赔偿义务机关在行使刑事司法职权时侵犯生命健康的赔偿案件。

1. 刑讯逼供致伤、致死赔偿

适用于赔偿请求人主张赔偿义务机关刑讯逼供造成身体伤害或者死亡的赔偿案件。

2. 殴打、虐待致伤、致死赔偿

适用于赔偿请求人主张赔偿义务机关以殴打、虐待行为或者唆使、放纵他人以殴打、虐待行为造成身体伤害或者死亡的赔偿案件。

3. 怠于履行监管职责致伤、致死赔偿

适用于赔偿请求人主张赔偿义务机关未尽法定监管、救治职责，造成被羁押人身体伤害或者死亡的赔偿案件。

4. 违法使用武器、警械致伤、致死赔偿

适用于赔偿请求人主张赔偿义务机关违法使用武器、警械造成身体伤害或者死亡的赔偿案件。

（三）财产损害刑事赔偿

适用于赔偿请求人主张赔偿义务机关在行使刑事司法职权时侵犯财产权益的赔偿案件。

1. 刑事违法查封、扣押、冻结、追缴赔偿

适用于赔偿请求人主张赔偿义务机关在刑事诉讼过程中，违法对财产采取查封、扣押、冻结、追缴措施的赔偿案件。

2. 违法没收、拒不退还取保候审保证金赔偿

适用于赔偿请求人主张赔偿义务机关违法没收取保候审保证金、无正当理由对应当退还的取保候审保证金不予退还的赔偿案件。

3. 错判罚金、没收财产赔偿

适用于赔偿请求人主张原判罚金、没收财产执行后，依照审判监督程序已再审改判财产刑的赔偿案件。

二、非刑事司法赔偿

适用于赔偿请求人主张人民法院在民事、行政诉讼等非刑事司法活动中，侵犯人身权或者财产权的赔偿案件。

（四）违法采取对妨害诉讼的强制措施赔偿

适用于赔偿请求人主张人民法院在民事、行政诉讼中，违法采取对妨害诉讼的强制措施的赔偿案件。

1. 违法司法罚款赔偿

适用于赔偿请求人主张人民法院在民事、行政诉讼中，违法司法罚款的赔偿案件。

2. 违法司法拘留赔偿

适用于赔偿请求人主张人民法院在民事、行政诉讼中，违法司法拘留的赔偿案件。

（五）违法保全赔偿

适用于赔偿请求人主张人民法院在民事、行政诉讼中，违法采取或者违法解除保全措施的赔偿案件。

（六）违法先予执行赔偿

适用于赔偿请求人主张人民法院在民事、行政诉讼中，违法采取先予执行措施的赔偿案件。

（七）错误执行赔偿

适用于赔偿请求人主张人民法院对民事、行政判决、裁定以及其他生效法律文书执行错误的赔偿案件。

1. 无依据、超范围执行赔偿

适用于赔偿请求人主张人民法院执行未生效法律文书，或者超出生效法律文书确定的数额、范围执行的赔偿案件。

2. 违法执行损害案外人权益赔偿

适用于赔偿请求人主张人民法院违法执行案外人财产、未依法保护案外人优先受偿权等合法权益，或者对其他法院已经依法保全、执行的财产违法执行的赔偿案件。

3. 违法采取执行措施赔偿

适用于赔偿请求人主张人民法院违法采取查封、扣押、冻结、拍卖、变卖、以物抵债、交付等执行措施，或者在采取前述措施过程中存在未履行监管职责等过错的赔偿案件。

4. 违法采取执行强制措施赔偿

适用于赔偿请求人主张人民法院违法采取纳入失信被执行人名单、限制消费、限制出境、罚款、拘留等执行强制措施的赔偿案件。

5. 违法不执行、拖延执行赔偿

适用于赔偿请求人主张人民法院违法不执行、拖延执行或者应当依法恢复执行而不恢复的赔偿案件。

最高人民法院关于国家赔偿
案件立案工作的规定

（2011 年 12 月 26 日最高人民法院审判委员会第 1537 次会议通过　2012 年 1 月 13 日最高人民法院公告公布　自 2012 年 2 月 15 日起施行　法释〔2012〕1 号）

为保障公民、法人和其他组织依法行使请求国家赔偿的权利，保证人民法院及时、准确审查受理国家赔偿案件，根据《中华人民共和国国家赔偿法》及有关法律规定，现就人民法院国家赔偿案件立案工作规定如下：

第一条　本规定所称国家赔偿案件，是指国家赔偿法第十七条、第十八条、第二十一条、第三十八条规定的下列案件：

（一）违反刑事诉讼法的规定对公民采取拘留措施的，或者依照刑事诉讼规定的条件和程序对公民采取拘留措施，但是拘留时间超过刑事诉讼法规定的时限，其后决定撤销案件、不起诉或者判决宣告无罪终止追究刑事责任的；

（二）对公民采取逮捕措施后，决定撤销案件、不起诉或者判决宣告无罪终止追究刑事责任的；

（三）二审改判无罪，以及二审发回重审后作无罪处理的；

（四）依照审判监督程序再审改判无罪，原判刑罚已经执行的；

（五）刑讯逼供或者以殴打、虐待等行为或者唆使、放纵他人以殴打、虐待等行为造成公民身体伤害或者死亡的；

（六）违法使用武器、警械造成公民身体伤害或者死亡的；

（七）在刑事诉讼过程中违法对财产采取查封、扣押、冻结、追缴等措施的；

（八）依照审判监督程序再审改判无罪，原判罚金、没收财产已经执行的；

（九）在民事诉讼、行政诉讼过程中，违法采取对妨害诉讼的强制措施、保全措施或者对判决、裁定及其他生效法律文书执行错误，造成损害的。

第二条 赔偿请求人向作为赔偿义务机关的人民法院提出赔偿申请，或者依照国家赔偿法第二十四条、第二十五条的规定向人民法院赔偿委员会提出赔偿申请的，收到申请的人民法院根据本规定予以审查立案。

第三条 赔偿请求人当面递交赔偿申请的，收到申请的人民法院应当依照国家赔偿法第十二条的规定，当场出具加盖本院专用印章并注明收讫日期的书面凭证。

赔偿请求人以邮寄等形式提出赔偿申请的，收到申请的人民法院应当及时登记审查。

申请材料不齐全的，收到申请的人民法院应当在五日内一次性告知赔偿请求人需要补正的全部内容。收到申请的时间自人民法院收到补正材料之日起计算。

第四条 赔偿请求人向作为赔偿义务机关的人民法院提出赔偿申请，收到申请的人民法院经审查认为其申请符合下列条件的，应予立案：

（一）赔偿请求人具备法律规定的主体资格；

（二）本院是赔偿义务机关；

（三）有具体的申请事项和理由；

（四）属于本规定第一条规定的情形。

第五条 赔偿请求人对作为赔偿义务机关的人民法院作出的是否赔偿的决定不服，依照国家赔偿法第二十四条的规定向其上一级人民法院赔偿委员会提出赔偿申请，收到申请的人民法院经审查认为其申请符合下列条件的，应予立案：

（一）有赔偿义务机关作出的是否赔偿的决定书；

（二）符合法律规定的请求期间，因不可抗力或者其他障碍未能在法定期间行使请求权的情形除外。

第六条 作为赔偿义务机关的人民法院逾期未作出是否赔偿的决定，赔偿请求人依照国家赔偿法第二十四条的规定向其上一级人民法院赔偿委员会提出赔偿申请，收到申请的人民法院经审查认为其申请符合下列条件的，应予立案：

（一）赔偿请求人具备法律规定的主体资格；

（二）被申请的赔偿义务机关是法律规定的赔偿义务机关；

（三）有具体的申请事项和理由；

（四）属于本规定第一条规定的情形；

（五）有赔偿义务机关已经收到赔偿申请的收讫凭证或者相应证据；

（六）符合法律规定的请求期间，因不可抗力或者其他障碍未能在法定期间行使请求权的情形除外。

第七条 赔偿请求人对行使侦查、检察职权的机关以及看守所、监狱管理机关作出的决定不服，经向其上一级机关申请复议，对复议机关的复议决定仍不服，依照国家赔偿法第二十五条的规定向复议机关所在地的同级人民法院赔偿委员会提出赔偿申请，收到申请的人民法院经审查认为其申请符合下列条件的，应予立案：

（一）有复议机关的复议决定书；

（二）符合法律规定的请求期间，因不可抗力或者其他障碍未能在法定期间行使请求权的情形除外。

第八条 复议机关逾期未作出复议决定，赔偿请求人依照国家赔偿法第二十五条的规定向复议机关所在地的同级人民法院赔偿委员会提出赔偿申请，收到申请的人民法院经审查认为其申请符合下列条件的，应予立案：

（一）赔偿请求人具备法律规定的主体资格；

（二）被申请的赔偿义务机关、复议机关是法律规定的赔偿义务机关、复议机关；

（三）有具体的申请事项和理由；

（四）属于本规定第一条规定的情形；

（五）有赔偿义务机关、复议机关已经收到赔偿申请的收讫凭证或者相应证据；

（六）符合法律规定的请求期间，因不可抗力或者其他障碍未能在法定期间行使请求权的情形除外。

第九条 人民法院应当在收到申请之日起七日内决定是否立案。

决定立案的，人民法院应当在立案之日起五日内向赔偿请求人送达受理案件通知书。属于人民法院赔偿委员会审理的国家赔偿案件，还应当同时向赔偿义务机关、复议机关送达受理案件通知书、国家赔偿申请书或者《申请赔偿登记表》副本。

经审查不符合立案条件的，人民法院应当在七日内作出不予受理决定，并应当在作出决定之日起十日内送达赔偿请求人。

第十条 赔偿请求人对复议机关或者作为赔偿义务机关的人民法院作出的决定不予受理的文书不服，依照国家赔偿法第二十四条、第二十五条的规定向人民法院赔偿委员会提出赔偿申请，收到申请的人民法院可以依照本规定第六条、第八条予以审查立案。

经审查认为原不予受理错误的，人民法院赔偿委员会可以直接审查并作出决定，必要时也可以交由复议机关或者作为赔偿义务机关的人民法院作出决定。

第十一条 自本规定施行之日起，《最高人民法院关于刑事赔偿和非刑事司法赔偿案件立案工作的暂行规定（试行）》即行废止；本规定施行前本院发布的司法解释与本规定不一致的，以本规定为准。

最高人民法院关于人民法院赔偿委员会
审理国家赔偿案件程序的规定

（2011 年 2 月 28 日最高人民法院审判委员会第 1513 次会议通过　2011 年 3 月 17 日最高人民法院公告公布　自 2011 年 3 月 22 日起施行　法释〔2011〕6 号）

根据 2010 年 4 月 29 日修正的《中华人民共和国国家赔偿法》（以下简称国家赔偿法），结合国家赔偿工作实际，对人民法院赔偿委员会（以下简称赔偿委员会）审理国家赔偿案件的程序作如下规定：

第一条　赔偿请求人向赔偿委员会申请作出赔偿决定，应当递交赔偿申请书一式四份。赔偿请求人书写申请书确有困难的，可以口头申请。口头提出申请的，人民法院应当填写《申请赔偿登记表》，由赔偿请求人签名或者盖章。

第二条　赔偿请求人向赔偿委员会申请作出赔偿决定，应当提供以下法律文书和证明材料：

（一）赔偿义务机关作出的决定书；

（二）复议机关作出的复议决定书，但赔偿义务机关是人民法院的除外；

（三）赔偿义务机关或者复议机关逾期未作出决定的，应当提供赔偿义务机关对赔偿申请的收讫凭证等相关证明材料；

（四）行使侦查、检察、审判职权的机关在赔偿申请所涉案件的刑事诉讼程序、民事诉讼程序、行政诉讼程序、执行程序中作出的法律文书；

（五）赔偿义务机关职权行为侵犯赔偿请求人合法权益造成损害的证明材料；

（六）证明赔偿申请符合申请条件的其他材料。

第三条　赔偿委员会收到赔偿申请，经审查认为符合申请条件的，应当在七日内立案，并通知赔偿请求人、赔偿义务机关和复议机关；认为不符合申请条件的，应当在七日内决定不予受理；立案后发现不符合申请条件的，决定驳回申请。

前款规定的期限，自赔偿委员会收到赔偿申请之日起计算。申请材料不齐全的，赔偿委员会应当在五日内一次性告知赔偿请求人需要补正的全部内容，收到赔偿申请的时间应当自赔偿委员会收到补正材料之日起计算。

第四条　赔偿委员会应当在立案之日起五日内将赔偿申请书副本或者《申请赔偿登记表》副本送达赔偿义务机关和复议机关。

第五条　赔偿请求人可以委托一至二人作为代理人。律师、提出申请的公民的近亲属、有关的社会团体或者所在单位推荐的人、经赔偿委员会许可的其他公民，都可以被委托为代理人。

赔偿义务机关、复议机关可以委托本机关工作人员一至二人作为代理人。

第六条 赔偿请求人、赔偿义务机关、复议机关委托他人代理，应当向赔偿委员会提交由委托人签名或者盖章的授权委托书。

授权委托书应当载明委托事项和权限。代理人代为承认、放弃、变更赔偿请求，应当有委托人的特别授权。

第七条 赔偿委员会审理赔偿案件，应当指定一名审判员负责具体承办。

负责具体承办赔偿案件的审判员应当查清事实并写出审理报告，提请赔偿委员会讨论决定。

赔偿委员会作赔偿决定，必须有三名以上审判员参加，按照少数服从多数的原则作出决定。

第八条 审判人员有下列情形之一的，应当回避，赔偿请求人和赔偿义务机关有权以书面或者口头方式申请其回避：

（一）是本案赔偿请求人的近亲属；

（二）是本案代理人的近亲属；

（三）与本案有利害关系；

（四）与本案有其他关系，可能影响对案件公正审理的。

前款规定，适用于书记员、翻译人员、鉴定人、勘验人。

第九条 赔偿委员会审理赔偿案件，可以组织赔偿义务机关与赔偿请求人就赔偿方式、赔偿项目和赔偿数额依照国家赔偿法第四章的规定进行协商。

第十条 组织协商应当遵循自愿和合法的原则。赔偿请求人、赔偿义务机关一方或者双方不愿协商，或者协商不成的，赔偿委员会应当及时作出决定。

第十一条 赔偿请求人和赔偿义务机关经协商达成协议的，赔偿委员会审查确认后应当制作国家赔偿决定书。

第十二条 赔偿请求人、赔偿义务机关对自己提出的主张或者反驳对方主张所依据的事实有责任提供证据加以证明。有国家赔偿法第二十六条第二款规定情形的，应当由赔偿义务机关提供证据。

没有证据或者证据不足以证明其事实主张的，由负有举证责任的一方承担不利后果。

第十三条 赔偿义务机关对其职权行为的合法性负有举证责任。

赔偿请求人可以提供证明职权行为违法的证据，但不因此免除赔偿义务机关对其职权行为合法性的举证责任。

第十四条 有下列情形之一的，赔偿委员会可以组织赔偿请求人和赔偿义务机关进行质证：

（一）对侵权事实、损害后果及因果关系争议较大的；

（二）对是否属于国家赔偿法第十九条规定的国家不承担赔偿责任的情形争议较大的；

（三）对赔偿方式、赔偿项目或者赔偿数额争议较大的；

（四）赔偿委员会认为应当质证的其他情形。

第十五条 赔偿委员会认为重大、疑难的案件，应报请院长提交审判委员会讨论决定。审判委员会的决定，赔偿委员会应当执行。

第十六条 赔偿委员会作出决定前，赔偿请求人撤回赔偿申请的，赔偿委员会应当依法审查并作出是否准许的决定。

第十七条 有下列情形之一的，赔偿委员会应当决定中止审理：

（一）赔偿请求人死亡，需要等待其继承人和其他有扶养关系的亲属表明是否参加赔偿案件处理的；

（二）赔偿请求人丧失行为能力，尚未确定法定代理人的；

（三）作为赔偿请求人的法人或者其他组织终止，尚未确定权利义务承受人的；

（四）赔偿请求人因不可抗拒的事由，在法定审限内不能参加赔偿案件处理的；

（五）宣告无罪的案件，人民法院决定再审或者人民检察院按照审判监督程序提出抗诉的；

（六）应当中止审理的其他情形。

中止审理的原因消除后，赔偿委员会应当及时恢复审理，并通知赔偿请求人、赔偿义务机关和复议机关。

第十八条 有下列情形之一的，赔偿委员会应当决定终结审理：

（一）赔偿请求人死亡，没有继承人和其他有扶养关系的亲属或者赔偿请求人的继承人和其他有扶养关系的亲属放弃要求赔偿权利的；

（二）作为赔偿请求人的法人或者其他组织终止后，其权利义务承受人放弃要求赔偿权利的；

（三）赔偿请求人据以申请赔偿的撤销案件决定、不起诉决定或者无罪判决被撤销的；

（四）应当终结审理的其他情形。

第十九条 赔偿委员会审理赔偿案件应当按照下列情形，分别作出决定：

（一）赔偿义务机关的决定或者复议机关的复议决定认定事实清楚，适用法律正确的，依法予以维持；

（二）赔偿义务机关的决定、复议机关的复议决定认定事实清楚，但适用法律错误的，依法重新决定；

（三）赔偿义务机关的决定、复议机关的复议决定认定事实不清、证据不足的，查清事实后依法重新决定；

（四）赔偿义务机关、复议机关逾期未作决定的，查清事实后依法作出决定。

第二十条 赔偿委员会审理赔偿案件作出决定，应当制作国家赔偿决定书，加盖人民法院印章。

第二十一条 国家赔偿决定书应当载明以下事项：

（一）赔偿请求人的基本情况，赔偿义务机关、复议机关的名称及其法定代表人；

（二）赔偿请求人申请事项及理由，赔偿义务机关的决定、复议机关的复议决定情况；

（三）赔偿委员会认定的事实及依据；

（四）决定的理由及法律依据；

（五）决定内容。

第二十二条 赔偿委员会作出的决定应当分别送达赔偿请求人、赔偿义务机关和复议机关。

第二十三条 人民法院办理本院为赔偿义务机关的国家赔偿案件参照本规定。

第二十四条 自本规定公布之日起，《人民法院赔偿委员会审理赔偿案件程序的暂行规定》即行废止；本规定施行前本院发布的司法解释与本规定不一致的，以本规定为准。

最高人民法院关于人民法院
办理自赔案件程序的规定

(2013 年 4 月 1 日最高人民法院审判委员会第 1573 次会议
通过　2013 年 7 月 26 日最高人民法院公告公布　自 2013 年 9
月 1 日起施行　法释〔2013〕19 号)

根据《中华人民共和国国家赔偿法》，结合人民法院国家赔偿工作
实际，对人民法院办理自赔案件的程序作如下规定：

第一条　本规定所称自赔案件，是指人民法院办理的本院作为赔偿
义务机关的国家赔偿案件。

第二条　基层人民法院国家赔偿小组、中级以上人民法院赔偿委员
会负责办理本院的自赔案件。

第三条　人民法院对赔偿请求人提出的赔偿申请，根据《最高人民
法院关于国家赔偿案件立案工作的规定》予以审查立案。

第四条　人民法院办理自赔案件，应当指定一名审判员承办。

负责承办的审判员应当查清事实并提出处理意见，经国家赔偿小组
或者赔偿委员会讨论后，报请院长决定。重大、疑难案件由院长提交院
长办公会议讨论决定。

第五条　参与办理自赔案件的审判人员是赔偿请求人或其代理人的
近亲属，与本案有利害关系，或者有其他关系，可能影响案件公正办理
的，应当主动回避。

赔偿请求人认为参与办理自赔案件的审判人员有前款规定情形的，
有权以书面或者口头方式申请其回避。

以上规定，适用于书记员、翻译人员、鉴定人、勘验人。

第六条　赔偿请求人申请回避，应当在人民法院作出赔偿决定前提
出。

人民法院应当自赔偿请求人申请回避之日起三日内作出书面决定。
赔偿请求人对决定不服的，可以申请复议一次。人民法院对复议申请，

应当在三日内做出复议决定，并通知复议申请人。复议期间，被申请回避的人员不停止案件办理工作。

审判人员的回避，由院长决定；其他人员的回避，由国家赔偿小组负责人或者赔偿委员会主任决定。

第七条 人民法院应当全面审查案件，充分听取赔偿请求人的意见。必要时可以调取原审判、执行案卷，可以向原案件承办部门或有关人员调查、核实情况。听取意见、调查核实情况，应当制作笔录。

案件争议较大，或者案情疑难、复杂的，人民法院可以组织赔偿请求人、原案件承办人以及其他相关人员举行听证。听证情况应当制作笔录。

第八条 人民法院可以与赔偿请求人就赔偿方式、赔偿项目和赔偿数额在法律规定的范围内进行协商。协商应当遵循自愿、合法的原则。协商情况应当制作笔录。

经协商达成协议的，人民法院应当制作国家赔偿决定书。协商不成的，人民法院应当依法及时作出决定。

第九条 人民法院作出决定前，赔偿请求人撤回赔偿申请的，人民法院应当准许。

赔偿请求人撤回赔偿申请后，在国家赔偿法第三十九条规定的时效内又申请赔偿，并有证据证明其撤回申请确属违背真实意思表示或者有其他正当理由的，人民法院应予受理。

第十条 有下列情形之一的，人民法院应当决定中止办理：

（一）作为赔偿请求人的公民死亡，需要等待其继承人和其他有扶养关系的亲属表明是否参加赔偿案件处理的；

（二）作为赔偿请求人的公民丧失行为能力，尚未确定法定代理人的；

（三）作为赔偿请求人的法人或者其他组织终止，尚未确定权利承受人的；

（四）赔偿请求人因不可抗力或者其他障碍，在法定期限内不能参加赔偿案件处理的；

（五）宣告无罪的案件，人民法院决定再审或者人民检察院按照审判监督程序提出抗诉的。

中止办理的原因消除后，人民法院应当及时恢复办理，并通知赔偿请求人。

第十一条 有下列情形之一的，人民法院应当决定终结办理：

（一）作为赔偿请求人的公民死亡，没有继承人和其他有扶养关系的亲属，或者其继承人和其他有扶养关系的亲属放弃要求赔偿权利的；

（二）作为赔偿请求人的法人或者其他组织终止后，其权利承受人放弃要求赔偿权利的；

（三）赔偿请求人据以申请赔偿的撤销案件决定、不起诉决定或者宣告无罪的判决被撤销的。

第十二条 人民法院应当自收到赔偿申请之日起两个月内作出是否赔偿的决定，并制作国家赔偿决定书。

申请人向人民法院申请委托鉴定、评估的，鉴定、评估期间不计入办理期限。

第十三条 国家赔偿决定书应当载明以下事项：

（一）赔偿请求人的基本情况；

（二）申请事项及理由；

（三）决定的事实理由及法律依据；

（四）决定内容；

（五）申请上一级人民法院赔偿委员会作出赔偿决定的期间和上一级人民法院名称。

第十四条 人民法院决定赔偿或不予赔偿的，应当自作出决定之日起十日内将国家赔偿决定书送达赔偿请求人。

第十五条 赔偿请求人依据国家赔偿法第三十七条第二款的规定向人民法院申请支付赔偿金的，应当递交申请书，并提交以下材料：

（一）赔偿请求人的身份证明；

（二）生效的国家赔偿决定书。

赔偿请求人当面递交申请支付材料的，人民法院应当出具收讫凭证。赔偿请求人书写申请书确有困难的，可以口头申请，人民法院应当记入笔录，由赔偿请求人签名、捺印或者盖章。

第十六条 申请支付材料真实、有效、完整的，人民法院应当受理，并书面通知赔偿请求人。人民法院受理后，应当自收到支付申请之日起七日内，依照预算管理权限向有关财政部门提出支付申请。

申请支付材料不完整的，人民法院应当当场或者在三个工作日内一次性告知赔偿请求人需要补正的全部材料。收到支付申请的时间自人民法院收到补正材料之日起计算。

申请支付材料虚假、无效，人民法院决定不予受理的，应当在三个工作日内书面通知赔偿请求人并说明理由。

第十七条　赔偿请求人对人民法院不予受理申请支付的通知有异议的，可以自收到通知之日起十日内向上一级人民法院申请复核。上一级人民法院应当自收到复核申请之日起五个工作日内作出复核决定，并在作出复核决定之日起三个工作日内送达赔偿请求人。

第十八条　财政部门告知人民法院申请支付材料不符合要求的，人民法院应当自接到通知之日起五个工作日内按照要求提交补正材料。

需要赔偿请求人补正材料的，人民法院应当及时通知赔偿请求人。

第十九条　财政部门告知人民法院已支付国家赔偿费用的，人民法院应当及时通知赔偿请求人。

第二十条　本规定自 2013 年 9 月 1 日起施行。

本规定施行前本院发布的司法解释，与本规定不一致的，以本规定为准。

最高人民法院关于人民法院赔偿委员会适用质证程序审理国家赔偿案件的规定

（2013 年 12 月 16 日最高人民法院审判委员会第 1600 次会议通过　2013 年 12 月 19 日最高人民法院公告公布　自 2014 年 3 月 1 日起施行　法释〔2013〕27 号）

为规范人民法院赔偿委员会（以下简称赔偿委员会）适用质证程序审理国家赔偿案件，根据《中华人民共和国国家赔偿法》等有关法律规定，结合国家赔偿工作实际，制定本规定。

第一条　赔偿委员会根据国家赔偿法第二十七条的规定，听取赔偿请求人、赔偿义务机关的陈述和申辩，进行质证的，适用本规定。

第二条 有下列情形之一，经书面审理不能解决的，赔偿委员会可以组织赔偿请求人和赔偿义务机关进行质证：

（一）对侵权事实、损害后果及因果关系有争议的；

（二）对是否属于国家赔偿法第十九条规定的国家不承担赔偿责任的情形有争议的；

（三）对赔偿方式、赔偿项目或者赔偿数额有争议的；

（四）赔偿委员会认为应当质证的其他情形。

第三条 除涉及国家秘密、个人隐私或者法律另有规定的以外，质证应当公开进行。

赔偿请求人或者赔偿义务机关申请不公开质证，对方同意的，赔偿委员会可以不公开质证。

第四条 赔偿请求人和赔偿义务机关在质证活动中的法律地位平等，有权委托代理人，提出回避申请，提供证据，申请查阅、复制本案质证材料，进行陈述、质询、申辩，并应当依法行使质证权利，遵守质证秩序。

第五条 赔偿请求人、赔偿义务机关对其主张的有利于自己的事实负举证责任，但法律、司法解释另有规定的除外。

没有证据或者证据不足以证明其事实主张的，由负有举证责任的一方承担不利后果。

第六条 下列事实需要证明的，由赔偿义务机关负举证责任：

（一）赔偿义务机关行为的合法性；

（二）赔偿义务机关无过错；

（三）因赔偿义务机关过错致使赔偿请求人不能证明的待证事实；

（四）赔偿义务机关行为与被羁押人在羁押期间死亡或者丧失行为能力不存在因果关系。

第七条 下列情形，由赔偿义务机关负举证责任：

（一）属于法定免责情形；

（二）赔偿请求超过法定时效；

（三）具有其他抗辩事由。

第八条 赔偿委员会认为必要时，可以通知复议机关参加质证，由复议机关对其作出复议决定的事实和法律依据进行说明。

第九条　赔偿请求人可以在举证期限内申请赔偿委员会调取下列证据：

（一）由国家有关部门保存，赔偿请求人及其委托代理人无权查阅调取的证据；

（二）涉及国家秘密、商业秘密、个人隐私的证据；

（三）赔偿请求人及其委托代理人因客观原因不能自行收集的其他证据。

赔偿请求人申请赔偿委员会调取证据，应当提供具体线索。

第十条　赔偿委员会有权要求赔偿请求人、赔偿义务机关提供或者补充证据。

涉及国家利益、社会公共利益或者他人合法权益的事实，或者涉及依职权追加质证参加人、中止审理、终结审理、回避等程序性事项的，赔偿委员会可以向有关单位和人员调查情况、收集证据。

第十一条　赔偿请求人、赔偿义务机关应当在收到受理案件通知书之日起十日内提供证据。赔偿请求人、赔偿义务机关确因客观事由不能在该期限内提供证据的，赔偿委员会可以根据其申请适当延长举证期限。

赔偿请求人、赔偿义务机关无正当理由逾期提供证据的，应当承担相应的不利后果。

第十二条　对于证据较多或者疑难复杂的案件，赔偿委员会可以组织赔偿请求人、赔偿义务机关在质证前交换证据，明确争议焦点，并将交换证据的情况记录在卷。

赔偿请求人、赔偿义务机关在证据交换过程中没有争议并记录在卷的证据，经审判员在质证中说明后，可以作为认定案件事实的依据。

第十三条　赔偿委员会应当指定审判员组织质证，并在质证三日前通知赔偿请求人、赔偿义务机关和其他质证参与人。必要时，赔偿委员会可以通知赔偿义务机关实施原职权行为的工作人员或者其他利害关系人到场接受询问。

赔偿委员会决定公开质证的，应当在质证三日前公告案由，赔偿请求人和赔偿义务机关的名称，以及质证的时间、地点。

第十四条 适用质证程序审理国家赔偿案件，未经质证的证据不得作为认定案件事实的依据，但法律、司法解释另有规定的除外。

第十五条 赔偿请求人、赔偿义务机关应围绕证据的关联性、真实性、合法性，针对证据有无证明力以及证明力大小，进行质证。

第十六条 质证开始前，由书记员查明质证参与人是否到场，宣布质证纪律。

质证开始时，由主持质证的审判员核对赔偿请求人、赔偿义务机关，宣布案由，宣布审判员、书记员名单，向赔偿请求人、赔偿义务机关告知质证权利义务以及询问是否申请回避。

第十七条 质证一般按照下列顺序进行：

（一）赔偿请求人、赔偿义务机关分别陈述，复议机关进行说明；

（二）审判员归纳争议焦点；

（三）赔偿请求人、赔偿义务机关分别出示证据，发表意见；

（四）询问参加质证的证人、鉴定人、勘验人；

（五）赔偿请求人、赔偿义务机关就争议的事项进行质询和辩论；

（六）审判员宣布赔偿请求人、赔偿义务机关认识一致的事实和证据；

（七）赔偿请求人、赔偿义务机关最后陈述意见。

第十八条 赔偿委员会根据赔偿请求人申请调取的证据，作为赔偿请求人提供的证据进行质证。

赔偿委员会依职权调取的证据应当在质证时出示，并就调取该证据的情况予以说明，听取赔偿请求人、赔偿义务机关的意见。

第十九条 赔偿请求人或者赔偿义务机关对对方主张的不利于自己的事实，在质证中明确表示承认的，对方无需举证；既未表示承认也未否认，经审判员询问并释明法律后果后，其仍不作明确表示的，视为对该项事实的承认。

赔偿请求人、赔偿义务机关委托代理人参加质证的，代理人在代理权限范围内的承认视为被代理人的承认，但参加质证的赔偿请求人、赔偿义务机关当场明确表示反对的除外；代理人超出代理权限范围的承认，参加质证的赔偿请求人、赔偿义务机关当场不作否认表示的，视为被代理人的承认。

上述承认违反法律禁止性规定，或者损害国家利益、社会公共利益、他人合法权益的，不发生自认的效力。

第二十条 下列事实无需举证证明：

（一）自然规律以及定理、定律；

（二）众所周知的事实；

（三）根据法律规定推定的事实；

（四）已经依法证明的事实；

（五）根据日常生活经验法则推定的事实。

前款（二）、（三）、（四）、（五）项，赔偿请求人、赔偿义务机关有相反证据否定其真实性的除外。

第二十一条 有证据证明赔偿义务机关持有证据无正当理由拒不提供的，赔偿委员会可以就待证事实作出有利于赔偿请求人的推定。

第二十二条 赔偿委员会应当依据法律规定，遵照法定程序，全面客观地审核证据，运用逻辑推理和日常生活经验，对证据的证明力进行独立、综合的审查判断。

第二十三条 书记员应当将质证的全部活动记入笔录。质证笔录由赔偿请求人、赔偿义务机关和其他质证参与人核对无误或者补正后签名或者盖章。拒绝签名或者盖章的，应当记明情况附卷，由审判员和书记员签名。

具备条件的，赔偿委员会可以对质证活动进行全程同步录音录像。

第二十四条 赔偿请求人、赔偿义务机关经通知无正当理由拒不参加质证或者未经许可中途退出质证的，视为放弃质证，赔偿委员会可以综合全案情况和对方意见认定案件事实。

第二十五条 有下列情形之一的，可以延期质证：

（一）赔偿请求人、赔偿义务机关因不可抗拒的事由不能参加质证的；

（二）赔偿请求人、赔偿义务机关临时提出回避申请，是否回避的决定不能在短时间内作出的；

（三）需要通知新的证人到场，调取新的证据，重新鉴定、勘验，或者补充调查的；

（四）其他应当延期的情形。

第二十六条 本规定自 2014 年 3 月 1 日起施行。

本规定施行前本院发布的司法解释与本规定不一致的，以本规定为准。

最高人民法院关于国家赔偿
监督程序若干问题的规定

（2017 年 2 月 27 日最高人民法院审判委员会第 1711 次会议审议通过 2017 年 4 月 20 日中华人民共和国最高人民法院公告公布 自 2017 年 5 月 1 日起施行 法释〔2017〕9 号）

为了保障赔偿请求人和赔偿义务机关的申诉权，规范国家赔偿程序，根据《中华人民共和国国家赔偿法》及有关法律规定，结合国家赔偿工作实际，制定本规定。

第一条 依照国家赔偿法第三十条的规定，有下列情形之一的，适用本规定予以处理：

（一）赔偿请求人或者赔偿义务机关认为赔偿委员会生效决定确有错误，向上一级人民法院赔偿委员会提出申诉的；

（二）赔偿委员会生效决定违反国家赔偿法规定，经本院院长决定或者上级人民法院指令重新审理，以及上级人民法院决定直接审理的；

（三）最高人民检察院对各级人民法院赔偿委员会生效决定，上级人民检察院对下级人民法院赔偿委员会生效决定，发现违反国家赔偿法规定，向同级人民法院赔偿委员会提出重新审查意见的。

行政赔偿案件的审判监督依照行政诉讼法的相关规定执行。

第二条 赔偿请求人或者赔偿义务机关对赔偿委员会生效决定，认为确有错误的，可以向上一级人民法院赔偿委员会提出申诉。申诉审查期间，不停止生效决定的执行。

第三条 赔偿委员会决定生效后，赔偿请求人死亡或者其主体资格终止的，其权利义务承继者可以依法提出申诉。

赔偿请求人死亡，依法享有继承权的同一顺序继承人有数人时，其中一人或者部分人申诉的，申诉效力及于全体；但是申请撤回申诉或者放弃赔偿请求的，效力不及于未明确表示撤回申诉或者放弃赔偿请求的其他继承人。

赔偿义务机关被撤销或者职权变更的，继续行使其职权的机关可以依法提出申诉。

第四条 赔偿请求人、法定代理人可以委托一至二人作为代理人代为申诉。申诉代理人的范围包括：

（一）律师、基层法律服务工作者；

（二）赔偿请求人的近亲属或者工作人员；

（三）赔偿请求人所在社区、单位以及有关社会团体推荐的公民。

赔偿义务机关可以委托本机关工作人员、法律顾问、律师一至二人代为申诉。

第五条 赔偿请求人或者赔偿义务机关申诉，应当提交以下材料：

（一）申诉状。申诉状应当写明申诉人和被申诉人的基本信息，申诉的法定事由，以及具体的请求、事实和理由；书写申诉状确有困难的，可以口头申诉，由人民法院记入笔录。

（二）身份证明及授权文书。赔偿请求人申诉的，自然人应当提交身份证明，法人或者其他组织应当提交营业执照、组织机构代码证书、法定代表人或者主要负责人身份证明；赔偿义务机关申诉的，应当提交法定代表人或者主要负责人身份证明；委托他人申诉的，应当提交授权委托书和代理人身份证明。

（三）法律文书。即赔偿义务机关、复议机关及赔偿委员会作出的决定书等法律文书。

（四）其他相关材料。以有新的证据证明原决定认定的事实确有错误为由提出申诉的，应当同时提交相关证据材料。

申诉材料不符合前款规定的，人民法院应当一次性告知申诉人需要补正的全部内容及补正期限。补正期限一般为十五日，最长不超过一个月。申诉人对必要材料拒绝补正或者未能在规定期限内补正的，不予审查。收到申诉材料的时间自人民法院收到补正后的材料之日起计算。

第六条 申诉符合下列条件的，人民法院应当在收到申诉材料之日起七日内予以立案：

（一）申诉人具备本规定的主体资格；

（二）受理申诉的人民法院是作出生效决定的人民法院的上一级人民法院；

（三）提交的材料符合本规定第五条的要求。

申诉不符合上述规定的，人民法院不予受理并应当及时告知申诉人。

第七条　赔偿请求人或者赔偿义务机关申诉，有下列情形之一的，人民法院不予受理：

（一）赔偿委员会驳回申诉后，申诉人再次提出申诉的；

（二）赔偿请求人对作为赔偿义务机关的人民法院作出的决定不服，未在法定期限内向其上一级人民法院赔偿委员会申请作出赔偿决定，在赔偿义务机关的决定发生法律效力后直接向人民法院赔偿委员会提出申诉的；

（三）赔偿请求人、赔偿义务机关对最高人民法院赔偿委员会作出的决定不服提出申诉的；

（四）赔偿请求人对行使侦查、检察职权的机关以及看守所主管机关、监狱管理机关作出的决定，未在法定期限内向其上一级机关申请复议，或者申请复议后复议机关逾期未作出决定或者复议机关已作出复议决定，但赔偿请求人未在法定期限内向复议机关所在地的同级人民法院赔偿委员会申请作出赔偿决定，在赔偿义务机关、复议机关的相关决定生效后直接向人民法院赔偿委员会申诉的。

第八条　赔偿委员会对于立案受理的申诉案件，应当着重围绕申诉人的申诉事由进行审查。必要时，应当对原决定认定的事实、证据和适用法律进行全面审查。

第九条　赔偿委员会审查申诉案件采取书面审查的方式，根据需要可以听取申诉人和被申诉人的陈述和申辩。

第十条　赔偿委员会审查申诉案件，一般应当在三个月内作出处理，至迟不得超过六个月。有特殊情况需要延长的，由本院院长批准。

第十一条　有下列情形之一的，应当决定重新审理：

（一）有新的证据，足以推翻原决定的；

（二）原决定认定的基本事实缺乏证据证明的；

（三）原决定认定事实的主要证据是伪造的；

（四）原决定适用法律确有错误的；

（五）原决定遗漏赔偿请求，且确实违反国家赔偿法规定的；

（六）据以作出原决定的法律文书被撤销或者变更的；

（七）审判人员在审理该案时有贪污受贿、徇私舞弊、枉法裁判行为的；

（八）原审理程序违反法律规定，可能影响公正审理的。

第十二条 申诉人在申诉阶段提供新的证据，应当说明逾期提供的理由。

申诉人提供的新的证据，能够证明原决定认定的基本事实或者处理结果错误的，应当认定为本规定第十一条第一项规定的情形。

第十三条 赔偿委员会经审查，对申诉人的申诉按照下列情形分别处理：

（一）申诉人主张的重新审理事由成立，且符合国家赔偿法和本规定的申诉条件的，决定重新审理。重新审理包括上级人民法院赔偿委员会直接审理或者指令原审人民法院赔偿委员会重新审理。

（二）申诉人主张的重新审理事由不成立，或者不符合国家赔偿法和本规定的申诉条件的，书面驳回申诉。

（三）原决定不予受理或者驳回赔偿申请错误的，撤销原决定，指令原审人民法院赔偿委员会依法审理。

第十四条 人民法院院长发现本院赔偿委员会生效决定违反国家赔偿法规定，认为需要重新审理的，应当提交审判委员会讨论决定。

最高人民法院对各级人民法院赔偿委员会生效决定，上级人民法院对下级人民法院赔偿委员会生效决定，发现违反国家赔偿法规定的，有权决定直接审理或者指令下级人民法院赔偿委员会重新审理。

第十五条 最高人民检察院对各级人民法院赔偿委员会生效决定，上级人民检察院对下级人民法院赔偿委员会生效决定，向同级人民法院赔偿委员会提出重新审查意见的，同级人民法院赔偿委员会应当决定直接审理，并将决定书送达提出意见的人民检察院。

第十六条 赔偿委员会重新审理案件，适用国家赔偿法和相关司法解释关于赔偿委员会审理程序的规定；本规定依据国家赔偿法和相关法律对重新审理程序有特别规定的，适用本规定。

原审人民法院赔偿委员会重新审理案件，应当另行指定审判人员。

第十七条 决定重新审理的案件，可以根据案件情形中止原决定的执行。

第十八条　赔偿委员会重新审理案件，采取书面审理的方式，必要时可以向有关单位和人员调查情况、收集证据，听取申诉人、被申诉人或者赔偿请求人、赔偿义务机关的陈述和申辩。有本规定第十一条第一项、第三项情形，或者赔偿委员会认为确有必要的，可以组织申诉人、被申诉人或者赔偿请求人、赔偿义务机关公开质证。

对于人民检察院提出意见的案件，赔偿委员会组织质证时应当通知提出意见的人民检察院派员出席。

第十九条　赔偿委员会重新审理案件，应当对原决定认定的事实、证据和适用法律进行全面审理。

第二十条　赔偿委员会重新审理的案件，应当在两个月内依法作出决定。

第二十一条　案件经重新审理后，应当根据下列情形分别处理：

（一）原决定认定事实清楚、适用法律正确的，应当维持原决定；

（二）原决定认定事实、适用法律虽有瑕疵，但决定结果正确的，应当在决定中纠正瑕疵后予以维持；

（三）原决定认定事实、适用法律错误，导致决定结果错误的，应当撤销、变更、重新作出决定；

（四）原决定违反国家赔偿法规定，对不符合案件受理条件的赔偿申请进行实体处理的，应当撤销原决定，驳回赔偿申请；

（五）申诉人、被申诉人或者赔偿请求人、赔偿义务机关经协商达成协议的，赔偿委员会依法审查并确认后，应当撤销原决定，根据协议作出新决定。

第二十二条　赔偿委员会重新审理后作出的决定，应当及时送达申诉人、被申诉人或者赔偿请求人、赔偿义务机关和提出意见的人民检察院。

第二十三条　在申诉审查或者重新审理期间，有下列情形之一的，赔偿委员会应当决定中止审查或者审理：

（一）申诉人、被申诉人或者原赔偿请求人、原赔偿义务机关死亡或者终止，尚未确定权利义务承继者的；

（二）申诉人、被申诉人或者赔偿请求人丧失行为能力，尚未确定法定代理人的；

（三）宣告无罪的案件，人民法院决定再审或者人民检察院按照审判监督程序提出抗诉的；

（四）申诉人、被申诉人或者赔偿请求人、赔偿义务机关因不可抗拒的事由，在法定审限内不能参加案件处理的；

（五）其他应当中止的情形。

中止的原因消除后，赔偿委员会应当及时恢复审查或者审理，并通知申诉人、被申诉人或者赔偿请求人、赔偿义务机关和提出意见的人民检察院。

第二十四条　在申诉审查期间，有下列情形之一的，赔偿委员会应当决定终结审查：

（一）申诉人死亡或者终止，无权利义务承继者或者权利义务承继者声明放弃申诉的；

（二）据以申请赔偿的撤销案件决定、不起诉决定或者无罪判决被撤销的；

（三）其他应当终结的情形。

在重新审理期间，有上述情形或者人民检察院撤回意见的，赔偿委员会应当决定终结审理。

第二十五条　申诉人在申诉审查或者重新审理期间申请撤回申诉的，赔偿委员会应当依法审查并作出是否准许的决定。

赔偿委员会准许撤回申诉后，申诉人又重复申诉的，不予受理，但有本规定第十一条第一项、第三项、第六项、第七项规定情形，自知道或者应当知道该情形之日起六个月内提出的除外。

第二十六条　赔偿请求人在重新审理期间申请撤回赔偿申请的，赔偿委员会应当依法审查并作出是否准许的决定。准许撤回赔偿申请的，应当一并撤销原决定。

赔偿委员会准许撤回赔偿申请的决定送达后，赔偿请求人又重复申请国家赔偿的，不予受理。

第二十七条　本规定自 2017 年 5 月 1 日起施行。最高人民法院以前发布的司法解释和规范性文件，与本规定不一致的，以本规定为准。

行 政 赔 偿

中华人民共和国行政诉讼法

（1989 年 4 月 4 日第七届全国人民代表大会第二次会议通过
根据 2014 年 11 月 1 日第十二届全国人民代表大会常务委员
会第十一次会议《关于修改〈中华人民共和国行政诉讼法〉的
决定》第一次修正　根据 2017 年 6 月 27 日第十二届全国人民
代表大会常务委员会第二十八次会议《关于修改〈中华人民共
和国民事诉讼法〉和〈中华人民共和国行政诉讼法〉的决定》
第二次修正）

第一章　总　　则

第一条　【立法目的】为保证人民法院公正、及时审理行政案件，
解决行政争议，保护公民、法人和其他组织的合法权益，监督行政机关
依法行使职权，根据宪法，制定本法。

第二条　【诉权】公民、法人或者其他组织认为行政机关和行政机
关工作人员的行政行为侵犯其合法权益，有权依照本法向人民法院提起
诉讼。

前款所称行政行为，包括法律、法规、规章授权的组织作出的行政
行为。

第三条　【行政机关负责人出庭应诉】人民法院应当保障公民、法
人和其他组织的起诉权利，对应当受理的行政案件依法受理。

行政机关及其工作人员不得干预、阻碍人民法院受理行政案件。

被诉行政机关负责人应当出庭应诉。不能出庭的，应当委托行政机

关相应的工作人员出庭。

第四条 【独立行使审判权】人民法院依法对行政案件独立行使审判权，不受行政机关、社会团体和个人的干涉。

人民法院设行政审判庭，审理行政案件。

第五条 【以事实为根据，以法律为准绳原则】人民法院审理行政案件，以事实为根据，以法律为准绳。

第六条 【合法性审查原则】人民法院审理行政案件，对行政行为是否合法进行审查。

第七条 【合议、回避、公开审判和两审终审原则】人民法院审理行政案件，依法实行合议、回避、公开审判和两审终审制度。

第八条 【法律地位平等原则】当事人在行政诉讼中的法律地位平等。

第九条 【本民族语言文字原则】各民族公民都有用本民族语言、文字进行行政诉讼的权利。

在少数民族聚居或者多民族共同居住的地区，人民法院应当用当地民族通用的语言、文字进行审理和发布法律文书。

人民法院应当对不通晓当地民族通用的语言、文字的诉讼参与人提供翻译。

第十条 【辩论原则】当事人在行政诉讼中有权进行辩论。

第十一条 【法律监督原则】人民检察院有权对行政诉讼实行法律监督。

第二章 受案范围

第十二条 【行政诉讼受案范围】人民法院受理公民、法人或者其他组织提起的下列诉讼：

（一）对行政拘留、暂扣或者吊销许可证和执照、责令停产停业、没收违法所得、没收非法财物、罚款、警告等行政处罚不服的；

（二）对限制人身自由或者对财产的查封、扣押、冻结等行政强制措施和行政强制执行不服的；

（三）申请行政许可，行政机关拒绝或者在法定期限内不予答复，或者对行政机关作出的有关行政许可的其他决定不服的；

（四）对行政机关作出的关于确认土地、矿藏、水流、森林、山岭、草原、荒地、滩涂、海域等自然资源的所有权或者使用权的决定不服的；

（五）对征收、征用决定及其补偿决定不服的；

（六）申请行政机关履行保护人身权、财产权等合法权益的法定职责，行政机关拒绝履行或者不予答复的；

（七）认为行政机关侵犯其经营自主权或者农村土地承包经营权、农村土地经营权的；

（八）认为行政机关滥用行政权力排除或者限制竞争的；

（九）认为行政机关违法集资、摊派费用或者违法要求履行其他义务的；

（十）认为行政机关没有依法支付抚恤金、最低生活保障待遇或者社会保险待遇的；

（十一）认为行政机关不依法履行、未按照约定履行或者违法变更、解除政府特许经营协议、土地房屋征收补偿协议等协议的；

（十二）认为行政机关侵犯其他人身权、财产权等合法权益的。

除前款规定外，人民法院受理法律、法规规定可以提起诉讼的其他行政案件。

第十三条　【受案范围的排除】人民法院不受理公民、法人或者其他组织对下列事项提起的诉讼：

（一）国防、外交等国家行为；

（二）行政法规、规章或者行政机关制定、发布的具有普遍约束力的决定、命令；

（三）行政机关对行政机关工作人员的奖惩、任免等决定；

（四）法律规定由行政机关最终裁决的行政行为。

第三章　管　　辖

第十四条　【基层人民法院管辖第一审行政案件】基层人民法院管

辖第一审行政案件。

第十五条 【中级人民法院管辖的第一审行政案件】中级人民法院管辖下列第一审行政案件:

(一)对国务院部门或者县级以上地方人民政府所作的行政行为提起诉讼的案件;

(二)海关处理的案件;

(三)本辖区内重大、复杂的案件;

(四)其他法律规定由中级人民法院管辖的案件。

第十六条 【高级人民法院管辖的第一审行政案件】高级人民法院管辖本辖区内重大、复杂的第一审行政案件。

第十七条 【最高人民法院管辖的第一审行政案件】最高人民法院管辖全国范围内重大、复杂的第一审行政案件。

第十八条 【一般地域管辖和法院跨行政区域管辖】行政案件由最初作出行政行为的行政机关所在地人民法院管辖。经复议的案件,也可以由复议机关所在地人民法院管辖。

经最高人民法院批准,高级人民法院可以根据审判工作的实际情况,确定若干人民法院跨行政区域管辖行政案件。

第十九条 【限制人身自由行政案件的管辖】对限制人身自由的行政强制措施不服提起的诉讼,由被告所在地或者原告所在地人民法院管辖。

第二十条 【不动产行政案件的管辖】因不动产提起的行政诉讼,由不动产所在地人民法院管辖。

第二十一条 【选择管辖】两个以上人民法院都有管辖权的案件,原告可以选择其中一个人民法院提起诉讼。原告向两个以上有管辖权的人民法院提起诉讼的,由最先立案的人民法院管辖。

第二十二条 【移送管辖】人民法院发现受理的案件不属于本院管辖的,应当移送有管辖权的人民法院,受移送的人民法院应当受理。受移送的人民法院认为受移送的案件按照规定不属于本院管辖的,应当报请上级人民法院指定管辖,不得再自行移送。

第二十三条 【指定管辖】有管辖权的人民法院由于特殊原因不能行使管辖权的,由上级人民法院指定管辖。

人民法院对管辖权发生争议，由争议双方协商解决。协商不成的，报它们的共同上级人民法院指定管辖。

第二十四条 【管辖权转移】上级人民法院有权审理下级人民法院管辖的第一审行政案件。

下级人民法院对其管辖的第一审行政案件，认为需要由上级人民法院审理或者指定管辖的，可以报请上级人民法院决定。

第四章　诉讼参加人

第二十五条 【原告资格】行政行为的相对人以及其他与行政行为有利害关系的公民、法人或者其他组织，有权提起诉讼。

有权提起诉讼的公民死亡，其近亲属可以提起诉讼。

有权提起诉讼的法人或者其他组织终止，承受其权利的法人或者其他组织可以提起诉讼。

人民检察院在履行职责中发现生态环境和资源保护、食品药品安全、国有财产保护、国有土地使用权出让等领域负有监督管理职责的行政机关违法行使职权或者不作为，致使国家利益或者社会公共利益受到侵害的，应当向行政机关提出检察建议，督促其依法履行职责。行政机关不依法履行职责的，人民检察院依法向人民法院提起诉讼。

第二十六条 【被告资格】公民、法人或者其他组织直接向人民法院提起诉讼的，作出行政行为的行政机关是被告。

经复议的案件，复议机关决定维持原行政行为的，作出原行政行为的行政机关和复议机关是共同被告；复议机关改变原行政行为的，复议机关是被告。

复议机关在法定期限内未作出复议决定，公民、法人或者其他组织起诉原行政行为的，作出原行政行为的行政机关是被告；起诉复议机关不作为的，复议机关是被告。

两个以上行政机关作出同一行政行为的，共同作出行政行为的行政机关是共同被告。

行政机关委托的组织所作的行政行为，委托的行政机关是被告。

行政机关被撤销或者职权变更的，继续行使其职权的行政机关是被告。

第二十七条　【共同诉讼】当事人一方或者双方为二人以上，因同一行政行为发生的行政案件，或者因同类行政行为发生的行政案件、人民法院认为可以合并审理并经当事人同意的，为共同诉讼。

第二十八条　【代表人诉讼】当事人一方人数众多的共同诉讼，可以由当事人推选代表人进行诉讼。代表人的诉讼行为对其所代表的当事人发生效力，但代表人变更、放弃诉讼请求或者承认对方当事人的诉讼请求，应当经被代表的当事人同意。

第二十九条　【诉讼第三人】公民、法人或者其他组织同被诉行政行为有利害关系但没有提起诉讼，或者同案件处理结果有利害关系的，可以作为第三人申请参加诉讼，或者由人民法院通知参加诉讼。

人民法院判决第三人承担义务或者减损第三人权益的，第三人有权依法提起上诉。

第三十条　【法定代理人】没有诉讼行为能力的公民，由其法定代理人代为诉讼。法定代理人互相推诿代理责任的，由人民法院指定其中一人代为诉讼。

第三十一条　【委托代理人】当事人、法定代理人，可以委托一至二人作为诉讼代理人。

下列人员可以被委托为诉讼代理人：

（一）律师、基层法律服务工作者；

（二）当事人的近亲属或者工作人员；

（三）当事人所在社区、单位以及有关社会团体推荐的公民。

第三十二条　【当事人及诉讼代理人权利】代理诉讼的律师，有权按照规定查阅、复制本案有关材料，有权向有关组织和公民调查，收集与本案有关的证据。对涉及国家秘密、商业秘密和个人隐私的材料，应当依照法律规定保密。

当事人和其他诉讼代理人有权按照规定查阅、复制本案庭审材料，但涉及国家秘密、商业秘密和个人隐私的内容除外。

第五章 证 据

第三十三条 【证据种类】证据包括：

（一）书证；

（二）物证；

（三）视听资料；

（四）电子数据；

（五）证人证言；

（六）当事人的陈述；

（七）鉴定意见；

（八）勘验笔录、现场笔录。

以上证据经法庭审查属实，才能作为认定案件事实的根据。

第三十四条 【被告举证责任】被告对作出的行政行为负有举证责任，应当提供作出该行政行为的证据和所依据的规范性文件。

被告不提供或者无正当理由逾期提供证据，视为没有相应证据。但是，被诉行政行为涉及第三人合法权益，第三人提供证据的除外。

第三十五条 【行政机关收集证据的限制】在诉讼过程中，被告及其诉讼代理人不得自行向原告、第三人和证人收集证据。

第三十六条 【被告延期提供证据和补充证据】被告在作出行政行为时已经收集了证据，但因不可抗力等正当事由不能提供的，经人民法院准许，可以延期提供。

原告或者第三人提出了其在行政处理程序中没有提出的理由或者证据的，经人民法院准许，被告可以补充证据。

第三十七条 【原告可以提供证据】原告可以提供证明行政行为违法的证据。原告提供的证据不成立的，不免除被告的举证责任。

第三十八条 【原告举证责任】在起诉被告不履行法定职责的案件中，原告应当提供其向被告提出申请的证据。但有下列情形之一的除外：

（一）被告应当依职权主动履行法定职责的；

（二）原告因正当理由不能提供证据的。

在行政赔偿、补偿的案件中，原告应当对行政行为造成的损害提供证据。因被告的原因导致原告无法举证的，由被告承担举证责任。

第三十九条　【法院要求当事人提供或者补充证据】人民法院有权要求当事人提供或者补充证据。

第四十条　【法院调取证据】人民法院有权向有关行政机关以及其他组织、公民调取证据。但是，不得为证明行政行为的合法性调取被告作出行政行为时未收集的证据。

第四十一条　【申请法院调取证据】与本案有关的下列证据，原告或者第三人不能自行收集的，可以申请人民法院调取：

（一）由国家机关保存而须由人民法院调取的证据；

（二）涉及国家秘密、商业秘密和个人隐私的证据；

（三）确因客观原因不能自行收集的其他证据。

第四十二条　【证据保全】在证据可能灭失或者以后难以取得的情况下，诉讼参加人可以向人民法院申请保全证据，人民法院也可以主动采取保全措施。

第四十三条　【证据适用规则】证据应当在法庭上出示，并由当事人互相质证。对涉及国家秘密、商业秘密和个人隐私的证据，不得在公开开庭时出示。

人民法院应当按照法定程序，全面、客观地审查核实证据。对未采纳的证据应当在裁判文书中说明理由。

以非法手段取得的证据，不得作为认定案件事实的根据。

第六章　起诉和受理

第四十四条　【行政复议与行政诉讼的关系】对属于人民法院受案范围的行政案件，公民、法人或者其他组织可以先向行政机关申请复议，对复议决定不服的，再向人民法院提起诉讼；也可以直接向人民法院提起诉讼。

法律、法规规定应当先向行政机关申请复议，对复议决定不服再向人民法院提起诉讼的，依照法律、法规的规定。

第四十五条 【经行政复议的起诉期限】公民、法人或者其他组织不服复议决定的，可以在收到复议决定书之日起十五日内向人民法院提起诉讼。复议机关逾期不作决定的，申请人可以在复议期满之日起十五日内向人民法院提起诉讼。法律另有规定的除外。

第四十六条 【起诉期限】公民、法人或者其他组织直接向人民法院提起诉讼的，应当自知道或者应当知道作出行政行为之日起六个月内提出。法律另有规定的除外。

因不动产提起诉讼的案件自行政行为作出之日起超过二十年，其他案件自行政行为作出之日起超过五年提起诉讼的，人民法院不予受理。

第四十七条 【行政机关不履行法定职责的起诉期限】公民、法人或者其他组织申请行政机关履行保护其人身权、财产权等合法权益的法定职责，行政机关在接到申请之日起两个月内不履行的，公民、法人或者其他组织可以向人民法院提起诉讼。法律、法规对行政机关履行职责的期限另有规定的，从其规定。

公民、法人或者其他组织在紧急情况下请求行政机关履行保护其人身权、财产权等合法权益的法定职责，行政机关不履行的，提起诉讼不受前款规定期限的限制。

第四十八条 【起诉期限的扣除和延长】公民、法人或者其他组织因不可抗力或者其他不属于其自身的原因耽误起诉期限的，被耽误的时间不计算在起诉期限内。

公民、法人或者其他组织因前款规定以外的其他特殊情况耽误起诉期限的，在障碍消除后十日内，可以申请延长期限，是否准许由人民法院决定。

第四十九条 【起诉条件】提起诉讼应当符合下列条件：

（一）原告是符合本法第二十五条规定的公民、法人或者其他组织；

（二）有明确的被告；

（三）有具体的诉讼请求和事实根据；

（四）属于人民法院受案范围和受诉人民法院管辖。

第五十条 【起诉方式】起诉应当向人民法院递交起诉状，并按照被告人数提出副本。

书写起诉状确有困难的，可以口头起诉，由人民法院记入笔录，出具注明日期的书面凭证，并告知对方当事人。

第五十一条 **【登记立案】**人民法院在接到起诉状时对符合本法规定的起诉条件的，应当登记立案。

对当场不能判定是否符合本法规定的起诉条件的，应当接收起诉状，出具注明收到日期的书面凭证，并在七日内决定是否立案。不符合起诉条件的，作出不予立案的裁定。裁定书应当载明不予立案的理由。原告对裁定不服的，可以提起上诉。

起诉状内容欠缺或者有其他错误的，应当给予指导和释明，并一次性告知当事人需要补正的内容。不得未经指导和释明即以起诉不符合条件为由不接收起诉状。

对于不接收起诉状、接收起诉状后不出具书面凭证，以及不一次性告知当事人需要补正的起诉状内容的，当事人可以向上级人民法院投诉，上级人民法院应当责令改正，并对直接负责的主管人员和其他直接责任人员依法给予处分。

第五十二条 **【法院不立案的救济】**人民法院既不立案，又不作出不予立案裁定的，当事人可以向上一级人民法院起诉。上一级人民法院认为符合起诉条件的，应当立案、审理，也可以指定其他下级人民法院立案、审理。

第五十三条 **【规范性文件的附带审查】**公民、法人或者其他组织认为行政行为所依据的国务院部门和地方人民政府及其部门制定的规范性文件不合法，在对行政行为提起诉讼时，可以一并请求对该规范性文件进行审查。

前款规定的规范性文件不含规章。

第七章 审理和判决

第一节 一般规定

第五十四条 **【公开审理原则】**人民法院公开审理行政案件，但涉

132

及国家秘密、个人隐私和法律另有规定的除外。

涉及商业秘密的案件，当事人申请不公开审理的，可以不公开审理。

第五十五条　【回避】当事人认为审判人员与本案有利害关系或者有其他关系可能影响公正审判，有权申请审判人员回避。

审判人员认为自己与本案有利害关系或者有其他关系，应当申请回避。

前两款规定，适用于书记员、翻译人员、鉴定人、勘验人。

院长担任审判长时的回避，由审判委员会决定；审判人员的回避，由院长决定；其他人员的回避，由审判长决定。当事人对决定不服的，可以申请复议一次。

第五十六条　【诉讼不停止执行】诉讼期间，不停止行政行为的执行。但有下列情形之一的，裁定停止执行：

（一）被告认为需要停止执行的；

（二）原告或者利害关系人申请停止执行，人民法院认为该行政行为的执行会造成难以弥补的损失，并且停止执行不损害国家利益、社会公共利益的；

（三）人民法院认为该行政行为的执行会给国家利益、社会公共利益造成重大损害的；

（四）法律、法规规定停止执行的。

当事人对停止执行或者不停止执行的裁定不服的，可以申请复议一次。

第五十七条　【先予执行】人民法院对起诉行政机关没有依法支付抚恤金、最低生活保障金和工伤、医疗社会保险金的案件，权利义务关系明确、不先予执行将严重影响原告生活的，可以根据原告的申请，裁定先予执行。

当事人对先予执行裁定不服的，可以申请复议一次。复议期间不停止裁定的执行。

第五十八条　【拒不到庭或中途退庭的法律后果】经人民法院传票传唤，原告无正当理由拒不到庭，或者未经法庭许可中途退庭的，可以按照撤诉处理；被告无正当理由拒不到庭，或者未经法庭许可中途退庭的，可以缺席判决。

第五十九条 【**妨害行政诉讼强制措施**】诉讼参与人或者其他人有下列行为之一的，人民法院可以根据情节轻重，予以训诫、责令具结悔过或者处一万元以下的罚款、十五日以下的拘留；构成犯罪的，依法追究刑事责任：

（一）有义务协助调查、执行的人，对人民法院的协助调查决定、协助执行通知书，无故推拖、拒绝或者妨碍调查、执行的；

（二）伪造、隐藏、毁灭证据或者提供虚假证明材料，妨碍人民法院审理案件的；

（三）指使、贿买、胁迫他人作伪证或者威胁、阻止证人作证的；

（四）隐藏、转移、变卖、毁损已被查封、扣押、冻结的财产的；

（五）以欺骗、胁迫等非法手段使原告撤诉的；

（六）以暴力、威胁或者其他方法阻碍人民法院工作人员执行职务，或者以哄闹、冲击法庭等方法扰乱人民法院工作秩序的；

（七）对人民法院审判人员或者其他工作人员、诉讼参与人、协助调查和执行的人员恐吓、侮辱、诽谤、诬陷、殴打、围攻或者打击报复的。

人民法院对有前款规定的行为之一的单位，可以对其主要负责人或者直接责任人员依照前款规定予以罚款、拘留；构成犯罪的，依法追究刑事责任。

罚款、拘留须经人民法院院长批准。当事人不服的，可以向上一级人民法院申请复议一次。复议期间不停止执行。

第六十条 【**调解**】人民法院审理行政案件，不适用调解。但是，行政赔偿、补偿以及行政机关行使法律、法规规定的自由裁量权的案件可以调解。

调解应当遵循自愿、合法原则，不得损害国家利益、社会公共利益和他人合法权益。

第六十一条 【**民事争议和行政争议交叉**】在涉及行政许可、登记、征收、征用和行政机关对民事争议所作的裁决的行政诉讼中，当事人申请一并解决相关民事争议的，人民法院可以一并审理。

在行政诉讼中，人民法院认为行政案件的审理需以民事诉讼的裁判为依据的，可以裁定中止行政诉讼。

第六十二条 【撤诉】人民法院对行政案件宣告判决或者裁定前，原告申请撤诉的，或者被告改变其所作的行政行为，原告同意并申请撤诉的，是否准许，由人民法院裁定。

第六十三条 【审理依据】人民法院审理行政案件，以法律和行政法规、地方性法规为依据。地方性法规适用于本行政区域内发生的行政案件。

人民法院审理民族自治地方的行政案件，并以该民族自治地方的自治条例和单行条例为依据。

人民法院审理行政案件，参照规章。

第六十四条 【规范性文件审查和处理】人民法院在审理行政案件中，经审查认为本法第五十三条规定的规范性文件不合法的，不作为认定行政行为合法的依据，并向制定机关提出处理建议。

第六十五条 【裁判文书公开】人民法院应当公开发生法律效力的判决书、裁定书，供公众查阅，但涉及国家秘密、商业秘密和个人隐私的内容除外。

第六十六条 【有关行政机关工作人员和被告的处理】人民法院在审理行政案件中，认为行政机关的主管人员、直接责任人员违法违纪的，应当将有关材料移送监察机关、该行政机关或者其上一级行政机关；认为有犯罪行为的，应当将有关材料移送公安、检察机关。

人民法院对被告经传票传唤无正当理由拒不到庭，或者未经法庭许可中途退庭的，可以将被告拒不到庭或者中途退庭的情况予以公告，并可以向监察机关或者被告的上一级行政机关提出依法给予其主要负责人或者直接责任人员处分的司法建议。

第二节 第一审普通程序

第六十七条 【发送起诉状和提出答辩状】人民法院应当在立案之日起五日内，将起诉状副本发送被告。被告应当在收到起诉状副本之日起十五日内向人民法院提交作出行政行为的证据和所依据的规范性文件，并提出答辩状。人民法院应当在收到答辩状之日起五日内，将答辩状副本发送原告。

被告不提出答辩状的，不影响人民法院审理。

第六十八条 【审判组织形式】人民法院审理行政案件，由审判员组成合议庭，或者由审判员、陪审员组成合议庭。合议庭的成员，应当是三人以上的单数。

第六十九条 【驳回原告诉讼请求判决】行政行为证据确凿，适用法律、法规正确，符合法定程序的，或者原告申请被告履行法定职责或者给付义务理由不成立的，人民法院判决驳回原告的诉讼请求。

第七十条 【撤销判决和重作判决】行政行为有下列情形之一的，人民法院判决撤销或者部分撤销，并可以判决被告重新作出行政行为：

（一）主要证据不足的；

（二）适用法律、法规错误的；

（三）违反法定程序的；

（四）超越职权的；

（五）滥用职权的；

（六）明显不当的。

第七十一条 【重作判决对被告的限制】人民法院判决被告重新作出行政行为的，被告不得以同一的事实和理由作出与原行政行为基本相同的行政行为。

第七十二条 【履行判决】人民法院经过审理，查明被告不履行法定职责的，判决被告在一定期限内履行。

第七十三条 【给付判决】人民法院经过审理，查明被告依法负有给付义务的，判决被告履行给付义务。

第七十四条 【确认违法判决】行政行为有下列情形之一的，人民法院判决确认违法，但不撤销行政行为：

（一）行政行为依法应当撤销，但撤销会给国家利益、社会公共利益造成重大损害的；

（二）行政行为程序轻微违法，但对原告权利不产生实际影响的。

行政行为有下列情形之一，不需要撤销或者判决履行的，人民法院判决确认违法：

（一）行政行为违法，但不具有可撤销内容的；

（二）被告改变原违法行政行为，原告仍要求确认原行政行为违法的；

（三）被告不履行或者拖延履行法定职责，判决履行没有意义的。

第七十五条　【确认无效判决】行政行为有实施主体不具有行政主体资格或者没有依据等重大且明显违法情形，原告申请确认行政行为无效的，人民法院判决确认无效。

第七十六条　【确认违法和无效判决的补充规定】人民法院判决确认违法或者无效的，可以同时判决责令被告采取补救措施；给原告造成损失的，依法判决被告承担赔偿责任。

第七十七条　【变更判决】行政处罚明显不当，或者其他行政行为涉及对款额的确定、认定确有错误的，人民法院可以判决变更。

人民法院判决变更，不得加重原告的义务或者减损原告的权益。但利害关系人同为原告，且诉讼请求相反的除外。

第七十八条　【行政协议履行及补偿判决】被告不依法履行、未按照约定履行或者违法变更、解除本法第十二条第一款第十一项规定的协议的，人民法院判决被告承担继续履行、采取补救措施或者赔偿损失等责任。

被告变更、解除本法第十二条第一款第十一项规定的协议合法，但未依法给予补偿的，人民法院判决给予补偿。

第七十九条　【复议决定和原行政行为一并裁判】复议机关与作出原行政行为的行政机关为共同被告的案件，人民法院应当对复议决定和原行政行为一并作出裁判。

第八十条　【公开宣判】人民法院对公开审理和不公开审理的案件，一律公开宣告判决。

当庭宣判的，应当在十日内发送判决书；定期宣判的，宣判后立即发给判决书。

宣告判决时，必须告知当事人上诉权利、上诉期限和上诉的人民法院。

第八十一条　【第一审审限】人民法院应当在立案之日起六个月内

作出第一审判决。有特殊情况需要延长的，由高级人民法院批准，高级人民法院审理第一审案件需要延长的，由最高人民法院批准。

第三节　简易程序

第八十二条　**【简易程序适用情形】**人民法院审理下列第一审行政案件，认为事实清楚、权利义务关系明确、争议不大的，可以适用简易程序：

（一）被诉行政行为是依法当场作出的；

（二）案件涉及款额二千元以下的；

（三）属于政府信息公开案件的。

除前款规定以外的第一审行政案件，当事人各方同意适用简易程序的，可以适用简易程序。

发回重审、按照审判监督程序再审的案件不适用简易程序。

第八十三条　**【简易程序的审判组织形式和审限】**适用简易程序审理的行政案件，由审判员一人独任审理，并应当在立案之日起四十五日内审结。

第八十四条　**【简易程序与普通程序的转换】**人民法院在审理过程中，发现案件不宜适用简易程序的，裁定转为普通程序。

第四节　第二审程序

第八十五条　**【上诉】**当事人不服人民法院第一审判决的，有权在判决书送达之日起十五日内向上一级人民法院提起上诉。当事人不服人民法院第一审裁定的，有权在裁定书送达之日起十日内向上一级人民法院提起上诉。逾期不提起上诉的，人民法院的第一审判决或者裁定发生法律效力。

第八十六条　**【二审审理方式】**人民法院对上诉案件，应当组成合议庭，开庭审理。经过阅卷、调查和询问当事人，对没有提出新的事实、证据或者理由，合议庭认为不需要开庭审理的，也可以不开庭审理。

第八十七条　**【二审审查范围】**人民法院审理上诉案件，应当对原审人民法院的判决、裁定和被诉行政行为进行全面审查。

第八十八条 【二审审限】人民法院审理上诉案件，应当在收到上诉状之日起三个月内作出终审判决。有特殊情况需要延长的，由高级人民法院批准，高级人民法院审理上诉案件需要延长的，由最高人民法院批准。

第八十九条 【二审裁判】人民法院审理上诉案件，按照下列情形，分别处理：

（一）原判决、裁定认定事实清楚，适用法律、法规正确的，判决或者裁定驳回上诉，维持原判决、裁定；

（二）原判决、裁定认定事实错误或者适用法律、法规错误的，依法改判、撤销或者变更；

（三）原判决认定基本事实不清、证据不足的，发回原审人民法院重审，或者查清事实后改判；

（四）原判决遗漏当事人或者违法缺席判决等严重违反法定程序的，裁定撤销原判决，发回原审人民法院重审。

原审人民法院对发回重审的案件作出判决后，当事人提起上诉的，第二审人民法院不得再次发回重审。

人民法院审理上诉案件，需要改变原审判决的，应当同时对被诉行政行为作出判决。

第五节 审判监督程序

第九十条 【当事人申请再审】当事人对已经发生法律效力的判决、裁定，认为确有错误的，可以向上一级人民法院申请再审，但判决、裁定不停止执行。

第九十一条 【再审事由】当事人的申请符合下列情形之一的，人民法院应当再审：

（一）不予立案或者驳回起诉确有错误的；

（二）有新的证据，足以推翻原判决、裁定的；

（三）原判决、裁定认定事实的主要证据不足、未经质证或者系伪造的；

（四）原判决、裁定适用法律、法规确有错误的；

（五）违反法律规定的诉讼程序，可能影响公正审判的；

（六）原判决、裁定遗漏诉讼请求的；

（七）据以作出原判决、裁定的法律文书被撤销或者变更的；

（八）审判人员在审理该案件时有贪污受贿、徇私舞弊、枉法裁判行为的。

第九十二条　【人民法院依职权再审】各级人民法院院长对本院已经发生法律效力的判决、裁定，发现有本法第九十一条规定情形之一，或者发现调解违反自愿原则或者调解书内容违法，认为需要再审的，应当提交审判委员会讨论决定。

最高人民法院对地方各级人民法院已经发生法律效力的判决、裁定，上级人民法院对下级人民法院已经发生法律效力的判决、裁定，发现有本法第九十一条规定情形之一，或者发现调解违反自愿原则或者调解书内容违法的，有权提审或者指令下级人民法院再审。

第九十三条　【抗诉和检察建议】最高人民检察院对各级人民法院已经发生法律效力的判决、裁定，上级人民检察院对下级人民法院已经发生法律效力的判决、裁定，发现有本法第九十一条规定情形之一，或者发现调解书损害国家利益、社会公共利益的，应当提出抗诉。

地方各级人民检察院对同级人民法院已经发生法律效力的判决、裁定，发现有本法第九十一条规定情形之一，或者发现调解书损害国家利益、社会公共利益的，可以向同级人民法院提出检察建议，并报上级人民检察院备案；也可以提请上级人民检察院向同级人民法院提出抗诉。

各级人民检察院对审判监督程序以外的其他审判程序中审判人员的违法行为，有权向同级人民法院提出检察建议。

第八章　执　　行

第九十四条　【生效裁判和调解书的执行】当事人必须履行人民法院发生法律效力的判决、裁定、调解书。

第九十五条　【申请强制执行和执行管辖】公民、法人或者其他组织拒绝履行判决、裁定、调解书的，行政机关或者第三人可以向第一审人民法院申请强制执行，或者由行政机关依法强制执行。

第九十六条 【对行政机关拒绝履行的执行措施】行政机关拒绝履行判决、裁定、调解书的，第一审人民法院可以采取下列措施：

（一）对应当归还的罚款或者应当给付的款额，通知银行从该行政机关的账户内划拨；

（二）在规定期限内不履行的，从期满之日起，对该行政机关负责人按日处五十元至一百元的罚款；

（三）将行政机关拒绝履行的情况予以公告；

（四）向监察机关或者该行政机关的上一级行政机关提出司法建议。接受司法建议的机关，根据有关规定进行处理，并将处理情况告知人民法院；

（五）拒不履行判决、裁定、调解书，社会影响恶劣的，可以对该行政机关直接负责的主管人员和其他直接责任人员予以拘留；情节严重，构成犯罪的，依法追究刑事责任。

第九十七条 【非诉执行】公民、法人或者其他组织对行政行为在法定期限内不提起诉讼又不履行的，行政机关可以申请人民法院强制执行，或者依法强制执行。

第九章 涉外行政诉讼

第九十八条 【涉外行政诉讼的法律适用原则】外国人、无国籍人、外国组织在中华人民共和国进行行政诉讼，适用本法。法律另有规定的除外。

第九十九条 【同等与对等原则】外国人、无国籍人、外国组织在中华人民共和国进行行政诉讼，同中华人民共和国公民、组织有同等的诉讼权利和义务。

外国法院对中华人民共和国公民、组织的行政诉讼权利加以限制的，人民法院对该国公民、组织的行政诉讼权利，实行对等原则。

第一百条　【中国律师代理】外国人、无国籍人、外国组织在中华人民共和国进行行政诉讼，委托律师代理诉讼的，应当委托中华人民共和国律师机构的律师。

第十章　附　　则

第一百零一条　【适用民事诉讼法规定】人民法院审理行政案件，关于期间、送达、财产保全、开庭审理、调解、中止诉讼、终结诉讼、简易程序、执行等，以及人民检察院对行政案件受理、审理、裁判、执行的监督，本法没有规定的，适用《中华人民共和国民事诉讼法》的相关规定。

第一百零二条　【诉讼费用】人民法院审理行政案件，应当收取诉讼费用。诉讼费用由败诉方承担，双方都有责任的由双方分担。收取诉讼费用的具体办法另行规定。

第一百零三条　【施行日期】本法自 1990 年 10 月 1 日起施行。

中华人民共和国行政复议法

（1999 年 4 月 29 日第九届全国人民代表大会常务委员会第九次会议通过　根据 2009 年 8 月 27 日第十一届全国人民代表大会常务委员会第十次会议《关于修改部分法律的决定》第一次修正　根据 2017 年 9 月 1 日第十二届全国人民代表大会常务委员会第二十九次会议《关于修改〈中华人民共和国法官法〉等八部法律的决定》第二次修正）

第一章　总　　则

第一条　【立法目的】为了防止和纠正违法的或者不当的具体行政行为，保护公民、法人和其他组织的合法权益，保障和监督行政机关依法行使职权，根据宪法，制定本法。

第二条 【适用范围】公民、法人或者其他组织认为具体行政行为侵犯其合法权益，向行政机关提出行政复议申请，行政机关受理行政复议申请、作出行政复议决定，适用本法。

第三条 【复议机关及其职责】依照本法履行行政复议职责的行政机关是行政复议机关。行政复议机关负责法制工作的机构具体办理行政复议事项，履行下列职责：

（一）受理行政复议申请；

（二）向有关组织和人员调查取证，查阅文件和资料；

（三）审查申请行政复议的具体行政行为是否合法与适当，拟订行政复议决定；

（四）处理或者转送对本法第七条所列有关规定的审查申请；

（五）对行政机关违反本法规定的行为依照规定的权限和程序提出处理建议；

（六）办理因不服行政复议决定提起行政诉讼的应诉事项；

（七）法律、法规规定的其他职责。

行政机关中初次从事行政复议的人员，应当通过国家统一法律职业资格考试取得法律职业资格。

第四条 【复议原则】行政复议机关履行行政复议职责，应当遵循合法、公正、公开、及时、便民的原则，坚持有错必纠，保障法律、法规的正确实施。

第五条 【对复议不服的诉讼】公民、法人或者其他组织对行政复议决定不服的，可以依照行政诉讼法的规定向人民法院提起行政诉讼，但是法律规定行政复议决定为最终裁决的除外。

第二章 行政复议范围

第六条 【复议范围】有下列情形之一的，公民、法人或者其他组织可以依照本法申请行政复议：

（一）对行政机关作出的警告、罚款、没收违法所得、没收非法财物、责令停产停业、暂扣或者吊销许可证、暂扣或者吊销执照、行政拘留等行政处罚决定不服的；

（二）对行政机关作出的限制人身自由或者查封、扣押、冻结财产等行政强制措施决定不服的；

（三）对行政机关作出的有关许可证、执照、资质证、资格证等证书变更、中止、撤销的决定不服的；

（四）对行政机关作出的关于确认土地、矿藏、水流、森林、山岭、草原、荒地、滩涂、海域等自然资源的所有权或者使用权的决定不服的；

（五）认为行政机关侵犯合法的经营自主权的；

（六）认为行政机关变更或者废止农业承包合同，侵犯其合法权益的；

（七）认为行政机关违法集资、征收财物、摊派费用或者违法要求履行其他义务的；

（八）认为符合法定条件，申请行政机关颁发许可证、执照、资质证、资格证等证书，或者申请行政机关审批、登记有关事项，行政机关没有依法办理的；

（九）申请行政机关履行保护人身权利、财产权利、受教育权利的法定职责，行政机关没有依法履行的；

（十）申请行政机关依法发放抚恤金、社会保险金或者最低生活保障费，行政机关没有依法发放的；

（十一）认为行政机关的其他具体行政行为侵犯其合法权益的。

第七条　【规定的审查】公民、法人或者其他组织认为行政机关的具体行政行为所依据的下列规定不合法，在对具体行政行为申请行政复议时，可以一并向行政复议机关提出对该规定的审查申请：

（一）国务院部门的规定；

（二）县级以上地方各级人民政府及其工作部门的规定；

（三）乡、镇人民政府的规定。

前款所列规定不含国务院部、委员会规章和地方人民政府规章。规章的审查依照法律、行政法规办理。

第八条 【不能提起复议的事项】不服行政机关作出的行政处分或者其他人事处理决定的，依照有关法律、行政法规的规定提出申诉。

不服行政机关对民事纠纷作出的调解或者其他处理，依法申请仲裁或者向人民法院提起诉讼。

第三章 行政复议申请

第九条 【申请复议的期限】公民、法人或者其他组织认为具体行政行为侵犯其合法权益的，可以自知道该具体行政行为之日起 60 日内提出行政复议申请；但是法律规定的申请期限超过 60 日的除外。

因不可抗力或者其他正当理由耽误法定申请期限的，申请期限自障碍消除之日起继续计算。

第十条 【复议申请人】依照本法申请行政复议的公民、法人或者其他组织是申请人。

有权申请行政复议的公民死亡的，其近亲属可以申请行政复议。有权申请行政复议的公民为无民事行为能力人或者限制民事行为能力人的，其法定代理人可以代为申请行政复议。有权申请行政复议的法人或者其他组织终止的，承受其权利的法人或者其他组织可以申请行政复议。

同申请行政复议的具体行政行为有利害关系的其他公民、法人或者其他组织，可以作为第三人参加行政复议。

公民、法人或者其他组织对行政机关的具体行政行为不服申请行政复议的，作出具体行政行为的行政机关是被申请人。

申请人、第三人可以委托代理人代为参加行政复议。

第十一条 【复议申请】申请人申请行政复议，可以书面申请，也可以口头申请；口头申请的，行政复议机关应当当场记录申请人的基本情况、行政复议请求、申请行政复议的主要事实、理由和时间。

第十二条 【部门具体行政行为的复议机关】对县级以上地方各级人民政府工作部门的具体行政行为不服的，由申请人选择，可以向该部门的本级人民政府申请行政复议，也可以向上一级主管部门申请行政复议。

对海关、金融、国税、外汇管理等实行垂直领导的行政机关和国家安全机关的具体行政行为不服的，向上一级主管部门申请行政复议。

第十三条　【对其他行政机关具体行政行为不服的复议申请】对地方各级人民政府的具体行政行为不服的，向上一级地方人民政府申请行政复议。

对省、自治区人民政府依法设立的派出机关所属的县级地方人民政府的具体行政行为不服的，向该派出机关申请行政复议。

第十四条　【对国务院部门或省、自治区、直辖市政府具体行政行为不服的复议】对国务院部门或者省、自治区、直辖市人民政府的具体行政行为不服的，向作出该具体行政行为的国务院部门或者省、自治区、直辖市人民政府申请行政复议。对行政复议决定不服的，可以向人民法院提起行政诉讼；也可以向国务院申请裁决，国务院依照本法的规定作出最终裁决。

第十五条　【其他机关具体行政行为的复议机关】对本法第十二条、第十三条、第十四条规定以外的其他行政机关、组织的具体行政行为不服的，按照下列规定申请行政复议：

（一）对县级以上地方人民政府依法设立的派出机关的具体行政行为不服的，向设立该派出机关的人民政府申请行政复议；

（二）对政府工作部门依法设立的派出机构依照法律、法规或者规章规定，以自己的名义作出的具体行政行为不服的，向设立该派出机构的部门或者该部门的本级地方人民政府申请行政复议；

（三）对法律、法规授权的组织的具体行政行为不服的，分别向直接管理该组织的地方人民政府、地方人民政府工作部门或者国务院部门申请行政复议；

（四）对两个或者两个以上行政机关以共同的名义作出的具体行政行为不服的，向其共同上一级行政机关申请行政复议；

（五）对被撤销的行政机关在撤销前所作出的具体行政行为不服的，向继续行使其职权的行政机关的上一级行政机关申请行政复议。

有前款所列情形之一的，申请人也可以向具体行政行为发生地的县级地方人民政府提出行政复议申请，由接受申请的县级地方人民政府依照本法第十八条的规定办理。

第十六条 【复议与诉讼的选择】公民、法人或者其他组织申请行政复议，行政复议机关已经依法受理的，或者法律、法规规定应当先向行政复议机关申请行政复议、对行政复议决定不服再向人民法院提起行政诉讼的，在法定行政复议期限内不得向人民法院提起行政诉讼。

公民、法人或者其他组织向人民法院提起行政诉讼，人民法院已经依法受理的，不得申请行政复议。

第四章 行政复议受理

第十七条 【复议的受理】行政复议机关收到行政复议申请后，应当在5日内进行审查，对不符合本法规定的行政复议申请，决定不予受理，并书面告知申请人；对符合本法规定，但是不属于本机关受理的行政复议申请，应当告知申请人向有关行政复议机关提出。

除前款规定外，行政复议申请自行政复议机关负责法制工作的机构收到之日起即为受理。

第十八条 【复议申请的转送】依照本法第十五条第二款的规定接受行政复议申请的县级地方人民政府，对依照本法第十五条第一款的规定属于其他行政复议机关受理的行政复议申请，应当自接到该行政复议申请之日起7日内，转送有关行政复议机关，并告知申请人。接受转送的行政复议机关应当依照本法第十七条的规定办理。

第十九条 【复议前置的规定】法律、法规规定应当先向行政复议机关申请行政复议、对行政复议决定不服再向人民法院提起行政诉讼的，行政复议机关决定不予受理或者受理后超过行政复议期限不作答复的，公民、法人或者其他组织可以自收到不予受理决定书之日起或者行政复议期满之日起15日内，依法向人民法院提起行政诉讼。

第二十条 【上级机关责令受理及直接受理】公民、法人或者其他组织依法提出行政复议申请，行政复议机关无正当理由不予受理的，上级行政机关应当责令其受理；必要时，上级行政机关也可以直接受理。

第二十一条 【复议停止执行的情形】行政复议期间具体行政行为不停止执行；但是，有下列情形之一的，可以停止执行：

（一）被申请人认为需要停止执行的；

（二）行政复议机关认为需要停止执行的；

（三）申请人申请停止执行，行政复议机关认为其要求合理，决定停止执行的；

（四）法律规定停止执行的。

第五章　行政复议决定

第二十二条 【书面审查原则及例外】行政复议原则上采取书面审查的办法，但是申请人提出要求或者行政复议机关负责法制工作的机构认为有必要时，可以向有关组织和人员调查情况，听取申请人、被申请人和第三人的意见。

第二十三条 【复议程序事项】行政复议机关负责法制工作的机构应当自行政复议申请受理之日起 7 日内，将行政复议申请书副本或者行政复议申请笔录复印件发送被申请人。被申请人应当自收到申请书副本或者申请笔录复印件之日起 10 日内，提出书面答复，并提交当初作出具体行政行为的证据、依据和其他有关材料。

申请人、第三人可以查阅被申请人提出的书面答复、作出具体行政行为的证据、依据和其他有关材料，除涉及国家秘密、商业秘密或者个人隐私外，行政复议机关不得拒绝。

第二十四条 【被申请人不得自行取证】在行政复议过程中，被申请人不得自行向申请人和其他有关组织或者个人收集证据。

第二十五条 【申请的撤回】行政复议决定作出前，申请人要求撤回行政复议申请的，经说明理由，可以撤回；撤回行政复议申请的，行政复议终止。

第二十六条 【复议机关对规定的处理】申请人在申请行政复议时，一并提出对本法第七条所列有关规定的审查申请的，行政复议机关对该规定有权处理的，应当在 30 日内依法处理；无权处理的，应当在 7 日内按照法定程序转送有权处理的行政机关依法处理，有权处理的行政机关应当在 60 日内依法处理。处理期间，中止对具体行政行为的审查。

第二十七条 　【对具体行政行为依据的审查】行政复议机关在对被申请人作出的具体行政行为进行审查时，认为其依据不合法，本机关有权处理的，应当在 30 日内依法处理；无权处理的，应当在 7 日内按照法定程序转送有权处理的国家机关依法处理。处理期间，中止对具体行政行为的审查。

第二十八条 　【复议决定的作出】行政复议机关负责法制工作的机构应当对被申请人作出的具体行政行为进行审查，提出意见，经行政复议机关的负责人同意或者集体讨论通过后，按照下列规定作出行政复议决定：

（一）具体行政行为认定事实清楚，证据确凿，适用依据正确，程序合法，内容适当的，决定维持；

（二）被申请人不履行法定职责的，决定其在一定期限内履行；

（三）具体行政行为有下列情形之一的，决定撤销、变更或者确认该具体行政行为违法；决定撤销或者确认该具体行政行为违法的，可以责令被申请人在一定期限内重新作出具体行政行为：

1. 主要事实不清、证据不足的；

2. 适用依据错误的；

3. 违反法定程序的；

4. 超越或者滥用职权的；

5. 具体行政行为明显不当的。

（四）被申请人不按照本法第二十三条的规定提出书面答复、提交当初作出具体行政行为的证据、依据和其他有关材料的，视为该具体行政行为没有证据、依据，决定撤销该具体行政行为。

行政复议机关责令被申请人重新作出具体行政行为的，被申请人不得以同一的事实和理由作出与原具体行政行为相同或者基本相同的具体行政行为。

第二十九条 　【行政赔偿】申请人在申请行政复议时可以一并提出

行政赔偿请求，行政复议机关对符合国家赔偿法的有关规定应当给予赔偿的，在决定撤销、变更具体行政行为或者确认具体行政行为违法时，应当同时决定被申请人依法给予赔偿。

申请人在申请行政复议时没有提出行政赔偿请求的，行政复议机关在依法决定撤销或者变更罚款、撤销违法集资、没收财物、征收财物、摊派费用以及对财产的查封、扣押、冻结等具体行政行为时，应当同时责令被申请人返还财产，解除对财产的查封、扣押、冻结措施，或者赔偿相应的价款。

第三十条　【对侵犯自然资源所有权或使用权行为的先行复议原则】公民、法人或者其他组织认为行政机关的具体行政行为侵犯其已经依法取得的土地、矿藏、水流、森林、山岭、草原、荒地、滩涂、海域等自然资源的所有权或者使用权的，应当先申请行政复议；对行政复议决定不服的，可以依法向人民法院提起行政诉讼。

根据国务院或者省、自治区、直辖市人民政府对行政区划的勘定、调整或者征收土地的决定，省、自治区、直辖市人民政府确认土地、矿藏、水流、森林、山岭、草原、荒地、滩涂、海域等自然资源的所有权或者使用权的行政复议决定为最终裁决。

第三十一条　【复议决定期限】行政复议机关应当自受理申请之日起 60 日内作出行政复议决定；但是法律规定的行政复议期限少于 60 日的除外。情况复杂，不能在规定期限内作出行政复议决定的，经行政复议机关的负责人批准，可以适当延长，并告知申请人和被申请人；但是延长期限最多不超过 30 日。

行政复议机关作出行政复议决定，应当制作行政复议决定书，并加盖印章。

行政复议决定书一经送达，即发生法律效力。

第三十二条　【复议决定的履行】被申请人应当履行行政复议决定。

被申请人不履行或者无正当理由拖延履行行政复议决定的，行政复议机关或者有关上级行政机关应当责令其限期履行。

第三十三条　【不履行复议决定的处理】申请人逾期不起诉又不履

行行政复议决定的，或者不履行最终裁决的行政复议决定的，按照下列规定分别处理：

（一）维持具体行政行为的行政复议决定，由作出具体行政行为的行政机关依法强制执行，或者申请人民法院强制执行；

（二）变更具体行政行为的行政复议决定，由行政复议机关依法强制执行，或者申请人民法院强制执行。

第六章　法　律　责　任

第三十四条　【复议机关不依法履行职责的处罚】 行政复议机关违反本法规定，无正当理由不予受理依法提出的行政复议申请或者不按照规定转送行政复议申请的，或者在法定期限内不作出行政复议决定的，对直接负责的主管人员和其他直接责任人员依法给予警告、记过、记大过的行政处分；经责令受理仍不受理或者不按照规定转送行政复议申请，造成严重后果的，依法给予降级、撤职、开除的行政处分。

第三十五条　【渎职处罚】 行政复议机关工作人员在行政复议活动中，徇私舞弊或者有其他渎职、失职行为的，依法给予警告、记过、记大过的行政处分；情节严重的，依法给予降级、撤职、开除的行政处分；构成犯罪的，依法追究刑事责任。

第三十六条　【被申请人不提交答复、资料和阻碍他人复议申请的处罚】 被申请人违反本法规定，不提出书面答复或者不提交作出具体行政行为的证据、依据和其他有关材料，或者阻挠、变相阻挠公民、法人或者其他组织依法申请行政复议的，对直接负责的主管人员和其他直接责任人员依法给予警告、记过、记大过的行政处分；进行报复陷害的，依法给予降级、撤职、开除的行政处分；构成犯罪的，依法追究刑事责任。

第三十七条　【不履行、迟延履行复议决定的处罚】 被申请人不履行或者无正当理由拖延履行行政复议决定的，对直接负责的主管人员和其他直接责任人员依法给予警告、记过、记大过的行政处分；经责令履行仍拒不履行的，依法给予降级、撤职、开除的行政处分。

第三十八条　【复议机关的建议权】行政复议机关负责法制工作的机构发现有无正当理由不予受理行政复议申请、不按照规定期限作出行政复议决定、徇私舞弊、对申请人打击报复或者不履行行政复议决定等情形的，应当向有关行政机关提出建议，有关行政机关应当依照本法和有关法律、行政法规的规定作出处理。

第七章　附　　则

第三十九条　【复议费用】行政复议机关受理行政复议申请，不得向申请人收取任何费用。行政复议活动所需经费，应当列入本机关的行政经费，由本级财政予以保障。

第四十条　【期间计算和文书送达】行政复议期间的计算和行政复议文书的送达，依照民事诉讼法关于期间、送达的规定执行。

本法关于行政复议期间有关"5 日"、"7 日"的规定是指工作日，不含节假日。

第四十一条　【适用范围补充规定】外国人、无国籍人、外国组织在中华人民共和国境内申请行政复议，适用本法。

第四十二条　【法律冲突的解决】本法施行前公布的法律有关行政复议的规定与本法的规定不一致的，以本法的规定为准。

第四十三条　【生效日期】本法自 1999 年 10 月 1 日起施行。1990年 12 月 24 日国务院发布、1994 年 10 月 9 日国务院修订发布的《行政复议条例》同时废止。

中华人民共和国行政处罚法

（1996 年 3 月 17 日第八届全国人民代表大会第四次会议通过 根据 2009 年 8 月 27 日第十一届全国人民代表大会常务委员会第十次会议《关于修改部分法律的决定》第一次修正 根据 2017 年 9 月 1 日第十二届全国人民代表大会常务委员会第二十九次会议《关于修改〈中华人民共和国法官法〉等八部法律的决定》第二次修正 2021 年 1 月 22 日第十三届全国人民代表大会常务委员会第二十五次会议修订 2021 年 1 月 22 日中华人民共和国主席令第 70 号公布 自 2021 年 7 月 15 日起施行）

第一章 总 则

第一条 为了规范行政处罚的设定和实施，保障和监督行政机关有效实施行政管理，维护公共利益和社会秩序，保护公民、法人或者其他组织的合法权益，根据宪法，制定本法。

第二条 行政处罚是指行政机关依法对违反行政管理秩序的公民、法人或者其他组织，以减损权益或者增加义务的方式予以惩戒的行为。

第三条 行政处罚的设定和实施，适用本法。

第四条 公民、法人或者其他组织违反行政管理秩序的行为，应当给予行政处罚的，依照本法由法律、法规、规章规定，并由行政机关依照本法规定的程序实施。

第五条 行政处罚遵循公正、公开的原则。

设定和实施行政处罚必须以事实为依据，与违法行为的事实、性质、情节以及社会危害程度相当。

对违法行为给予行政处罚的规定必须公布；未经公布的，不得作为行政处罚的依据。

第六条 实施行政处罚，纠正违法行为，应当坚持处罚与教育相结合，教育公民、法人或者其他组织自觉守法。

第七条 公民、法人或者其他组织对行政机关所给予的行政处罚，享有陈述权、申辩权；对行政处罚不服的，有权依法申请行政复议或者提起行政诉讼。

公民、法人或者其他组织因行政机关违法给予行政处罚受到损害的，有权依法提出赔偿要求。

第八条 公民、法人或者其他组织因违法行为受到行政处罚，其违法行为对他人造成损害的，应当依法承担民事责任。

违法行为构成犯罪，应当依法追究刑事责任的，不得以行政处罚代替刑事处罚。

第二章 行政处罚的种类和设定

第九条 行政处罚的种类：

（一）警告、通报批评；

（二）罚款、没收违法所得、没收非法财物；

（三）暂扣许可证件、降低资质等级、吊销许可证件；

（四）限制开展生产经营活动、责令停产停业、责令关闭、限制从业；

（五）行政拘留；

（六）法律、行政法规规定的其他行政处罚。

第十条 法律可以设定各种行政处罚。

限制人身自由的行政处罚，只能由法律设定。

第十一条 行政法规可以设定除限制人身自由以外的行政处罚。

法律对违法行为已经作出行政处罚规定，行政法规需要作出具体规定的，必须在法律规定的给予行政处罚的行为、种类和幅度的范围内规定。

法律对违法行为未作出行政处罚规定，行政法规为实施法律，可以补充设定行政处罚。拟补充设定行政处罚的，应当通过听证会、论证会等形式广泛听取意见，并向制定机关作出书面说明。行政法规报送备案时，应当说明补充设定行政处罚的情况。

第十二条　地方性法规可以设定除限制人身自由、吊销营业执照以外的行政处罚。

法律、行政法规对违法行为已经作出行政处罚规定，地方性法规需要作出具体规定的，必须在法律、行政法规规定的给予行政处罚的行为、种类和幅度的范围内规定。

法律、行政法规对违法行为未作出行政处罚规定，地方性法规为实施法律、行政法规，可以补充设定行政处罚。拟补充设定行政处罚的，应当通过听证会、论证会等形式广泛听取意见，并向制定机关作出书面说明。地方性法规报送备案时，应当说明补充设定行政处罚的情况。

第十三条　国务院部门规章可以在法律、行政法规规定的给予行政处罚的行为、种类和幅度的范围内作出具体规定。

尚未制定法律、行政法规的，国务院部门规章对违反行政管理秩序的行为，可以设定警告、通报批评或者一定数额罚款的行政处罚。罚款的限额由国务院规定。

第十四条　地方政府规章可以在法律、法规规定的给予行政处罚的行为、种类和幅度的范围内作出具体规定。

尚未制定法律、法规的，地方政府规章对违反行政管理秩序的行为，可以设定警告、通报批评或者一定数额罚款的行政处罚。罚款的限额由省、自治区、直辖市人民代表大会常务委员会规定。

第十五条　国务院部门和省、自治区、直辖市人民政府及其有关部门应当定期组织评估行政处罚的实施情况和必要性，对不适当的行政处罚事项及种类、罚款数额等，应当提出修改或者废止的建议。

第十六条　除法律、法规、规章外，其他规范性文件不得设定行政处罚。

第三章　行政处罚的实施机关

第十七条　行政处罚由具有行政处罚权的行政机关在法定职权范围

内实施。

第十八条 国家在城市管理、市场监管、生态环境、文化市场、交通运输、应急管理、农业等领域推行建立综合行政执法制度，相对集中行政处罚权。

国务院或者省、自治区、直辖市人民政府可以决定一个行政机关行使有关行政机关的行政处罚权。

限制人身自由的行政处罚权只能由公安机关和法律规定的其他机关行使。

第十九条 法律、法规授权的具有管理公共事务职能的组织可以在法定授权范围内实施行政处罚。

第二十条 行政机关依照法律、法规、规章的规定，可以在其法定权限内书面委托符合本法第二十一条规定条件的组织实施行政处罚。行政机关不得委托其他组织或者个人实施行政处罚。

委托书应当载明委托的具体事项、权限、期限等内容。委托行政机关和受委托组织应当将委托书向社会公布。

委托行政机关对受委托组织实施行政处罚的行为应当负责监督，并对该行为的后果承担法律责任。

受委托组织在委托范围内，以委托行政机关名义实施行政处罚；不得再委托其他组织或者个人实施行政处罚。

第二十一条 受委托组织必须符合以下条件：

（一）依法成立并具有管理公共事务职能；

（二）有熟悉有关法律、法规、规章和业务并取得行政执法资格的工作人员；

（三）需要进行技术检查或者技术鉴定的，应当有条件组织进行相应的技术检查或者技术鉴定。

第四章　行政处罚的管辖和适用

第二十二条 行政处罚由违法行为发生地的行政机关管辖。法律、行政法规、部门规章另有规定的，从其规定。

第二十三条　行政处罚由县级以上地方人民政府具有行政处罚权的行政机关管辖。法律、行政法规另有规定的，从其规定。

第二十四条　省、自治区、直辖市根据当地实际情况，可以决定将基层管理迫切需要的县级人民政府部门的行政处罚权交由能够有效承接的乡镇人民政府、街道办事处行使，并定期组织评估。决定应当公布。

承接行政处罚权的乡镇人民政府、街道办事处应当加强执法能力建设，按照规定范围、依照法定程序实施行政处罚。

有关地方人民政府及其部门应当加强组织协调、业务指导、执法监督，建立健全行政处罚协调配合机制，完善评议、考核制度。

第二十五条　两个以上行政机关都有管辖权的，由最先立案的行政机关管辖。

对管辖发生争议的，应当协商解决，协商不成的，报请共同的上一级行政机关指定管辖；也可以直接由共同的上一级行政机关指定管辖。

第二十六条　行政机关因实施行政处罚的需要，可以向有关机关提出协助请求。协助事项属于被请求机关职权范围内的，应当依法予以协助。

第二十七条　违法行为涉嫌犯罪的，行政机关应当及时将案件移送司法机关，依法追究刑事责任。对依法不需要追究刑事责任或者免予刑事处罚，但应当给予行政处罚的，司法机关应当及时将案件移送有关行政机关。

行政处罚实施机关与司法机关之间应当加强协调配合，建立健全案件移送制度，加强证据材料移交、接收衔接，完善案件处理信息通报机制。

第二十八条　行政机关实施行政处罚时，应当责令当事人改正或者限期改正违法行为。

当事人有违法所得，除依法应当退赔的外，应当予以没收。违法所得是指实施违法行为所取得的款项。法律、行政法规、部门规章对违法所得的计算另有规定的，从其规定。

第二十九条　对当事人的同一个违法行为，不得给予两次以上罚款的行政处罚。同一个违法行为违反多个法律规范应当给予罚款处罚的，按照罚款数额高的规定处罚。

第三十条　不满十四周岁的未成年人有违法行为的，不予行政处罚，责令监护人加以管教；已满十四周岁不满十八周岁的未成年人有违法行为的，应当从轻或者减轻行政处罚。

第三十一条　精神病人、智力残疾人在不能辨认或者不能控制自己行为时有违法行为的，不予行政处罚，但应当责令其监护人严加看管和治疗。间歇性精神病人在精神正常时有违法行为的，应当给予行政处罚。尚未完全丧失辨认或者控制自己行为能力的精神病人、智力残疾人有违法行为的，可以从轻或者减轻行政处罚。

第三十二条　当事人有下列情形之一，应当从轻或者减轻行政处罚：

（一）主动消除或者减轻违法行为危害后果的；

（二）受他人胁迫或者诱骗实施违法行为的；

（三）主动供述行政机关尚未掌握的违法行为的；

（四）配合行政机关查处违法行为有立功表现的；

（五）法律、法规、规章规定其他应当从轻或者减轻行政处罚的。

第三十三条　违法行为轻微并及时改正，没有造成危害后果的，不予行政处罚。初次违法且危害后果轻微并及时改正的，可以不予行政处罚。

当事人有证据足以证明没有主观过错的，不予行政处罚。法律、行政法规另有规定的，从其规定。

对当事人的违法行为依法不予行政处罚的，行政机关应当对当事人进行教育。

第三十四条　行政机关可以依法制定行政处罚裁量基准，规范行使行政处罚裁量权。行政处罚裁量基准应当向社会公布。

第三十五条　违法行为构成犯罪，人民法院判处拘役或者有期徒刑时，行政机关已经给予当事人行政拘留的，应当依法折抵相应刑期。

违法行为构成犯罪，人民法院判处罚金时，行政机关已经给予当事人罚款的，应当折抵相应罚金；行政机关尚未给予当事人罚款的，不再给予罚款。

第三十六条　违法行为在二年内未被发现的，不再给予行政处罚；涉及公民生命健康安全、金融安全且有危害后果的，上述期限延长至五年。法律另有规定的除外。

前款规定的期限，从违法行为发生之日起计算；违法行为有连续或者继续状态的，从行为终了之日起计算。

第三十七条　实施行政处罚，适用违法行为发生时的法律、法规、规章的规定。但是，作出行政处罚决定时，法律、法规、规章已被修改或者废止，且新的规定处罚较轻或者不认为是违法的，适用新的规定。

第三十八条　行政处罚没有依据或者实施主体不具有行政主体资格的，行政处罚无效。

违反法定程序构成重大且明显违法的，行政处罚无效。

第五章　行政处罚的决定

第一节　一般规定

第三十九条　行政处罚的实施机关、立案依据、实施程序和救济渠道等信息应当公示。

第四十条　公民、法人或者其他组织违反行政管理秩序的行为，依法应当给予行政处罚的，行政机关必须查明事实；违法事实不清、证据不足的，不得给予行政处罚。

第四十一条　行政机关依照法律、行政法规规定利用电子技术监控设备收集、固定违法事实的，应当经过法制和技术审核，确保电子技术监控设备符合标准、设置合理、标志明显，设置地点应当向社会公布。

电子技术监控设备记录违法事实应当真实、清晰、完整、准确。行政机关应当审核记录内容是否符合要求；未经审核或者经审核不符合要求的，不得作为行政处罚的证据。

行政机关应当及时告知当事人违法事实，并采取信息化手段或者其他措施，为当事人查询、陈述和申辩提供便利。不得限制或者变相限制当事人享有的陈述权、申辩权。

第四十二条 行政处罚应当由具有行政执法资格的执法人员实施。执法人员不得少于两人，法律另有规定的除外。

执法人员应当文明执法，尊重和保护当事人合法权益。

第四十三条 执法人员与案件有直接利害关系或者有其他关系可能影响公正执法的，应当回避。

当事人认为执法人员与案件有直接利害关系或者有其他关系可能影响公正执法的，有权申请回避。

当事人提出回避申请的，行政机关应当依法审查，由行政机关负责人决定。决定作出之前，不停止调查。

第四十四条 行政机关在作出行政处罚决定之前，应当告知当事人拟作出的行政处罚内容及事实、理由、依据，并告知当事人依法享有的陈述、申辩、要求听证等权利。

第四十五条 当事人有权进行陈述和申辩。行政机关必须充分听取当事人的意见，对当事人提出的事实、理由和证据，应当进行复核；当事人提出的事实、理由或者证据成立的，行政机关应当采纳。

行政机关不得因当事人陈述、申辩而给予更重的处罚。

第四十六条 证据包括：

（一）书证；

（二）物证；

（三）视听资料；

（四）电子数据；

（五）证人证言；

（六）当事人的陈述；

（七）鉴定意见；

（八）勘验笔录、现场笔录。

证据必须经查证属实，方可作为认定案件事实的根据。

以非法手段取得的证据，不得作为认定案件事实的根据。

第四十七条 行政机关应当依法以文字、音像等形式，对行政处罚的启动、调查取证、审核、决定、送达、执行等进行全过程记录，归档保存。

第四十八条 具有一定社会影响的行政处罚决定应当依法公开。

公开的行政处罚决定被依法变更、撤销、确认违法或者确认无效的，行政机关应当在三日内撤回行政处罚决定信息并公开说明理由。

第四十九条 发生重大传染病疫情等突发事件，为了控制、减轻和消除突发事件引起的社会危害，行政机关对违反突发事件应对措施的行为，依法快速、从重处罚。

第五十条 行政机关及其工作人员对实施行政处罚过程中知悉的国家秘密、商业秘密或者个人隐私，应当依法予以保密。

第二节 简易程序

第五十一条 违法事实确凿并有法定依据，对公民处以二百元以下、对法人或者其他组织处以三千元以下罚款或者警告的行政处罚的，可以当场作出行政处罚决定。法律另有规定的，从其规定。

第五十二条 执法人员当场作出行政处罚决定的，应当向当事人出示执法证件，填写预定格式、编有号码的行政处罚决定书，并当场交付当事人。当事人拒绝签收的，应当在行政处罚决定书上注明。

前款规定的行政处罚决定书应当载明当事人的违法行为，行政处罚的种类和依据、罚款数额、时间、地点，申请行政复议、提起行政诉讼的途径和期限以及行政机关名称，并由执法人员签名或者盖章。

执法人员当场作出的行政处罚决定，应当报所属行政机关备案。

第五十三条 对当场作出的行政处罚决定，当事人应当依照本法第六十七条至第六十九条的规定履行。

第三节 普通程序

第五十四条 除本法第五十一条规定的可以当场作出的行政处罚外，行政机关发现公民、法人或者其他组织有依法应当给予行政处罚的行为的，必须全面、客观、公正地调查，收集有关证据；必要时，依照法律、法规的规定，可以进行检查。

符合立案标准的，行政机关应当及时立案。

第五十五条　执法人员在调查或者进行检查时，应当主动向当事人或者有关人员出示执法证件。当事人或者有关人员有权要求执法人员出示执法证件。执法人员不出示执法证件的，当事人或者有关人员有权拒绝接受调查或者检查。

当事人或者有关人员应当如实回答询问，并协助调查或者检查，不得拒绝或者阻挠。询问或者检查应当制作笔录。

第五十六条　行政机关在收集证据时，可以采取抽样取证的方法；在证据可能灭失或者以后难以取得的情况下，经行政机关负责人批准，可以先行登记保存，并应当在七日内及时作出处理决定，在此期间，当事人或者有关人员不得销毁或者转移证据。

第五十七条　调查终结，行政机关负责人应当对调查结果进行审查，根据不同情况，分别作出如下决定：

（一）确有应受行政处罚的违法行为的，根据情节轻重及具体情况，作出行政处罚决定；

（二）违法行为轻微，依法可以不予行政处罚的，不予行政处罚；

（三）违法事实不能成立的，不予行政处罚；

（四）违法行为涉嫌犯罪的，移送司法机关。

对情节复杂或者重大违法行为给予行政处罚，行政机关负责人应当集体讨论决定。

第五十八条　有下列情形之一，在行政机关负责人作出行政处罚的决定之前，应当由从事行政处罚决定法制审核的人员进行法制审核；未经法制审核或者审核未通过的，不得作出决定：

（一）涉及重大公共利益的；

（二）直接关系当事人或者第三人重大权益，经过听证程序的；

（三）案件情况疑难复杂、涉及多个法律关系的；

（四）法律、法规规定应当进行法制审核的其他情形。

行政机关中初次从事行政处罚决定法制审核的人员，应当通过国家统一法律职业资格考试取得法律职业资格。

第五十九条　行政机关依照本法第五十七条的规定给予行政处罚，

应当制作行政处罚决定书。行政处罚决定书应当载明下列事项：

（一）当事人的姓名或者名称、地址；

（二）违反法律、法规、规章的事实和证据；

（三）行政处罚的种类和依据；

（四）行政处罚的履行方式和期限；

（五）申请行政复议、提起行政诉讼的途径和期限；

（六）作出行政处罚决定的行政机关名称和作出决定的日期。

行政处罚决定书必须盖有作出行政处罚决定的行政机关的印章。

第六十条　行政机关应当自行政处罚案件立案之日起九十日内作出行政处罚决定。法律、法规、规章另有规定的，从其规定。

第六十一条　行政处罚决定书应当在宣告后当场交付当事人；当事人不在场的，行政机关应当在七日内依照《中华人民共和国民事诉讼法》的有关规定，将行政处罚决定书送达当事人。

当事人同意并签订确认书的，行政机关可以采用传真、电子邮件等方式，将行政处罚决定书等送达当事人。

第六十二条　行政机关及其执法人员在作出行政处罚决定之前，未依照本法第四十四条、第四十五条的规定向当事人告知拟作出的行政处罚内容及事实、理由、依据，或者拒绝听取当事人的陈述、申辩，不得作出行政处罚决定；当事人明确放弃陈述或者申辩权利的除外。

第四节　听证程序

第六十三条　行政机关拟作出下列行政处罚决定，应当告知当事人有要求听证的权利，当事人要求听证的，行政机关应当组织听证：

（一）较大数额罚款；

（二）没收较大数额违法所得、没收较大价值非法财物；

（三）降低资质等级、吊销许可证件；

（四）责令停产停业、责令关闭、限制从业；

（五）其他较重的行政处罚；

（六）法律、法规、规章规定的其他情形。

当事人不承担行政机关组织听证的费用。

第六十四条 听证应当依照以下程序组织：

（一）当事人要求听证的，应当在行政机关告知后五日内提出；

（二）行政机关应当在举行听证的七日前，通知当事人及有关人员听证的时间、地点；

（三）除涉及国家秘密、商业秘密或者个人隐私依法予以保密外，听证公开举行；

（四）听证由行政机关指定的非本案调查人员主持；当事人认为主持人与本案有直接利害关系的，有权申请回避；

（五）当事人可以亲自参加听证，也可以委托一至二人代理；

（六）当事人及其代理人无正当理由拒不出席听证或者未经许可中途退出听证的，视为放弃听证权利，行政机关终止听证；

（七）举行听证时，调查人员提出当事人违法的事实、证据和行政处罚建议，当事人进行申辩和质证；

（八）听证应当制作笔录。笔录应当交当事人或者其代理人核对无误后签字或者盖章。当事人或者其代理人拒绝签字或者盖章的，由听证主持人在笔录中注明。

第六十五条 听证结束后，行政机关应当根据听证笔录，依照本法第五十七条的规定，作出决定。

第六章　行政处罚的执行

第六十六条 行政处罚决定依法作出后，当事人应当在行政处罚决定书载明的期限内，予以履行。

当事人确有经济困难，需要延期或者分期缴纳罚款的，经当事人申请和行政机关批准，可以暂缓或者分期缴纳。

第六十七条 作出罚款决定的行政机关应当与收缴罚款的机构分离。

除依照本法第六十八条、第六十九条的规定当场收缴的罚款外，作出行政处罚决定的行政机关及其执法人员不得自行收缴罚款。

当事人应当自收到行政处罚决定书之日起十五日内，到指定的银行或者通过电子支付系统缴纳罚款。银行应当收受罚款，并将罚款直接上缴国库。

第六十八条　依照本法第五十一条的规定当场作出行政处罚决定，有下列情形之一，执法人员可以当场收缴罚款：

（一）依法给予一百元以下罚款的；

（二）不当场收缴事后难以执行的。

第六十九条　在边远、水上、交通不便地区，行政机关及其执法人员依照本法第五十一条、第五十七条的规定作出罚款决定后，当事人到指定的银行或者通过电子支付系统缴纳罚款确有困难，经当事人提出，行政机关及其执法人员可以当场收缴罚款。

第七十条　行政机关及其执法人员当场收缴罚款的，必须向当事人出具国务院财政部门或者省、自治区、直辖市人民政府财政部门统一制发的专用票据；不出具财政部门统一制发的专用票据的，当事人有权拒绝缴纳罚款。

第七十一条　执法人员当场收缴的罚款，应当自收缴罚款之日起二日内，交至行政机关；在水上当场收缴的罚款，应当自抵岸之日起二日内交至行政机关；行政机关应当在二日内将罚款缴付指定的银行。

第七十二条　当事人逾期不履行行政处罚决定的，作出行政处罚决定的行政机关可以采取下列措施：

（一）到期不缴纳罚款的，每日按罚款数额的百分之三加处罚款，加处罚款的数额不得超出罚款的数额；

（二）根据法律规定，将查封、扣押的财物拍卖、依法处理或者将冻结的存款、汇款划拨抵缴罚款；

（三）根据法律规定，采取其他行政强制执行方式；

（四）依照《中华人民共和国行政强制法》的规定申请人民法院强制执行。

行政机关批准延期、分期缴纳罚款的，申请人民法院强制执行的期限，自暂缓或者分期缴纳罚款期限结束之日起计算。

第七十三条　当事人对行政处罚决定不服，申请行政复议或者提起行政诉讼的，行政处罚不停止执行，法律另有规定的除外。

当事人对限制人身自由的行政处罚决定不服，申请行政复议或者提起行政诉讼的，可以向作出决定的机关提出暂缓执行申请。符合法律规定情形的，应当暂缓执行。

当事人申请行政复议或者提起行政诉讼的，加处罚款的数额在行政复议或者行政诉讼期间不予计算。

第七十四条 除依法应当予以销毁的物品外，依法没收的非法财物必须按照国家规定公开拍卖或者按照国家有关规定处理。

罚款、没收的违法所得或者没收非法财物拍卖的款项，必须全部上缴国库，任何行政机关或者个人不得以任何形式截留、私分或者变相私分。

罚款、没收的违法所得或者没收非法财物拍卖的款项，不得同作出行政处罚决定的行政机关及其工作人员的考核、考评直接或者变相挂钩。除依法应当退还、退赔的外，财政部门不得以任何形式向作出行政处罚决定的行政机关返还罚款、没收的违法所得或者没收非法财物拍卖的款项。

第七十五条 行政机关应当建立健全对行政处罚的监督制度。县级以上人民政府应当定期组织开展行政执法评议、考核，加强对行政处罚的监督检查，规范和保障行政处罚的实施。

行政机关实施行政处罚应当接受社会监督。公民、法人或者其他组织对行政机关实施行政处罚的行为，有权申诉或者检举；行政机关应当认真审查，发现有错误的，应当主动改正。

第七章　法　律　责　任

第七十六条 行政机关实施行政处罚，有下列情形之一，由上级行政机关或者有关机关责令改正，对直接负责的主管人员和其他直接责任人员依法给予处分：

（一）没有法定的行政处罚依据的；

（二）擅自改变行政处罚种类、幅度的；

（三）违反法定的行政处罚程序的；

（四）违反本法第二十条关于委托处罚的规定的；

（五）执法人员未取得执法证件的。

行政机关对符合立案标准的案件不及时立案的，依照前款规定予以处理。

第七十七条　行政机关对当事人进行处罚不使用罚款、没收财物单据或者使用非法定部门制发的罚款、没收财物单据的，当事人有权拒绝，并有权予以检举，由上级行政机关或者有关机关对使用的非法单据予以收缴销毁，对直接负责的主管人员和其他直接责任人员依法给予处分。

第七十八条　行政机关违反本法第六十七条的规定自行收缴罚款的，财政部门违反本法第七十四条的规定向行政机关返还罚款、没收的违法所得或者拍卖款项的，由上级行政机关或者有关机关责令改正，对直接负责的主管人员和其他直接责任人员依法给予处分。

第七十九条　行政机关截留、私分或者变相私分罚款、没收的违法所得或者财物的，由财政部门或者有关机关予以追缴，对直接负责的主管人员和其他直接责任人员依法给予处分；情节严重构成犯罪的，依法追究刑事责任。

执法人员利用职务上的便利，索取或者收受他人财物、将收缴罚款据为己有，构成犯罪的，依法追究刑事责任；情节轻微不构成犯罪的，依法给予处分。

第八十条　行政机关使用或者损毁查封、扣押的财物，对当事人造成损失的，应当依法予以赔偿，对直接负责的主管人员和其他直接责任人员依法给予处分。

第八十一条　行政机关违法实施检查措施或者执行措施，给公民人身或者财产造成损害、给法人或者其他组织造成损失的，应当依法予以赔偿，对直接负责的主管人员和其他直接责任人员依法给予处分；情节严重构成犯罪的，依法追究刑事责任。

第八十二条　行政机关对应当依法移交司法机关追究刑事责任的案件不移交，以行政处罚代替刑事处罚，由上级行政机关或者有关机关责令改正，对直接负责的主管人员和其他直接责任人员依法给予处分；情节严重构成犯罪的，依法追究刑事责任。

第八十三条　行政机关对应当予以制止和处罚的违法行为不予制止、处罚，致使公民、法人或者其他组织的合法权益、公共利益和社会秩序遭受损害的，对直接负责的主管人员和其他直接责任人员依法给予处分；情节严重构成犯罪的，依法追究刑事责任。

第八章　附　　则

第八十四条　外国人、无国籍人、外国组织在中华人民共和国领域内有违法行为，应当给予行政处罚的，适用本法，法律另有规定的除外。

第八十五条　本法中"二日""三日""五日""七日"的规定是指工作日，不含法定节假日。

第八十六条　本法自 2021 年 7 月 15 日起施行。

公安机关办理国家赔偿案件程序规定

（2018 年 9 月 1 日公安部令第 150 号公布　自 2018 年 10 月 1 日起施行）

第一章　总　　则

第一条　为了规范公安机关办理国家赔偿案件程序，促进公安机关在办理国家赔偿案件中正确履行职责，保障公民、法人和其他组织享有依法取得国家赔偿的权利，根据《中华人民共和国国家赔偿法》（以下简称《国家赔偿法》）和《国家赔偿费用管理条例》等有关法律、行政法规，制定本规定。

第二条　本规定所称国家赔偿案件，是指行政赔偿案件、刑事赔偿案件和刑事赔偿复议案件。

第三条　公安机关办理国家赔偿案件应当坚持实事求是、依法公正、规范高效、有错必纠的原则。

第四条　公安机关法制部门是办理国家赔偿案件的主管部门，依法履行下列职责：

（一）接收赔偿申请，审查赔偿请求和事实理由，履行相关法律手续；

（二）接收刑事赔偿复议申请，审查复议请求和事实理由，履行相关法律手续；

（三）接收并审查支付赔偿费用申请，接收并审查对支付赔偿费用申请不予受理决定的复核申请；

（四）参加人民法院审理赔偿案件活动；

（五）提出追偿赔偿费用意见，接收并审查对追偿赔偿费用不服的申诉；

（六）其他应当履行的职责。

第五条　公安机关相关部门应当按照职责分工，配合法制部门共同做好国家赔偿案件办理工作。

执法办案部门负责提供赔偿请求所涉职权行为的情况及相关材料，与法制部门共同研究案情，共同参加人民法院审理赔偿案件活动。

装备财务（警务保障）部门负责向财政部门申请支付赔偿费用，向赔偿请求人支付赔偿费用，将追偿的赔偿费用上缴财政部门。

第二章　行政赔偿和刑事赔偿

第一节　申请和受理

第六条　赔偿请求人申请赔偿，应当向赔偿义务机关提出。

公安机关及其工作人员行使职权侵犯公民、法人或者其他组织合法权益，造成损害的，该公安机关为赔偿义务机关。

公安机关内设机构和派出机构及其工作人员有前款情形的，所属公安机关为赔偿义务机关。

看守所、拘留所、强制隔离戒毒所等羁押监管场所及其工作人员有第二款情形的，主管公安机关为赔偿义务机关。

第七条 申请赔偿应当提交赔偿申请书，载明受害人的基本情况、赔偿请求、事实根据和理由、申请日期，并由赔偿请求人签名、盖章或者捺指印。

赔偿请求人书写确有困难的，可以口头申请。赔偿义务机关法制部门应当制作笔录，经赔偿请求人确认无误后签名、盖章或者捺指印。

第八条 申请赔偿除提交赔偿申请书外，还应当提交下列材料：

（一）赔偿请求人的身份证明材料。赔偿请求人不是受害人本人的，提供与受害人关系的证明。赔偿请求人委托他人代理赔偿请求事项的，提交授权委托书，以及代理人的身份证明；代理人为律师的，同时提交律师执业证明及律师事务所证明；

（二）赔偿请求所涉职权行为的法律文书或者其他证明材料；

（三）赔偿请求所涉职权行为造成损害及其程度的证明材料。

不能提交前款第二项、第三项所列材料的，赔偿请求人应当书面说明情况和理由。

第九条 赔偿义务机关法制部门收到当面递交赔偿申请的，应当当场出具接收凭证。

赔偿义务机关其他部门遇有赔偿请求人当面递交或者口头提出赔偿申请的，应当当场联系法制部门接收；收到以邮寄或者其他方式递交的赔偿申请，应当自收到之日起二个工作日内转送法制部门。

第十条 赔偿义务机关法制部门收到赔偿申请后，应当在五个工作日内予以审查，并分别作出下列处理：

（一）申请材料不齐全或者表述不清楚的，经本部门负责人批准，一次性书面告知赔偿请求人需要补正的全部事项和合理的补正期限；

（二）不符合申请条件的，经本机关负责人批准，决定不予受理并书面告知赔偿请求人；

（三）除第一项、第二项情形外，自赔偿义务机关法制部门收到申请之日起即为受理。

第十一条 有下列情形之一的，赔偿申请不符合申请条件：

（一）本机关不是赔偿义务机关的；

（二）赔偿请求人不适格的；

（三）赔偿请求事项不属于国家赔偿范围的；

（四）超过请求时效且无正当理由的；

（五）基于同一事实的赔偿请求已经通过申请行政复议或者提起行政诉讼提出，正在审理或者已经作出予以赔偿、不予赔偿结论的；

（六）赔偿申请应当在终止追究刑事责任后提出，有证据证明尚未终止追究刑事责任的。

赔偿申请受理后，发现有前款情形之一的，赔偿义务机关应当在受理之日起两个月内，经本机关负责人批准，驳回赔偿申请。

对于第一款第六项情形，决定不予受理或者驳回申请的，同时告知赔偿请求人在终止追究刑事责任后重新申请。

第十二条 赔偿请求人在补正期限内对赔偿申请予以补正的，赔偿义务机关法制部门应当自收到之日起五个工作日内予以审查。不符合申请条件的，经本机关负责人批准，决定不予受理并书面告知赔偿请求人。未书面告知不予受理的，自赔偿义务机关法制部门收到补正材料之日起即为受理。

赔偿义务机关法制部门在补正期限届满后第十个工作日仍未收到补正材料的，应当自该日起五个工作日内，对已经提交的赔偿申请予以审查。不符合申请条件的，经本机关负责人批准，决定不予受理并书面告知赔偿请求人。未书面告知不予受理的，自补正期限届满后第十个工作日起即为受理。

第十三条 赔偿义务机关对赔偿请求已作出处理，赔偿请求人无正当理由基于同一事实再次申请赔偿的，不再处理。

第二节　审　　查

第十四条 赔偿义务机关法制部门应当自赔偿申请受理之日起五个

工作日内，将申请材料副本送赔偿请求所涉执法办案部门。执法办案部门应当自收到之日起十个工作日内向法制部门作出书面答复，并提供赔偿请求所涉职权行为的证据、依据和其他材料。

第十五条　赔偿义务机关应当全面审查赔偿请求的事实、证据和理由。重点查明下列事项：

（一）赔偿请求所涉职权行为的合法性；

（二）侵害事实、损害后果及因果关系；

（三）是否具有国家不承担赔偿责任的法定情形。

除前款所列查明事项外，赔偿义务机关还应当按照本规定第十六条至第十九条的规定，分别重点审查有关事项。

第十六条　赔偿请求人主张人身自由权赔偿的，重点审查赔偿请求所涉限制人身自由的起止时间。

第十七条　赔偿请求人主张生命健康权赔偿的，重点审查下列事项：

（一）诊断证明、医疗费用凭据，以及护理、康复、后续治疗的证明；

（二）死亡证明书，伤残、部分或者全部丧失劳动能力的鉴定意见。

赔偿请求提出因误工减少收入的，还应当审查收入证明、误工证明等。受害人死亡或者全部丧失劳动能力的，还应当审查其是否扶养未成年人或者其他无劳动能力人，以及所承担的扶养义务。

第十八条　赔偿请求人主张财产权赔偿的，重点审查下列事项：

（一）查封、扣押、冻结、收缴、追缴、没收的财物不能恢复原状或者灭失的，财物损失发生时的市场价格；查封、扣押、冻结、收缴、追缴、没收的财物被拍卖或者变卖的，拍卖或者变卖及其价格的证明材料，以及变卖时的市场价格；

（二）停产停业期间必要经常性开支的证明材料。

第十九条　赔偿请求人主张精神损害赔偿的，重点审查下列事项：

（一）是否存在《国家赔偿法》第三条或者第十七条规定的侵犯人身权行为；

（二）精神损害事实及后果；

（三）侵犯人身权行为与精神损害事实及后果的因果关系。

第二十条　赔偿审查期间，赔偿请求人可以变更赔偿请求。赔偿义务机关认为赔偿请求人提出的赔偿请求事项不全或者不准确的，可以告知赔偿请求人在审查期限届满前变更赔偿请求。

第二十一条　赔偿审查期间，赔偿义务机关法制部门可以调查核实情况，收集有关证据。有关单位和人员应当予以配合。

第二十二条　对赔偿请求所涉职权行为，有权机关已经作出生效法律结论，该结论所采信的证据可以作为赔偿审查的证据。

第二十三条　赔偿审查期间，有下列情形之一的，经赔偿义务机关负责人批准，中止审查并书面告知有关当事人：

（一）作为赔偿请求人的公民丧失行为能力，尚未确定法定代理人的；

（二）作为赔偿请求人的公民下落不明或者被宣告失踪的；

（三）作为赔偿请求人的公民死亡，其继承人和其他有扶养关系的亲属尚未确定是否参加赔偿审查的；

（四）作为赔偿请求人的法人或者其他组织终止，尚未确定权利义务承受人，或者权利义务承受人尚未确定是否参加赔偿审查的；

（五）赔偿请求人因不可抗力不能参加赔偿审查的；

（六）赔偿审查涉及法律适用问题，需要有权机关作出解释或者确认的；

（七）赔偿审查需要以其他尚未办结案件的结果为依据的；

（八）其他需要中止审查的情形。

中止审查的情形消除后，应当在二个工作日内恢复审查，并书面告知有关当事人。

中止审查不符合第一款规定的，应当立即恢复审查。不恢复审查的，上一级公安机关应当责令恢复审查。

第二十四条　赔偿审查期间，有下列情形之一的，经赔偿义务机关负责人批准，终结审查并书面告知有关当事人：

（一）作为赔偿请求人的公民死亡，没有继承人和其他有扶养关系的亲属，或者继承人和其他有扶养关系的亲属放弃要求赔偿权利的；

（二）作为赔偿请求人的法人或者其他组织终止，没有权利义务承受人，或者权利义务承受人放弃要求赔偿权利的；

（三）赔偿请求人自愿撤回赔偿申请的。

前款第一项中的继承人和其他有扶养关系的亲属、第二项中的权利义务承受人、第三项中的赔偿请求人为数人，非经全体同意放弃要求赔偿权利或者撤回赔偿申请的，不得终结审查。

第三节 决 定

第二十五条 对受理的赔偿申请，赔偿义务机关应当自受理之日起两个月内，经本机关负责人批准，分别作出下列决定：

（一）违法行使职权造成侵权的事实清楚，应当予以赔偿的，作出予以赔偿的决定，并载明赔偿方式、项目和数额；

（二）违法行使职权造成侵权的事实不成立，或者具有国家不承担赔偿责任法定情形的，作出不予赔偿的决定。

按照前款第一项作出决定，不限于赔偿请求人主张的赔偿方式、项目和数额。

第二十六条 在查清事实的基础上，对应当予以赔偿的，赔偿义务机关应当充分听取赔偿请求人的意见，可以就赔偿方式、项目和数额在法定范围内进行协商。

协商应当遵循自愿、合法原则。协商达成一致的，赔偿义务机关应当按照协商结果作出赔偿决定；赔偿请求人不同意协商，或者协商未达成一致，或者赔偿请求人在赔偿决定作出前反悔的，赔偿义务机关应当依法作出赔偿决定。

第二十七条 侵犯公民人身自由的每日赔偿金，按照作出决定时的国家上年度职工日平均工资计算。

作出决定时国家上年度职工日平均工资尚未公布的，以公布的最近年度职工日平均工资为准。

第二十八条 执行行政拘留或者采取刑事拘留措施被决定赔偿的，计算赔偿金的天数按照实际羁押的天数计算。羁押时间不足一日的，按照一日计算。

第二十九条 依法应当予以赔偿但赔偿请求人所受损害的程度因客

观原因无法确定的，赔偿数额应当结合赔偿请求人的主张和在案证据，运用逻辑推理和生活经验、生活常识等酌情确定。

第三十条　赔偿请求人主张精神损害赔偿的，作出决定应当载明是否存在精神损害并承担赔偿责任。承担精神损害赔偿责任的，应当载明消除影响、恢复名誉、赔礼道歉等承担方式；支付精神损害抚慰金的，应当载明具体数额。

精神损害抚慰金数额的确定，可以参照人民法院审理国家赔偿案件适用精神损害赔偿的规定，综合考虑精神损害事实和严重后果，侵权手段、方式等具体情节，纠错环节及过程，赔偿请求人住所地或者经常居住地平均生活水平，赔偿义务机关所在地平均生活水平等因素。法律法规对精神损害抚慰金的数额作出规定的，从其规定。

第三十一条　赔偿义务机关对行政赔偿请求作出不予受理、驳回申请、终结审查、予以赔偿、不予赔偿决定，或者逾期未作决定，赔偿请求人不服的，可以依照《国家赔偿法》第十四条规定提起行政赔偿诉讼。

赔偿义务机关对刑事赔偿请求作出不予受理、驳回申请、终结审查、予以赔偿、不予赔偿决定，或者逾期未作决定，赔偿请求人不服的，可以依照《国家赔偿法》第二十四条规定申请刑事赔偿复议。

第三章　刑事赔偿复议

第一节　申请和受理

第三十二条　赔偿请求人申请刑事赔偿复议，应当向赔偿义务机关的上一级公安机关提出。赔偿义务机关是公安部的，向公安部提出。

第三十三条　申请刑事赔偿复议应当提交复议申请书，载明受害人的基本情况、复议请求、事实根据和理由、申请日期，并由赔偿请求人签名、盖章或者捺指印。

赔偿请求人书写确有困难的，可以口头申请。复议机关法制部门应当制作笔录，经赔偿请求人确认无误后签名、盖章或者捺指印。

第三十四条 申请刑事赔偿复议除提交复议申请书外，还应当提交下列材料：

（一）赔偿请求人的身份证明材料。赔偿请求人不是受害人本人的，提供与受害人关系的证明。赔偿请求人委托他人代理复议事项的，提交授权委托书，以及代理人的身份证明。代理人为律师的，同时提交律师执业证明及律师事务所证明；

（二）向赔偿义务机关提交的赔偿申请材料及申请赔偿的证明材料；

（三）赔偿义务机关就赔偿申请作出的决定书。赔偿义务机关逾期未作决定的除外。

第三十五条 复议机关法制部门收到当面递交复议申请的，应当当场出具接收凭证。

复议机关其他部门遇有赔偿请求人当面递交或者口头提出复议申请的，应当当场联系法制部门接收；收到以其他方式递交复议申请的，应当自收到之日起二个工作日内转送法制部门。

第三十六条 复议机关法制部门收到复议申请后，应当在五个工作日内予以审查，并分别作出下列处理：

（一）申请材料不齐全或者表述不清楚的，经本部门负责人批准，一次性书面告知赔偿请求人需要补正的全部事项和合理的补正期限；

（二）不符合申请条件的，经本机关负责人批准，决定不予受理并书面告知赔偿请求人；

（三）除第一项、第二项情形外，自复议机关法制部门收到申请之日起即为受理。

第三十七条 有下列情形之一的，复议申请不符合申请条件：

（一）本机关不是复议机关的；

（二）赔偿请求人申请复议不适格的；

（三）不属于复议范围的；

（四）超过申请复议法定期限且无正当理由的；

（五）申请复议前未向赔偿义务机关申请赔偿的；

（六）赔偿义务机关对赔偿申请未作出决定但审查期限尚未届满的。

复议申请受理后，发现有前款情形之一的，复议机关应当在受理之日起两个月内，经本机关负责人批准，驳回复议申请。

第三十八条　赔偿请求人在补正期限内对复议申请予以补正的，复议机关法制部门应当自收到之日起五个工作日内予以审查。不符合申请条件的，经本机关负责人批准，决定不予受理并书面告知赔偿请求人。未书面告知不予受理的，自复议机关法制部门收到补正材料之日起即为受理。

复议机关法制部门在补正期限届满后第十个工作日仍未收到补正材料的，应当自该日起五个工作日内，对已经提交的复议申请予以审查。不符合申请条件的，经本机关负责人批准，决定不予受理并书面告知赔偿请求人。未书面告知不予受理的，自补正期限届满后第十个工作日之日起即为受理。

第三十九条　复议机关对复议申请已作出处理，赔偿请求人无正当理由基于同一事实再次申请复议的，不再处理。

第二节　审　　查

第四十条　复议机关法制部门应当自复议申请受理之日起五个工作日内，将申请材料副本送赔偿义务机关。赔偿义务机关应当自收到之日起十个工作日内向复议机关作出书面答复，并提供相关证据、依据和其他材料。

第四十一条　复议机关应当全面审查赔偿义务机关是否按照本规定第二章的规定对赔偿申请作出处理。

第四十二条　赔偿请求人申请复议时变更向赔偿义务机关提出的赔偿请求，或者在复议审查期间变更复议请求的，复议机关应当予以审查。

复议机关认为赔偿请求人提出的复议请求事项不全或者不准确的，可以告知赔偿请求人在审查期限届满前变更复议请求。

第四十三条　赔偿请求人和赔偿义务机关对自己的主张负有举证责任。没有证据或者证据不足以证明事实主张的，由负有举证责任的一方承担不利后果。

赔偿义务机关对其职权行为的合法性，以及《国家赔偿法》第二十六条第二款规定的情形负有举证责任。赔偿请求人可以提供证明赔偿义务机关职权行为违法的证据，但不因此免除赔偿义务机关的举证责任。

第四十四条　复议审查期间，复议机关法制部门可以调查核实情况，收集有关证据。有关单位和人员应当予以配合。

第四十五条　复议审查期间，有下列情形之一的，经复议机关负责人批准，中止审查并书面告知有关当事人：

（一）作为赔偿请求人的公民丧失行为能力，尚未确定法定代理人的；

（二）作为赔偿请求人的公民下落不明或者被宣告失踪的；

（三）作为赔偿请求人的公民死亡，其继承人和其他有扶养关系的亲属尚未确定是否参加复议审查的；

（四）作为赔偿请求人的法人或者其他组织终止，尚未确定权利义务承受人，或者权利义务承受人尚未确定是否参加复议审查的；

（五）赔偿请求人因不可抗力不能参加复议审查的；

（六）复议审查涉及法律适用问题，需要有权机关作出解释或者确认的；

（七）复议审查需要以其他尚未办结案件的结果为依据的；

（八）其他需要中止审查的情形。

中止审查的情形消除后，应当在二个工作日内恢复审查，并书面告知有关当事人。

中止审查不符合第一款规定的，应当立即恢复审查。不恢复审查的，上一级公安机关应当责令恢复审查。

第四十六条　复议审查期间，有下列情形之一的，经复议机关负责人批准，终结审查并书面告知有关当事人：

（一）作为赔偿请求人的公民死亡，没有继承人和其他有扶养关系的亲属，或者继承人和其他有扶养关系的亲属放弃复议权利的；

（二）作为赔偿请求人的法人或者其他组织终止，没有权利义务承受人，或者权利义务承受人放弃复议权利的；

（三）赔偿请求人自愿撤回复议申请的。

前款第一项中的继承人和其他有扶养关系的亲属、第二项中的权利义务承受人、第三项中的赔偿请求人为数人，非经全体同意放弃复议权利或者撤回复议申请的，不得终结审查。

第三节 决 定

第四十七条 对受理的复议申请，复议机关应当自受理之日起两个月内，经本机关负责人批准作出决定。

第四十八条 复议机关可以组织赔偿义务机关与赔偿请求人就赔偿方式、项目和数额在法定范围内进行调解。

调解应当遵循自愿、合法的原则。经调解达成一致的，复议机关应当按照调解结果作出复议决定。赔偿请求人或者赔偿义务机关不同意调解，或者调解未达成一致，或者一方在复议决定作出前反悔的，复议机关应当依法作出复议决定。

第四十九条 对赔偿义务机关作出的予以赔偿或者不予赔偿决定，分别作出下列决定：

（一）认定事实清楚，适用法律正确，符合法定程序的，予以维持；

（二）认定事实清楚，适用法律正确，但违反法定程序的，维持决定结论并确认程序违法；

（三）认定事实不清、适用法律错误或者据以作出决定的法定事由发生变化的，依法重新作出决定或者责令限期重作。

第五十条 对赔偿义务机关作出的不予受理、驳回申请、终结审查决定，分别作出下列决定：

（一）符合规定情形和程序的，予以维持；

（二）符合规定情形，但违反规定程序的，维持决定结论并确认程序违法；

（三）不符合规定情形，或者据以作出决定的法定事由发生变化的，责令继续审查或者依法重新作出决定。

第五十一条 赔偿义务机关逾期未作出决定的，责令限期作出决定或者依法作出决定。

第五十二条 复议机关作出不予受理、驳回申请、终结审查、复议决定，或者逾期未作决定，赔偿请求人不服的，可以依照《国家赔偿法》第二十五条规定，向复议机关所在地的同级人民法院赔偿委员会申请作出赔偿决定。

第四章　执　　行

第五十三条　赔偿义务机关必须执行生效赔偿决定、复议决定、判决和调解。

第五十四条　生效赔偿决定、复议决定、判决和调解按照下列方式执行：

（一）要求返还财物或者恢复原状的，赔偿请求所涉赔偿义务机关执法办案部门应当在三十日内办结。情况复杂的，经本机关负责人批准，可以延长三十日。

（二）要求支付赔偿金的，赔偿义务机关法制部门应当依照《国家赔偿费用管理条例》的规定，将生效的赔偿决定书、复议决定书、判决书和调解书等有关材料提供给装备财务（警务保障）部门，装备财务（警务保障）部门报经本机关负责人批准后，依照预算管理权限向财政部门提出书面支付申请并提供有关材料。

（三）要求为赔偿请求人消除影响、恢复名誉、赔礼道歉的，赔偿义务机关或者其负责人应当及时执行。

第五十五条　财政部门告知赔偿义务机关补正申请材料的，赔偿义务机关装备财务（警务保障）部门应当会同法制部门自收到告知之日起五个工作日内按照要求补正材料并提交财政部门。

第五十六条　财政部门向赔偿义务机关支付赔偿金的，赔偿义务机关装备财务（警务保障）部门应当及时向赔偿请求人足额支付赔偿金，不得拖延、截留。

第五十七条　赔偿义务机关支付赔偿金后，应当依照《国家赔偿法》第十六条第一款、第三十一条第一款的规定，向责任人员追偿部分或者全部赔偿费用。

第五十八条　追偿赔偿费用由赔偿义务机关法制部门会同赔偿请求所涉执法办案部门等有关部门提出追偿意见，经本机关主要负责人批准，由装备财务（警务保障）部门书面通知有预算管理权限的财政部门，并责令被追偿人缴纳追偿赔偿费用。

追偿数额的确定，应当综合考虑赔偿数额，以及被追偿人过错程度、损害后果等因素确定，并为被追偿人及其扶养的家属保留必需的生活费用。

第五十九条　被追偿人对追偿赔偿费用不服的，可以向赔偿义务机关或者其上一级公安机关申诉。

第六十条　赔偿义务机关装备财务（警务保障）部门应当依照相关规定，将追偿的赔偿费用上缴有预算管理权限的财政部门。

第五章　责任追究

第六十一条　有下列情形之一的，对直接负责的主管人员或者其他直接责任人员，依照有关规定给予行政纪律处分或者作出其他处理：

（一）未按照本规定对赔偿申请、复议申请作出处理的；

（二）不配合或者阻挠国家赔偿办案人员调查取证，不提供有关情况和证明材料，或者提供虚假材料的；

（三）未按照本规定执行生效赔偿决定、复议决定、判决和调解的；

（四）未按照本规定上缴追偿赔偿费用的；

（五）办理国家赔偿案件的其他渎职、失职行为。

第六十二条　公安机关工作人员在办理国家赔偿案件中，徇私舞弊，打击报复赔偿请求人的，依照有关规定给予行政纪律处分；构成犯罪的，依法追究刑事责任。

第六章　附　　则

第六十三条　下列情形所需时间，不计入国家赔偿审查期限：

（一）向赔偿请求人调取证据材料的；

（二）涉及专门事项委托鉴定、评估的。

赔偿请求人在国家赔偿审查期间变更请求的，审查期限从公安机关收到之日起重新计算。

第六十四条　公安机关按照本规定制作的法律文书，应当加盖本机关印章或者国家赔偿专用章。中止审查、终结审查、驳回申请、赔偿决定、复议决定的法律文书，应当自作出之日起十日内送达。

第六十五条 本规定自 2018 年 10 月 1 日起施行。2014 年 6 月 1 日施行的《公安机关办理国家赔偿案件程序规定》同时废止。

最高人民法院关于审理行政
赔偿案件若干问题的规定

(2021 年 12 月 6 日最高人民法院审判委员会第 1855 次会议通过 2022 年 3 月 20 日最高人民法院公告公布 自 2022 年 5 月 1 日起施行 法释〔2022〕10 号)

为保护公民、法人和其他组织的合法权益，监督行政机关依法履行行政赔偿义务，确保人民法院公正、及时审理行政赔偿案件，实质化解行政赔偿争议，根据《中华人民共和国行政诉讼法》（以下简称行政诉讼法）《中华人民共和国国家赔偿法》（以下简称国家赔偿法）等法律规定，结合行政审判工作实际，制定本规定。

一、受案范围

第一条 国家赔偿法第三条、第四条规定的"其他违法行为"包括以下情形：

（一）不履行法定职责行为；

（二）行政机关及其工作人员在履行行政职责过程中作出的不产生法律效果，但事实上损害公民、法人或者其他组织人身权、财产权等合法权益的行为。

第二条 依据行政诉讼法第一条、第十二条第一款第十二项和国家赔偿法第二条规定，公民、法人或者其他组织认为行政机关及其工作人员违法行使行政职权对其劳动权、相邻权等合法权益造成人身、财产损害的，可以依法提起行政赔偿诉讼。

第三条 赔偿请求人不服赔偿义务机关下列行为的，可以依法提起行政赔偿诉讼：

（一）确定赔偿方式、项目、数额的行政赔偿决定；

（二）不予赔偿决定；

（三）逾期不作出赔偿决定；

（四）其他有关行政赔偿的行为。

第四条 法律规定由行政机关最终裁决的行政行为被确认违法后，赔偿请求人可以单独提起行政赔偿诉讼。

第五条 公民、法人或者其他组织认为国防、外交等国家行为或者行政机关制定发布行政法规、规章或者具有普遍约束力的决定、命令侵犯其合法权益造成损害，向人民法院提起行政赔偿诉讼的，不属于人民法院行政赔偿诉讼的受案范围。

二、诉讼当事人

第六条 公民、法人或者其他组织一并提起行政赔偿诉讼中的当事人地位，按照其在行政诉讼中的地位确定，行政诉讼与行政赔偿诉讼当事人不一致的除外。

第七条 受害的公民死亡，其继承人和其他有扶养关系的人可以提起行政赔偿诉讼，并提供该公民死亡证明、赔偿请求人与死亡公民之间的关系证明。

受害的公民死亡，支付受害公民医疗费、丧葬费等合理费用的人可以依法提起行政赔偿诉讼。

有权提起行政赔偿诉讼的法人或者其他组织分立、合并、终止，承受其权利的法人或者其他组织可以依法提起行政赔偿诉讼。

第八条 两个以上行政机关共同实施侵权行政行为造成损害的，共同侵权行政机关为共同被告。赔偿请求人坚持对其中一个或者几个侵权机关提起行政赔偿诉讼，以被起诉的机关为被告，未被起诉的机关追加为第三人。

第九条 原行政行为造成赔偿请求人损害，复议决定加重损害的，复议机关与原行政行为机关为共同被告。赔偿请求人坚持对作出原行政行为机关或者复议机关提起行政赔偿诉讼，以被起诉的机关为被告，未被起诉的机关追加为第三人。

第十条 行政机关依据行政诉讼法第九十七条的规定申请人民法院强制执行其行政行为，因据以强制执行的行政行为违法而发生行政赔偿诉讼的，申请强制执行的行政机关为被告。

三、证 据

第十一条 行政赔偿诉讼中，原告应当对行政行为造成的损害提供证据；因被告的原因导致原告无法举证的，由被告承担举证责任。

人民法院对于原告主张的生产和生活所必需物品的合理损失，应当予以支持；对于原告提出的超出生产和生活所必需的其他贵重物品、现金损失，可以结合案件相关证据予以认定。

第十二条 原告主张其被限制人身自由期间受到身体伤害，被告否认相关损害事实或者损害与违法行政行为存在因果关系的，被告应当提供相应的证据证明。

四、起诉与受理

第十三条 行政行为未被确认为违法，公民、法人或者其他组织提起行政赔偿诉讼的，人民法院应当视为提起行政诉讼时一并提起行政赔偿诉讼。

行政行为已被确认为违法，并符合下列条件的，公民、法人或者其他组织可以单独提起行政赔偿诉讼：

（一）原告具有行政赔偿请求资格；

（二）有明确的被告；

（三）有具体的赔偿请求和受损害的事实根据；

（四）赔偿义务机关已先行处理或者超过法定期限不予处理；

（五）属于人民法院行政赔偿诉讼的受案范围和受诉人民法院管辖；

（六）在法律规定的起诉期限内提起诉讼。

第十四条　原告提起行政诉讼时未一并提起行政赔偿诉讼，人民法院审查认为可能存在行政赔偿的，应当告知原告可以一并提起行政赔偿诉讼。

原告在第一审庭审终结前提起行政赔偿诉讼，符合起诉条件的，人民法院应当依法受理；原告在第一审庭审终结后、宣判前提起行政赔偿诉讼的，是否准许由人民法院决定。

原告在第二审程序或者再审程序中提出行政赔偿请求的，人民法院可以组织各方调解；调解不成的，告知其另行起诉。

第十五条　公民、法人或者其他组织应当自知道或者应当知道行政行为侵犯其合法权益之日起两年内，向赔偿义务机关申请行政赔偿。赔偿义务机关在收到赔偿申请之日起两个月内未作出赔偿决定的，公民、法人或者其他组织可以依照行政诉讼法有关规定提起行政赔偿诉讼。

第十六条　公民、法人或者其他组织提起行政诉讼时一并请求行政赔偿的，适用行政诉讼法有关起诉期限的规定。

第十七条　公民、法人或者其他组织仅对行政复议决定中的行政赔偿部分有异议，自复议决定书送达之日起十五日内提起行政赔偿诉讼的，人民法院应当依法受理。

行政机关作出有赔偿内容的行政复议决定时，未告知公民、法人或者其他组织起诉期限的，起诉期限从公民、法人或者其他组织知道或者应当知道起诉期限之日起计算，但从知道或者应当知道行政复议决定内容之日起最长不得超过一年。

第十八条　行政行为被有权机关依照法定程序撤销、变更、确认违法或无效，或者实施行政行为的行政机关工作人员因该行为被生效法律文书或监察机关政务处分确认为渎职、滥用职权的，属于本规定所称的行政行为被确认为违法的情形。

第十九条　公民、法人或者其他组织一并提起行政赔偿诉讼，人民法院经审查认为行政诉讼不符合起诉条件的，对一并提起的行政赔偿诉讼，裁定不予立案；已经立案的，裁定驳回起诉。

第二十条　在涉及行政许可、登记、征收、征用和行政机关对民事争议所作的裁决的行政案件中，原告提起行政赔偿诉讼的同时，有关当事人申请一并解决相关民事争议的，人民法院可以一并审理。

五、审理和判决

第二十一条 两个以上行政机关共同实施违法行政行为，或者行政机关及其工作人员与第三人恶意串通作出的违法行政行为，造成公民、法人或者其他组织人身权、财产权等合法权益实际损害的，应当承担连带赔偿责任。

一方承担连带赔偿责任后，对于超出其应当承担部分，可以向其他连带责任人追偿。

第二十二条 两个以上行政机关分别实施违法行政行为造成同一损害，每个行政机关的违法行为都足以造成全部损害的，各个行政机关承担连带赔偿责任。

两个以上行政机关分别实施违法行政行为造成同一损害的，人民法院应当根据其违法行政行为在损害发生和结果中的作用大小，确定各自承担相应的行政赔偿责任；难以确定责任大小的，平均承担责任。

第二十三条 由于第三人提供虚假材料，导致行政机关作出的行政行为违法，造成公民、法人或者其他组织损害的，人民法院应当根据违法行政行为在损害发生和结果中的作用大小，确定行政机关承担相应的行政赔偿责任；行政机关已经尽到审慎审查义务的，不承担行政赔偿责任。

第二十四条 由于第三人行为造成公民、法人或者其他组织损害的，应当由第三人依法承担侵权赔偿责任；第三人赔偿不足、无力承担赔偿责任或者下落不明，行政机关又未尽保护、监管、救助等法定义务的，人民法院应当根据行政机关未尽法定义务在损害发生和结果中的作用大小，确定其承担相应的行政赔偿责任。

第二十五条 由于不可抗力等客观原因造成公民、法人或者其他组织损害，行政机关不依法履行、拖延履行法定义务导致未能及时止损或者损害扩大的，人民法院应当根据行政机关不依法履行、拖延履行法定义务行为在损害发生和结果中的作用大小，确定其承担相应的行政赔偿责任。

第二十六条 有下列情形之一的，属于国家赔偿法第三十五条规定的"造成严重后果"：

（一）受害人被非法限制人身自由超过六个月；

（二）受害人经鉴定为轻伤以上或者残疾；

（三）受害人经诊断、鉴定为精神障碍或者精神残疾，且与违法行政行为存在关联；

（四）受害人名誉、荣誉、家庭、职业、教育等方面遭受严重损害，且与违法行政行为存在关联。

有下列情形之一的，可以认定为后果特别严重：

（一）受害人被限制人身自由十年以上；

（二）受害人死亡；

（三）受害人经鉴定为重伤或者残疾一至四级，且生活不能自理；

（四）受害人经诊断、鉴定为严重精神障碍或者精神残疾一至二级，生活不能自理，且与违法行政行为存在关联。

第二十七条 违法行政行为造成公民、法人或者其他组织财产损害，不能返还财产或者恢复原状的，按照损害发生时该财产的市场价格计算损失。市场价格无法确定，或者该价格不足以弥补公民、法人或者其他组织损失的，可以采用其他合理方式计算。

违法征收征用土地、房屋，人民法院判决给予被征收人的行政赔偿，不得少于被征收人依法应当获得的安置补偿权益。

第二十八条 下列损失属于国家赔偿法第三十六条第六项规定的"停产停业期间必要的经常性费用开支"：

（一）必要留守职工的工资；

（二）必须缴纳的税款、社会保险费；

（三）应当缴纳的水电费、保管费、仓储费、承包费；

（四）合理的房屋场地租金、设备租金、设备折旧费；

（五）维系停产停业期间运营所需的其他基本开支。

第二十九条 下列损失属于国家赔偿法第三十六条第八项规定的"直接损失"：

（一）存款利息、贷款利息、现金利息；

（二）机动车停运期间的营运损失；

（三）通过行政补偿程序依法应当获得的奖励、补贴等；

（四）对财产造成的其他实际损失。

第三十条 被告有国家赔偿法第三条规定情形之一，致人精神损害的，人民法院应当判决其在违法行政行为影响的范围内，为受害人消除影响、恢复名誉、赔礼道歉；消除影响、恢复名誉和赔礼道歉的履行方式，可以双方协商，协商不成的，人民法院应当责令被告以适当的方式履行。造成严重后果的，应当判决支付相应的精神损害抚慰金。

第三十一条 人民法院经过审理认为被告对公民、法人或者其他组织造成财产损害的，判决被告限期返还财产、恢复原状；无法返还财产、恢复原状的，判决被告限期支付赔偿金和相应的利息损失。

人民法院审理行政赔偿案件，可以对行政机关赔偿的方式、项目、标准等予以明确，赔偿内容确定的，应当作出具有赔偿金额等给付内容的判决；行政赔偿决定对赔偿数额的确定确有错误的，人民法院判决予以变更。

第三十二条 有下列情形之一的，人民法院判决驳回原告的行政赔偿请求：

（一）原告主张的损害没有事实根据的；

（二）原告主张的损害与违法行政行为没有因果关系的；

（三）原告的损失已经通过行政补偿等其他途径获得充分救济的；

（四）原告请求行政赔偿的理由不能成立的其他情形。

六、其 他

第三十三条 本规定自 2022 年 5 月 1 日起施行。《最高人民法院关于审理行政赔偿案件若干问题的规定》（法发〔1997〕10 号）同时废止。

本规定实施前本院发布的司法解释与本规定不一致的，以本规定为准。

刑 事 赔 偿

人民法院审判人员违法
审判责任追究办法（试行）

（1998 年 8 月 26 日）

第一章 总 则

第一条 为了保证审判人员依法行使职权，促进人民法院的廉政建设，维护司法公正，根据《中华人民共和国人民法院组织法》、《中华人民共和国法官法》及其他有关法律，制定本办法。

第二条 人民法院审判人员在审判、执行工作中，故意违反与审判工作有关的法律、法规，或者因过失违反与审判工作有关的法律、法规造成严重后果的，应当承担违法审判责任。

第三条 违法审判责任，应当依据违法事实、行为人的法定职责、主观过错以及违法行为所产生的后果确定。

第四条 追究违法审判责任，应当坚持实事求是、法律、纪律面前人人平等以及责任自负、罚当其过、处罚与教育相结合的原则。

第二章 追究范围

第五条 违反法律规定，擅自对应当受理的案件不予受理，或者对不应当受理的案件违法受理，或者私自受理案件的。

因过失致使依法应当受理的案件未予受理，或者对不应当受理的案件违法受理，造成严重后果的。

第六条 明知具有法定回避情形，故意不依法自行回避，或者对符合法定回避条件的申请，故意不作出回避决定，影响案件公正审理的。

第七条 审判人员擅自干涉下级人民法院审判工作的。

第八条 当事人及其诉讼代理人因客观原因不能自行收集影响案件主要事实认定的证据，请求人民法院调查收集，有关审判人员故意不予收集，导致裁判错误的。

第九条 依职权应当对影响案件主要事实认定的证据进行鉴定、勘验、查询、核对，或者应当采取证据保全措施而故意不进行，导致裁判错误的。

第十条 涂改、隐匿、伪造、偷换或者故意损毁证据材料，或者指使、支持、授意他人作伪证，或者以威胁、利诱方式收集证据的。

丢失或者因过失损毁证据材料，造成严重后果的。

第十一条 篡改、伪造或者故意损毁庭审笔录、合议庭评议记录、审判委员会讨论记录的。

第十二条 向合议庭、审判委员会报告案情故意隐瞒主要证据、重要情节，或者提供虚假材料的。

遗漏主要证据、重要情节，导致裁判错误，造成严重后果的。

第十三条 拒不执行审判委员会决定，或者拒不执行上级人民法院裁判的。

第十四条 故意违背事实和法律，作出错误裁判的。

因过失导致裁判错误，造成严重后果的。

第十五条 故意违反法律规定采取或者解除财产保全措施，造成当事人财产损失的。

采取财产保全措施时有过失行为，造成严重后果的。

第十六条 先予执行错误，造成当事人或者案外人财产损失的。

第十七条 执行工作中有下列行为之一，造成当事人或者案外人财产损失的：

（一）故意违法执行第三人或者案外人财产；

（二）故意重复查封、扣押、冻结被执行财产；

（三）故意超标的查封、冻结、扣押、变卖被执行财产；

（四）鉴定、评估、变卖被执行财产时，指使有关部门压低或者抬高价格；

（五）故意违反法律规定，暂缓执行、中止执行、终结执行。

第十八条 私自制作诉讼文书，或者在制作诉讼文书时，故意违背合议庭评议结果、审判委员会决定的。

因过失导致制作、送达诉讼文书错误，造成严重后果的。

第十九条 故意违反法律规定采取强制措施的。

采取强制措施有过失行为，致人重伤或者死亡的。

第二十条 故意拖延办案，或者因过失延误办案，造成严重后果的。

第二十一条 故意违反法律规定，对不符合减刑、假释条件的罪犯裁定减刑、假释的。

第二十二条 有下列情形之一的，审判人员不承担责任：

（一）因对法律、法规理解和认识上的偏差而导致裁判错误的；

（二）因对案件事实和证据认识上的偏差而导致裁判错误的；

（三）因出现新的证据而改变裁判的；

（四）因国家法律的修订或者政策调整而改变裁判的；

（五）其他不应当承担责任的情形。

第三章　违法责任

第二十三条 独任审判员违法审判的，由独任审判员承担责任。

第二十四条 合议庭成员评议案件时，故意违反法律规定或者歪曲事实、曲解法律，导致评议结论错误的，由导致错误结论的人员承担责任。

第二十五条 审判委员会委员讨论案件时，故意违反法律规定或者歪曲事实、曲解法律，导致决定错误的，由导致错误决定的人员承担责任。

审判委员会主持人违反民主集中制原则导致审判委员会决定错误的，由主持人承担责任。

第二十六条 院长、庭长故意违反法律规定或者严重不负责任，对独任审判员或者合议庭的错误不按照法定程序纠正，导致违法裁判的，院长、庭长、独任审判员或者合议庭有关人员均应当承担相应责任。

第四章 违法审判责任的确认和追究

第二十七条 人民法院的判决、裁定、决定是否错误，应当由人民法院审判组织确认。

第二十八条 各级人民法院监察部门是违法审判责任追究工作的职能部门，负责违法审判线索的收集、对违法审判责任进行调查以及对责任人员依照有关规定进行处理。

第二十九条 监察部门应当从二审、审判监督中发现审判人员违法审判的线索。

人民法院各审判组织和审判人员应当配合监察部门的工作，及时将在审判工作中发现的违法审判线索通知监察部门，并提供有关材料。

第三十条 对涉及上级人民法院监察部门监察对象的违法审判线索，监察部门应当将有关材料报送上级人民法院监察部门处理。

第三十一条 上级人民法院监察部门认为下级人民法院应当追究有关审判人员责任而没有追究的，报告院长决定，责令下级人民法院追究责任，必要时可以直接调查处理。

第三十二条 对责任人的追究，应当根据违法行为的具体情况确定：

（一）情节轻微的，责令有关责任人作出检查或者通报批评；

（二）情节较重，应当给予纪律处分的，依照《人民法院审判纪律处分办法（试行）》给予相应的纪律处分；

（三）有犯罪嫌疑的，移送有关司法部门依法处理。

第三十三条 违法审判责任案件的立案、调查、处理、申诉，依照《人民法院监察部门调查处理案件暂行办法》规定的程序进行。

第五章 附 则

第三十四条 本办法所称审判人员是指各级人民法院的审判员、助理审判员。执行员、书记员、司法警察、司法鉴定人员参照本办法执行。

第三十五条 本办法自公布之日起施行。

人民检察院国家赔偿工作规定

(2010 年 11 月 11 日最高人民检察院第十一届检察委员会第四十六次会议通过 2010 年 11 月 22 日最高人民检察院公布自 2010 年 12 月 1 日起施行 高检发〔2010〕29 号)

第一章 总 则

第一条 为了保障公民、法人和其他组织享有依法取得国家赔偿的权利，促进国家机关及其工作人员依法行使职权、公正执法，根据《中华人民共和国国家赔偿法》及有关法律，制定本规定。

第二条 人民检察院通过办理检察机关作为赔偿义务机关的刑事赔偿案件，并对人民法院赔偿委员会决定和行政赔偿诉讼依法履行法律监督职责，保障国家赔偿法的统一正确实施。

第三条 人民检察院国家赔偿工作办公室统一办理检察机关作为赔偿义务机关的刑事赔偿案件、对人民法院赔偿委员会决定提出重新审查意见的案件，以及对人民法院行政赔偿判决、裁定提出抗诉的案件。

人民检察院相关部门应当按照内部分工，协助国家赔偿工作办公室依法办理国家赔偿案件。

第四条 人民检察院国家赔偿工作应当坚持依法、公正、及时的原则。

第五条 上级人民检察院监督、指导下级人民检察院依法办理国家赔偿案件。上级人民检察院在办理国家赔偿案件时，对下级人民检察院作出的相关决定，有权撤销或者变更；发现下级人民检察院已办结的国家赔偿案件确有错误，有权指令下级人民检察院纠正。

赔偿请求人向上级人民检察院反映下级人民检察院在办理国家赔偿

案件中存在违法行为的，上级人民检察院应当受理，并依法、及时处理。对依法应予赔偿而拒不赔偿，或者打击报复赔偿请求人的，应当依照有关规定追究相关领导和其他直接责任人员的责任。

第二章 立 案

第六条 赔偿请求人提出赔偿申请的，人民检察院应当受理，并接收下列材料：

（一）刑事赔偿申请书。刑事赔偿申请书应当载明受害人的基本情况，具体要求、事实根据和理由，申请的时间。赔偿请求人书写申请书确有困难的，可以委托他人代书；也可以口头申请。口头提出申请的，应当问明有关情况并制作笔录，由赔偿请求人签名或者盖章。

（二）赔偿请求人和代理人的身份证明材料。赔偿请求人不是受害人本人的，应当要求其说明与受害人的关系，并提供相应证明。赔偿请求人委托他人代理赔偿申请事项的，应当要求其提交授权委托书，以及代理人和被代理人身份证明原件。代理人为律师的，应当同时提供律师执业证及律师事务所介绍函。

（三）证明原案强制措施的法律文书。

（四）证明原案处理情况的法律文书。

（五）证明侵权行为造成损害及其程度的法律文书或者其他材料。

（六）赔偿请求人提供的其他相关材料。

赔偿请求人或者其代理人当面递交申请书或者其他申请材料的，人民检察院应当当场出具加盖本院专用印章并注明收讫日期的《接收赔偿申请材料清单》。申请材料不齐全的，应当当场或者在五日内一次性明确告知赔偿请求人需要补充的全部相关材料。

第七条 人民检察院收到赔偿申请后，国家赔偿工作办公室应当填写《受理赔偿申请登记表》。

第八条 同时符合下列各项条件的赔偿申请，应当立案：

（一）依照国家赔偿法第十七条第一项、第二项规定请求人身自由权赔偿的，已决定撤销案件、不起诉或者判决宣告无罪终止追究刑事责任；依照国家赔偿法第十七条第四项、第五项规定请求生命健康权赔偿的，有伤情、死亡证明；依照国家赔偿法第十八条第一项规定请求财产权赔偿的，刑事诉讼程序已经终结，但已查明该财产确与案件无关的除外；

（二）本院为赔偿义务机关；

（三）赔偿请求人具备国家赔偿法第六条规定的条件；

（四）在国家赔偿法第三十九条规定的请求赔偿时效内；

（五）请求赔偿的材料齐备。

第九条 对符合立案条件的赔偿申请，人民检察院应当立案，并在收到赔偿申请之日起五日内，将《刑事赔偿立案通知书》送达赔偿请求人。

立案应当经部门负责人批准。

第十条 对不符合立案条件的赔偿申请，应当分别下列不同情况予以处理：

（一）尚未决定撤销案件、不起诉或者判决宣告无罪终止追究刑事责任而请求人身自由权赔偿的，没有伤情、死亡证明而请求生命健康权赔偿的，刑事诉讼程序尚未终结而请求财产权赔偿的，告知赔偿请求人不符合立案条件，可在具备立案条件后再申请赔偿；

（二）不属于人民检察院赔偿的，告知赔偿请求人向负有赔偿义务的机关提出；

（三）本院不负有赔偿义务的，告知赔偿请求人向负有赔偿义务的人民检察院提出，或者移送负有赔偿义务的人民检察院，并通知赔偿请求人；

（四）赔偿请求人不具备国家赔偿法第六条规定条件的，告知赔偿请求人；

（五）对赔偿请求已过法定时效的，告知赔偿请求人已经丧失请求赔偿权。

对上列情况，均应当填写《审查刑事赔偿申请通知书》，并说明理由，在收到赔偿申请之日起五日内送达赔偿请求人。

第十一条　当事人、其他直接利害关系人或者其近亲属认为人民检察院扣押、冻结、保管、处理涉案款物侵犯自身合法权益或者有违法情形，向人民检察院投诉，并在刑事诉讼程序终结后又申请刑事赔偿的，尚未办结的投诉程序应当终止，负责办理投诉的部门应当将相关材料移交被请求赔偿的人民检察院国家赔偿工作办公室，依照刑事赔偿程序办理。

第三章　审查决定

第十二条　对已经立案的赔偿案件应当全面审查案件材料，必要时可以调取有关的案卷材料，也可以向原案件承办部门和承办人员等调查、核实有关情况，收集有关证据。原案件承办部门和承办人员应当协助、配合。

第十三条　对请求生命健康权赔偿的案件，人民检察院对是否存在违法侵权行为尚未处理认定的，国家赔偿工作办公室应当在立案后三日内将相关材料移送本院监察部门和渎职侵权检察部门，监察部门和渎职侵权检察部门应当在三十日内提出处理认定意见，移送国家赔偿工作办公室。

第十四条　审查赔偿案件，应当查明以下事项：

（一）是否存在国家赔偿法规定的损害行为和损害结果；

（二）损害是否为检察机关及其工作人员行使职权造成；

（三）侵权的起止时间和造成损害的程度；

（四）是否属于国家赔偿法第十九条规定的国家不承担赔偿责任的情形；

（五）其他需要查明的事项。

第十五条　人民检察院作出赔偿决定，应当充分听取赔偿请求人的意见，并制作笔录。

第十六条　对存在国家赔偿法规定的侵权损害事实，依法应当予以赔偿的，人民检察院可以与赔偿请求人就赔偿方式、赔偿项目和赔偿数额，依照国家赔偿法有关规定进行协商，并制作笔录。

人民检察院与赔偿请求人进行协商，应当坚持自愿、合法原则。禁止胁迫赔偿请求人放弃赔偿申请，禁止违反国家赔偿法规定进行协商。

第十七条 对审查终结的赔偿案件，应当制作赔偿案件审查终结报告，载明原案处理情况、赔偿请求人意见和协商情况，提出是否予以赔偿以及赔偿的方式、项目和数额等具体处理意见，经部门集体讨论、负责人审核后，报检察长决定。重大、复杂案件，由检察长提交检察委员会审议决定。

第十八条 审查赔偿案件，应当根据下列情形分别作出决定：

（一）请求赔偿的侵权事项事实清楚，应当予以赔偿的，依法作出赔偿的决定；

（二）请求赔偿的侵权事项事实不存在，或者不属于国家赔偿范围的，依法作出不予赔偿的决定。

第十九条 办理赔偿案件的人民检察院应当自收到赔偿申请之日起二个月内，作出是否赔偿的决定，制作《刑事赔偿决定书》，并自作出决定之日起十日内送达赔偿请求人。

人民检察院与赔偿请求人协商的，不论协商后是否达成一致意见，均应当制作《刑事赔偿决定书》。

人民检察院决定不予赔偿的，应当在《刑事赔偿决定书》中载明不予赔偿的理由。

第二十条 人民检察院送达刑事赔偿决定书，应当向赔偿请求人说明法律依据和事实证据情况，并告知赔偿请求人如对赔偿决定有异议，可以自收到决定书之日起三十日内向上一级人民检察院申请复议；如对赔偿决定没有异议，要求依照刑事赔偿决定书支付赔偿金的，应当提出支付赔偿金申请。

第四章 复 议

第二十一条 人民检察院在规定期限内未作出赔偿决定的，赔偿请求人可以自期限届满之日起三十日内向上一级人民检察院申请复议。

人民检察院作出不予赔偿决定的，或者赔偿请求人对赔偿的方式、项目、数额有异议的，赔偿请求人可以自收到人民检察院作出的赔偿或者不予赔偿决定之日起三十日内，向上一级人民检察院申请复议。

第二十二条 人民检察院收到复议申请后，应当及时进行审查，分别不同情况作出处理：

（一）对符合法定条件的复议申请，复议机关应当受理；

（二）对超过法定期间提出的，复议机关不予受理；

（三）对申请复议的材料不齐备的，告知赔偿请求人补充有关材料。

第二十三条 复议赔偿案件可以调取有关的案卷材料。对事实不清的，可以要求原承办案件的人民检察院补充调查，也可以自行调查。对损害事实及因果关系、重要证据有争议的，应当听取赔偿请求人和赔偿义务机关的意见。

第二十四条 对审查终结的复议案件，应当制作赔偿复议案件的审查终结报告，提出具体处理意见，经部门集体讨论、负责人审核，报检察长决定。重大、复杂案件，由检察长提交检察委员会审议决定。

第二十五条 复议赔偿案件，应当根据不同情形分别作出决定：

（一）原决定事实清楚，适用法律正确，赔偿方式、项目、数额适当的，予以维持；

（二）原决定认定事实或者适用法律错误的，予以纠正，赔偿方式、项目、数额不当的，予以变更；

（三）赔偿义务机关逾期未作出决定的，依法作出决定。

第二十六条 人民检察院应当自收到复议申请之日起二个月内作出复议决定。

复议决定作出后，应当制作《刑事赔偿复议决定书》，并自作出决定之日起十日内直接送达赔偿义务机关和赔偿请求人。直接送达赔偿请求人有困难的，可以委托其所在地的人民检察院代为送达。

第二十七条 人民检察院送达刑事赔偿复议决定书，应当向赔偿请求人说明法律依据和事实证据情况，并告知赔偿请求人如对赔偿复议决定有异议，可以自收到复议决定之日起三十日内向复议机关所在地的同级人民法院赔偿委员会申请作出赔偿决定；如对赔偿复议决定没有异议，要求依照复议决定书支付赔偿金的，应当提出支付赔偿金申请。

第二十八条 人民检察院复议赔偿案件，实行一次复议制。

第五章 赔 偿 监 督

第二十九条 赔偿请求人或者赔偿义务机关不服人民法院赔偿委员会作出的刑事赔偿决定或者民事、行政诉讼赔偿决定，以及人民法院行政赔偿判决、裁定，向人民检察院申诉的，人民检察院应当受理。

第三十条 最高人民检察院发现各级人民法院赔偿委员会作出的决定，上级人民检察院发现下级人民法院赔偿委员会作出的决定，具有下列情形之一的，应当自本院受理之日起三十日内立案：

（一）有新的证据，可能足以推翻原决定的；

（二）原决定认定事实的主要证据可能不足的；

（三）原决定适用法律可能错误的；

（四）违反程序规定、可能影响案件正确处理的；

（五）有证据证明审判人员在审理该案时有贪污受贿、徇私舞弊、枉法处理行为的。

下级人民检察院发现上级或者同级人民法院赔偿委员会作出的赔偿决定具有上列情形之一的，经检察长批准或者检察委员会审议决定后，层报有监督权的上级人民检察院审查。

第三十一条 人民检察院立案后，应当在五日内将《赔偿监督立案通知书》送达赔偿请求人和赔偿义务机关。

立案应当经部门负责人批准。

人民检察院决定不立案的，应当在五日内将《赔偿监督申请审查结果通知书》送达提出申诉的赔偿请求人或者赔偿义务机关。赔偿请求人或者赔偿义务机关不服的，可以向作出决定的人民检察院或者上一级人民检察院申诉。人民检察院应当在收到申诉之日起十日内予以答复。

第三十二条 对立案审查的案件，应当全面审查申诉材料和全部案卷。

具有下列情形之一的，可以进行补充调查：

（一）赔偿请求人由于客观原因不能自行收集的主要证据，向人民法院赔偿委员会提供了证据线索，人民法院未进行调查取证的；

（二）赔偿请求人和赔偿义务机关提供的证据互相矛盾，人民法院赔偿委员会未进行调查核实的；

（三）据以认定事实的主要证据可能是虚假、伪造的；

（四）审判人员在审理该案时可能有贪污受贿、徇私舞弊、枉法处理行为的。

对前款第一至三项规定情形的调查，由本院国家赔偿工作办公室或者指令下级人民检察院国家赔偿工作办公室进行。对第四项规定情形的调查，应当根据人民检察院内部业务分工，由本院主管部门或者指令下级人民检察院主管部门进行。

第三十三条 对审查终结的赔偿监督案件，应当制作赔偿监督案件审查终结报告，载明案件来源、原案处理情况、申诉理由、审查认定的事实，提出处理意见。经部门集体讨论、负责人审核，报检察长决定。重大、复杂案件，由检察长提交检察委员会讨论决定。

第三十四条 人民检察院审查终结的赔偿监督案件，具有下列情形之一的，应当依照国家赔偿法第三十条第三款的规定，向同级人民法院赔偿委员会提出重新审查意见：

（一）有新的证据，足以推翻原决定的；

（二）原决定认定事实的主要证据不足的；

（三）原决定适用法律错误的；

（四）违反程序规定、影响案件正确处理的；

（五）作出原决定的审判人员在审理该案时有贪污受贿、徇私舞弊、枉法处理行为的。

第三十五条 人民检察院向人民法院赔偿委员会提出重新审查意见的，应当制作《重新审查意见书》，载明案件来源、基本案情以及要求重新审查的理由、法律依据。

第三十六条 《重新审查意见书》副本应当在作出决定后十日内送达赔偿请求人和赔偿义务机关。

人民检察院立案后决定不提出重新审查意见的，应当在作出决定后十日内将《赔偿监督案件审查结果通知书》，送达赔偿请求人和赔偿义务机关。赔偿请求人或者赔偿义务机关不服的，可以向作出决定的人民检察院或者上一级人民检察院申诉。人民检察院应当在收到申诉之日起十日内予以答复。

第三十七条 对赔偿监督案件，人民检察院应当在立案后三个月内审查办结，并依法提出重新审查意见。属于特别重大、复杂的案件，经检察长批准，可以延长二个月。

第三十八条 人民检察院对人民法院行政赔偿判决、裁定提出抗诉，适用《人民检察院民事行政抗诉案件办案规则》等规定。

第六章 执 行

第三十九条 负有赔偿义务的人民检察院负责赔偿决定的执行。

支付赔偿金的，由国家赔偿工作办公室办理有关事宜；返还财产或者恢复原状的，由国家赔偿工作办公室通知原案件承办部门在二十日内执行，重大、复杂的案件，经检察长批准，可以延长十日。

第四十条 赔偿请求人凭生效的《刑事赔偿决定书》、《刑事赔偿复议决定书》或者《人民法院赔偿委员会决定书》，向负有赔偿义务的人民检察院申请支付赔偿金。

支付赔偿金申请采取书面形式。赔偿请求人书写申请书确有困难的，可以委托他人代书；也可以口头申请，由负有赔偿义务的人民检察院记入笔录，并由赔偿请求人签名或者盖章。

第四十一条 负有赔偿义务的人民检察院应当自收到赔偿请求人支付赔偿金申请之日起七日内，依照预算管理权限向有关的财政部门提出支付申请。向赔偿请求人支付赔偿金，依照国务院制定的国家赔偿费用管理有关规定办理。

第四十二条 对有国家赔偿法第十七条规定的情形之一，致人精神损害的，负有赔偿义务的人民检察院应当在侵权行为影响的范围内，为受害人消除影响，恢复名誉，赔礼道歉；造成严重后果的，应当支付相应的精神损害抚慰金。

第七章　其　他　规　定

第四十三条　人民检察院应当依照国家赔偿法的有关规定参与人民法院赔偿委员会审理工作。

第四十四条　人民检察院在办理外国公民、法人和其他组织请求中华人民共和国国家赔偿的案件时，案件办理机关应当查明赔偿请求人所属国是否对中华人民共和国公民、法人和其他组织要求该国国家赔偿的权利不予保护或者限制。

地方人民检察院需要查明涉外相关情况的，应当逐级层报，统一由最高人民检察院国际合作部门办理。

第四十五条　人民检察院在办理刑事赔偿案件时，发现检察机关原刑事案件处理决定确有错误，影响赔偿请求人依法取得赔偿的，应当由刑事申诉检察部门立案复查，提出审查处理意见，报检察长或者检察委员会决定。刑事复查案件应当在三十日内办结；办理刑事复查案件和刑事赔偿案件的合计时间不得超过法定赔偿办案期限。

人民检察院在办理本院为赔偿义务机关的案件时，改变原决定、可能导致不予赔偿的，应当报请上一级人民检察院批准。

对于犯罪嫌疑人没有违法犯罪行为的，或者犯罪事实并非犯罪嫌疑人所为的案件，人民检察院根据刑事诉讼法第一百四十二条第一款的规定作不起诉处理的，应当在刑事赔偿决定书或者复议决定书中直接说明该案不属于国家免责情形，依法作出予以赔偿的决定。

第四十六条　人民检察院在办理本院为赔偿义务机关的案件时或者作出赔偿决定以后，对于撤销案件、不起诉案件或者人民法院宣告无罪的案件，重新立案侦查、提起公诉、提出抗诉的，应当报请上一级人民检察院批准，正在办理的刑事赔偿案件应当中止办理。经人民法院终审判决有罪的，正在办理的刑事赔偿案件应当终结；已作出赔偿决定的，应当由作出赔偿决定的机关予以撤销，已支付的赔偿金应当追缴。

第四十七条　依照本规定作出的《刑事赔偿决定书》、《刑事赔偿复议决定书》、《重新审查意见书》均应当加盖人民检察院院印，并于十日内报上一级人民检察院备案。

第四十八条　人民检察院赔偿后，根据国家赔偿法第三十一条的规定，应当向有下列情形之一的检察人员追偿部分或者全部赔偿费用：

（一）刑讯逼供或者殴打、虐待等或者唆使、放纵他人殴打、虐待等造成公民身体伤害或者死亡的；

（二）违法使用武器、警械造成公民身体伤害或者死亡的；

（三）在处理案件中有贪污受贿、徇私舞弊、枉法追诉行为的。

对有前款规定情形的责任人员，人民检察院应当依照有关规定给予处分；构成犯罪的，应当依法追究刑事责任。

第四十九条　人民检察院办理国家赔偿案件、开展赔偿监督，不得向赔偿请求人或者赔偿义务机关收取任何费用。

第八章　附　　则

第五十条　本规定自 2010 年 12 月 1 日起施行，2000 年 11 月 6 日最高人民检察院第九届检察委员会第七十三次会议通过的《人民检察院刑事赔偿工作规定》同时废止。

第五十一条　本规定由最高人民检察院负责解释。

最高人民法院、最高人民检察院关于办理刑事赔偿案件适用法律若干问题的解释

(2015 年 12 月 14 日最高人民法院审判委员会第 1671 次会议、2015 年 12 月 21 日最高人民检察院第十二届检察委员会第 46 次会议通过 2015 年 12 月 28 日最高人民法院、最高人民检察院公告公布 自 2016 年 1 月 1 日起施行 法释〔2015〕24 号)

根据国家赔偿法以及有关法律的规定，结合刑事赔偿工作实际，对办理刑事赔偿案件适用法律的若干问题解释如下：

第一条 赔偿请求人因行使侦查、检察、审判职权的机关以及看守所、监狱管理机关及其工作人员行使职权的行为侵犯其人身权、财产权而申请国家赔偿，具备国家赔偿法第十七条、第十八条规定情形的，属于本解释规定的刑事赔偿范围。

第二条 解除、撤销拘留或者逮捕措施后虽尚未撤销案件、作出不起诉决定或者判决宣告无罪，但是符合下列情形之一的，属于国家赔偿法第十七条第一项、第二项规定的终止追究刑事责任：

（一）办案机关决定对犯罪嫌疑人终止侦查的；

（二）解除、撤销取保候审、监视居住、拘留、逮捕措施后，办案机关超过一年未移送起诉、作出不起诉决定或者撤销案件的；

（三）取保候审、监视居住法定期限届满后，办案机关超过一年未移送起诉、作出不起诉决定或者撤销案件的；

（四）人民检察院撤回起诉超过三十日未作出不起诉决定的；

（五）人民法院决定按撤诉处理后超过三十日，人民检察院未作出不起诉决定的；

（六）人民法院准许刑事自诉案件自诉人撤诉的，或者人民法院决

定对刑事自诉案件按撤诉处理的。

赔偿义务机关有证据证明尚未终止追究刑事责任，且经人民法院赔偿委员会审查属实的，应当决定驳回赔偿请求人的赔偿申请。

第三条 对财产采取查封、扣押、冻结、追缴等措施后，有下列情形之一，且办案机关未依法解除查封、扣押、冻结等措施或者返还财产的，属于国家赔偿法第十八条规定的侵犯财产权：

（一）赔偿请求人有证据证明财产与尚未终结的刑事案件无关，经审查属实的；

（二）终止侦查、撤销案件、不起诉、判决宣告无罪终止追究刑事责任的；

（三）采取取保候审、监视居住、拘留或者逮捕措施，在解除、撤销强制措施或者强制措施法定期限届满后超过一年未移送起诉、作出不起诉决定或者撤销案件的；

（四）未采取取保候审、监视居住、拘留或者逮捕措施，立案后超过两年未移送起诉、作出不起诉决定或者撤销案件的；

（五）人民检察院撤回起诉超过三十日未作出不起诉决定的；

（六）人民法院决定按撤诉处理后超过三十日，人民检察院未作出不起诉决定的；

（七）对生效裁决没有处理的财产或者对该财产违法进行其他处理的。

有前款第三项至六项规定情形之一，赔偿义务机关有证据证明尚未终止追究刑事责任，且经人民法院赔偿委员会审查属实的，应当决定驳回赔偿请求人的赔偿申请。

第四条 赔偿义务机关作出赔偿决定，应当依法告知赔偿请求人有权在三十日内向赔偿义务机关的上一级机关申请复议。赔偿义务机关未依法告知，赔偿请求人收到赔偿决定之日起两年内提出复议申请的，复议机关应当受理。

人民法院赔偿委员会处理赔偿申请，适用前款规定。

第五条 对公民采取刑事拘留措施后终止追究刑事责任，具有下列情形之一的，属于国家赔偿法第十七条第一项规定的违法刑事拘留：

（一）违反刑事诉讼法规定的条件采取拘留措施的；

（二）违反刑事诉讼法规定的程序采取拘留措施的；

（三）依照刑事诉讼法规定的条件和程序对公民采取拘留措施，但是拘留时间超过刑事诉讼法规定的时限。

违法刑事拘留的人身自由赔偿金自拘留之日起计算。

第六条　数罪并罚的案件经再审改判部分罪名不成立，监禁期限超出再审判决确定的刑期，公民对超期监禁申请国家赔偿的，应当决定予以赔偿。

第七条　根据国家赔偿法第十九条第二项、第三项的规定，依照刑法第十七条、第十八条规定不负刑事责任的人和依照刑事诉讼法第十五条、第一百七十三条第二款规定不追究刑事责任的人被羁押，国家不承担赔偿责任。但是，对起诉后经人民法院错判拘役、有期徒刑、无期徒刑并已执行的，人民法院应当对该判决确定后继续监禁期间侵犯公民人身自由权的情形予以赔偿。

第八条　赔偿义务机关主张依据国家赔偿法第十九条第一项、第五项规定的情形免除赔偿责任的，应当就该免责事由的成立承担举证责任。

第九条　受害的公民死亡，其继承人和其他有扶养关系的亲属有权申请国家赔偿。

依法享有继承权的同一顺序继承人有数人时，其中一人或者部分人作为赔偿请求人申请国家赔偿的，申请效力及于全体。

赔偿请求人为数人时，其中一人或者部分赔偿请求人非经全体同意，申请撤回或者放弃赔偿请求，效力不及于未明确表示撤回申请或者放弃赔偿请求的其他赔偿请求人。

第十条　看守所及其工作人员在行使职权时侵犯公民合法权益造成损害的，看守所的主管机关为赔偿义务机关。

第十一条　对公民采取拘留措施后又采取逮捕措施，国家承担赔偿责任的，作出逮捕决定的机关为赔偿义务机关。

第十二条　一审判决有罪，二审发回重审后具有下列情形之一的，属于国家赔偿法第二十一条第四款规定的重审无罪赔偿，作出一审有罪判决的人民法院为赔偿义务机关：

（一）原审人民法院改判无罪并已发生法律效力的；

（二）重审期间人民检察院作出不起诉决定的；

（三）人民检察院在重审期间撤回起诉超过三十日或者人民法院决定按撤诉处理超过三十日未作出不起诉决定的。

依照审判监督程序再审后作无罪处理的，作出原生效判决的人民法院为赔偿义务机关。

第十三条　医疗费赔偿根据医疗机构出具的医药费、治疗费、住院费等收款凭证，结合病历和诊断证明等相关证据确定。赔偿义务机关对治疗的必要性和合理性提出异议的，应当承担举证责任。

第十四条　护理费赔偿参照当地护工从事同等级别护理的劳务报酬标准计算，原则上按照一名护理人员的标准计算护理费；但医疗机构或者司法鉴定人有明确意见的，可以参照确定护理人数并赔偿相应的护理费。

护理期限应当计算至公民恢复生活自理能力时止。公民因残疾不能恢复生活自理能力的，可以根据其年龄、健康状况等因素确定合理的护理期限，一般不超过二十年。

第十五条　残疾生活辅助器具费赔偿按照普通适用器具的合理费用标准计算。伤情有特殊需要的，可以参照辅助器具配制机构的意见确定。

辅助器具的更换周期和赔偿期限参照配制机构的意见确定。

第十六条　误工减少收入的赔偿根据受害公民的误工时间和国家上年度职工日平均工资确定，最高为国家上年度职工年平均工资的五倍。

误工时间根据公民接受治疗的医疗机构出具的证明确定。公民因伤致残持续误工的，误工时间可以计算至作为赔偿依据的伤残等级鉴定确定前一日。

第十七条　造成公民身体伤残的赔偿，应当根据司法鉴定人的伤残等级鉴定确定公民丧失劳动能力的程度，并参照以下标准确定残疾赔偿金：

（一）按照国家规定的伤残等级确定公民为一级至四级伤残的，视为全部丧失劳动能力，残疾赔偿金幅度为国家上年度职工年平均工资的十倍至二十倍；

（二）按照国家规定的伤残等级确定公民为五级至十级伤残的，视为部分丧失劳动能力。五至六级的，残疾赔偿金幅度为国家上年度职工年平均工资的五倍至十倍；七至十级的，残疾赔偿金幅度为国家上年度职工年平均工资的五倍以下。

有扶养义务的公民部分丧失劳动能力的，残疾赔偿金可以根据伤残等级并参考被扶养人生活来源丧失的情况进行确定，最高不超过国家上年度职工年平均工资的二十倍。

第十八条 受害的公民全部丧失劳动能力的，对其扶养的无劳动能力人的生活费发放标准，参照作出赔偿决定时被扶养人住所地所属省级人民政府确定的最低生活保障标准执行。

能够确定扶养年限的，生活费可协商确定并一次性支付。不能确定扶养年限的，可按照二十年上限确定扶养年限并一次性支付生活费，被扶养人超过六十周岁的，年龄每增加一岁，扶养年限减少一年；被扶养人年龄超过确定扶养年限的，被扶养人可逐年领取生活费至死亡时止。

第十九条 侵犯公民、法人和其他组织的财产权造成损害的，应当依照国家赔偿法第三十六条的规定承担赔偿责任。

财产不能恢复原状或者灭失的，财产损失按照损失发生时的市场价格或者其他合理方式计算。

第二十条 返还执行的罚款或者罚金、追缴或者没收的金钱，解除冻结的汇款的，应当支付银行同期存款利息，利率参照赔偿义务机关作出赔偿决定时中国人民银行公布的人民币整存整取定期存款一年期基准利率确定，不计算复利。

复议机关或者人民法院赔偿委员会改变原赔偿决定，利率参照新作出决定时中国人民银行公布的人民币整存整取定期存款一年期基准利率确定。

计息期间自侵权行为发生时起算，至作出生效赔偿决定时止；但在生效赔偿决定作出前侵权行为停止的，计算至侵权行为停止时止。

被罚没、追缴的资金属于赔偿请求人在金融机构合法存款的，在存款合同存续期间，按照合同约定的利率计算利息。

第二十一条 国家赔偿法第三十三条、第三十四条规定的上年度，是指赔偿义务机关作出赔偿决定时的上一年度；复议机关或者人民法院赔偿委员会改变原赔偿决定，按照新作出决定时的上一年度国家职工平均工资标准计算人身自由赔偿金。

作出赔偿决定、复议决定时国家上一年度职工平均工资尚未公布的，以已经公布的最近年度职工平均工资为准。

第二十二条　下列赔偿决定、复议决定是发生法律效力的决定：

（一）超过国家赔偿法第二十四条规定的期限没有申请复议或者向上一级人民法院赔偿委员会申请国家赔偿的赔偿义务机关的决定；

（二）超过国家赔偿法第二十五条规定的期限没有向人民法院赔偿委员会申请国家赔偿的复议决定；

（三）人民法院赔偿委员会作出的赔偿决定。

发生法律效力的赔偿义务机关的决定和复议决定，与发生法律效力的赔偿委员会的赔偿决定具有同等法律效力，依法必须执行。

第二十三条　本解释自 2016 年 1 月 1 日起施行。本解释施行前最高人民法院、最高人民检察院发布的司法解释与本解释不一致的，以本解释为准。

司 法 赔 偿

最高人民法院关于审理司法赔偿案件
适用请求时效制度若干问题的解释

（2023 年 4 月 3 日由最高人民法院审判委员会第 1883 次会
议通过 2023 年 5 月 23 日最高人民法院公告公布 自 2023 年 6
月 1 日起施行 法释〔2023〕2 号）

为正确适用国家赔偿请求时效制度的规定，保障赔偿请求人的合法
权益，依照《中华人民共和国国家赔偿法》的规定，结合司法赔偿审判
实践，制定本解释。

第一条 赔偿请求人向赔偿义务机关提出赔偿请求的时效期间为两
年，自其知道或者应当知道国家机关及其工作人员行使职权时的行为侵
犯其人身权、财产权之日起计算。

赔偿请求人知道上述侵权行为时，相关诉讼程序或者执行程序尚未
终结，请求时效期间自该诉讼程序或者执行程序终结之日起计算，但
是本解释有特别规定的除外。

第二条 赔偿请求人以人身权受到侵犯为由，依照国家赔偿法第十
七条第一项、第二项、第三项规定申请赔偿的，请求时效期间自其收到
决定撤销案件、终止侦查、不起诉或者判决宣告无罪等终止追究刑事责
任或者再审改判无罪的法律文书之日起计算。

办案机关未作出终止追究刑事责任的法律文书，但是符合《最高人
民法院、最高人民检察院关于办理刑事赔偿案件适用法律若干问题的解
释》第二条规定情形，赔偿请求人申请赔偿的，依法应当受理。

第三条 赔偿请求人以人身权受到侵犯为由，依照国家赔偿法第十

七条第四项、第五项规定申请赔偿的，请求时效期间自其知道或者应当知道损害结果之日起计算；损害结果当时不能确定的，自损害结果确定之日起计算。

第四条 赔偿请求人以财产权受到侵犯为由，依照国家赔偿法第十八条第一项规定申请赔偿的，请求时效期间自其收到刑事诉讼程序或者执行程序终结的法律文书之日起计算，但是刑事诉讼程序或者执行程序终结之后办案机关对涉案财物尚未处理完毕的，请求时效期间自赔偿请求人知道或者应当知道其财产权受到侵犯之日起计算。

办案机关未作出刑事诉讼程序或者执行程序终结的法律文书，但是符合《最高人民法院、最高人民检察院关于办理刑事赔偿案件适用法律若干问题的解释》第三条规定情形，赔偿请求人申请赔偿的，依法应当受理。

赔偿请求人以财产权受到侵犯为由，依照国家赔偿法第十八条第二项规定申请赔偿的，请求时效期间自赔偿请求人收到生效再审刑事裁判文书之日起计算。

第五条 赔偿请求人以人身权或者财产权受到侵犯为由，依照国家赔偿法第三十八条规定申请赔偿的，请求时效期间自赔偿请求人收到民事、行政诉讼程序或者执行程序终结的法律文书之日起计算，但是下列情形除外：

（一）罚款、拘留等强制措施已被依法撤销的，请求时效期间自赔偿请求人收到撤销决定之日起计算；

（二）在民事、行政诉讼过程中，有殴打、虐待或者唆使、放纵他人殴打、虐待等行为，以及违法使用武器、警械，造成公民人身损害的，请求时效期间的计算适用本解释第三条的规定。

人民法院未作出民事、行政诉讼程序或者执行程序终结的法律文书，请求时效期间自赔偿请求人知道或者应当知道其人身权或者财产权受到侵犯之日起计算。

第六条 依照国家赔偿法第三十九条第一款规定，赔偿请求人被羁押等限制人身自由的期间，不计算在请求时效期间内。

赔偿请求人依照法律法规规定的程序向相关机关申请确认职权行为违法或者寻求救济的期间，不计算在请求时效期间内，但是相关机关已经明确告知赔偿请求人应当依法申请国家赔偿的除外。

第七条 依照国家赔偿法第三十九条第二款规定，在请求时效期间的最后六个月内，赔偿请求人因下列障碍之一，不能行使请求权的，请求时效中止：

（一）不可抗力；

（二）无民事行为能力人或者限制民事行为能力人没有法定代理人，或者法定代理人死亡、丧失民事行为能力、丧失代理权；

（三）其他导致不能行使请求权的障碍。

自中止时效的原因消除之日起满六个月，请求时效期间届满。

第八条 请求时效期间届满的，赔偿义务机关可以提出不予赔偿的抗辩。

请求时效期间届满，赔偿义务机关同意赔偿或者予以赔偿后，又以请求时效期间届满为由提出抗辩或者要求赔偿请求人返还赔偿金的，人民法院赔偿委员会不予支持。

第九条 赔偿义务机关以请求时效期间届满为由抗辩，应当在人民法院赔偿委员会作出国家赔偿决定前提出。

赔偿义务机关未按前款规定提出抗辩，又以请求时效期间届满为由申诉的，人民法院赔偿委员会不予支持。

第十条 人民法院赔偿委员会审理国家赔偿案件，不得主动适用请求时效的规定。

第十一条 请求时效期间起算的当日不计入，自下一日开始计算。

请求时效期间按照年、月计算，到期月的对应日为期间的最后一日；没有对应日的，月末日为期间的最后一日。

请求时效期间的最后一日是法定休假日的，以法定休假日结束的次日为期间的最后一日。

第十二条 本解释自 2023 年 6 月 1 日起施行。本解释施行后，案件尚在审理的，适用本解释；对本解释施行前已经作出生效赔偿决定的案件进行再审，不适用本解释。

第十三条 本院之前发布的司法解释与本解释不一致的，以本解释为准。

最高人民法院关于审理民事、行政诉讼中司法赔偿案件适用法律若干问题的解释

（2016 年 2 月 15 日最高人民法院审判委员会第 1678 次会议通过 2016 年 9 月 7 日最高人民法院公告公布 自 2016 年 10 月 1 日起施行 法释〔2016〕20 号）

根据《中华人民共和国国家赔偿法》及有关法律规定，结合人民法院国家赔偿工作实际，现就人民法院赔偿委员会审理民事、行政诉讼中司法赔偿案件的若干法律适用问题解释如下：

第一条 人民法院在民事、行政诉讼过程中，违法采取对妨害诉讼的强制措施、保全措施、先予执行措施，或者对判决、裁定及其他生效法律文书执行错误，侵犯公民、法人和其他组织合法权益并造成损害的，赔偿请求人可以依法向人民法院申请赔偿。

第二条 违法采取对妨害诉讼的强制措施，包括以下情形：

（一）对没有实施妨害诉讼行为的人采取罚款或者拘留措施的；

（二）超过法律规定金额采取罚款措施的；

（三）超过法律规定期限采取拘留措施的；

（四）对同一妨害诉讼的行为重复采取罚款、拘留措施的；

（五）其他违法情形。

第三条 违法采取保全措施，包括以下情形：

（一）依法不应当采取保全措施而采取的；

（二）依法不应当解除保全措施而解除，或者依法应当解除保全措施而不解除的；

（三）明显超出诉讼请求的范围采取保全措施的，但保全财产为不可分割物且被保全人无其他财产或者其他财产不足以担保债权实现的除外；

（四）在给付特定物之诉中，对与案件无关的财物采取保全措施的；

（五）违法保全案外人财产的；

（六）对查封、扣押、冻结的财产不履行监管职责，造成被保全财产毁损、灭失的；

（七）对季节性商品或者鲜活、易腐烂变质以及其他不宜长期保存的物品采取保全措施，未及时处理或者违法处理，造成物品毁损或者严重贬值的；

（八）对不动产或者船舶、航空器和机动车等特定动产采取保全措施，未依法通知有关登记机构不予办理该保全财产的变更登记，造成该保全财产所有权被转移的；

（九）违法采取行为保全措施的；

（十）其他违法情形。

第四条　违法采取先予执行措施，包括以下情形：

（一）违反法律规定的条件和范围先予执行的；

（二）超出诉讼请求的范围先予执行的；

（三）其他违法情形。

第五条　对判决、裁定及其他生效法律文书执行错误，包括以下情形：

（一）执行未生效法律文书的；

（二）超出生效法律文书确定的数额和范围执行的；

（三）对已经发现的被执行人的财产，故意拖延执行或者不执行，导致被执行财产流失的；

（四）应当恢复执行而不恢复，导致被执行财产流失的；

（五）违法执行案外人财产的；

（六）违法将案件执行款物执行给其他当事人或者案外人的；

（七）违法对抵押物、质物或者留置物采取执行措施，致使抵押权人、质权人或者留置权人的优先受偿权无法实现的；

（八）对执行中查封、扣押、冻结的财产不履行监管职责，造成财产毁损、灭失的；

（九）对季节性商品或者鲜活、易腐烂变质以及其他不宜长期保存的物品采取执行措施，未及时处理或者违法处理，造成物品毁损或者严重贬值的；

（十）对执行财产应当拍卖而未依法拍卖的，或者应当由资产评估机构评估而未依法评估，违法变卖或者以物抵债的；

（十一）其他错误情形。

第六条 人民法院工作人员在民事、行政诉讼过程中，有殴打、虐待或者唆使、放纵他人殴打、虐待等行为，以及违法使用武器、警械，造成公民身体伤害或者死亡的，适用国家赔偿法第十七条第四项、第五项的规定予以赔偿。

第七条 具有下列情形之一的，国家不承担赔偿责任：

（一）属于民事诉讼法第一百零五条、第一百零七条第二款和第二百三十三条规定情形的；

（二）申请执行人提供执行标的物错误的，但人民法院明知该标的物错误仍予以执行的除外；

（三）人民法院依法指定的保管人对查封、扣押、冻结的财产违法动用、隐匿、毁损、转移或者变卖的；

（四）人民法院工作人员与行使职权无关的个人行为；

（五）因不可抗力、正当防卫和紧急避险造成损害后果的；

（六）依法不应由国家承担赔偿责任的其他情形。

第八条 因多种原因造成公民、法人和其他组织合法权益损害的，应当根据人民法院及其工作人员行使职权的行为对损害结果的发生或者扩大所起的作用等因素，合理确定赔偿金额。

第九条 受害人对损害结果的发生或者扩大也有过错的，应当根据其过错对损害结果的发生或者扩大所起的作用等因素，依法减轻国家赔偿责任。

第十条 公民、法人和其他组织的损失，已经在民事、行政诉讼过程中获得赔偿、补偿的，对该部分损失，国家不承担赔偿责任。

第十一条 人民法院及其工作人员在民事、行政诉讼过程中，具有本解释第二条、第六条规定情形，侵犯公民人身权的，应当依照国家赔偿法第三十三条、第三十四条的规定计算赔偿金。致人精神损害的，应当依照国家赔偿法第三十五条的规定，在侵权行为影响的范围内，为受害人消除影响、恢复名誉、赔礼道歉；造成严重后果的，还应当支付相应的精神损害抚慰金。

第十二条　人民法院及其工作人员在民事、行政诉讼过程中，具有本解释第二条至第五条规定情形，侵犯公民、法人和其他组织的财产权并造成损害的，应当依照国家赔偿法第三十六条的规定承担赔偿责任。

财产不能恢复原状或者灭失的，应当按照侵权行为发生时的市场价格计算损失；市场价格无法确定或者该价格不足以弥补受害人所受损失的，可以采用其他合理方式计算损失。

第十三条　人民法院及其工作人员对判决、裁定及其他生效法律文书执行错误，且对公民、法人或者其他组织的财产已经依照法定程序拍卖或者变卖的，应当给付拍卖或者变卖所得的价款。

人民法院违法拍卖，或者变卖价款明显低于财产价值的，应当依照本解释第十二条的规定支付相应的赔偿金。

第十四条　国家赔偿法第三十六条第六项规定的停产停业期间必要的经常性费用开支，是指法人、其他组织和个体工商户为维系停产停业期间运营所需的基本开支，包括留守职工工资、必须缴纳的税费、水电费、房屋场地租金、设备租金、设备折旧费等必要的经常性费用。

第十五条　国家赔偿法第三十六条第七项规定的银行同期存款利息，以作出生效赔偿决定时中国人民银行公布的一年期人民币整存整取定期存款基准利率计算，不计算复利。

应当返还的财产属于金融机构合法存款的，对存款合同存续期间的利息按照合同约定利率计算。

应当返还的财产系现金的，比照本条第一款规定支付利息。

第十六条　依照国家赔偿法第三十六条规定返还的财产系国家批准的金融机构贷款的，除贷款本金外，还应当支付该贷款借贷状态下的贷款利息。

第十七条　用益物权人、担保物权人、承租人或者其他合法占有使用财产的人，依据国家赔偿法第三十八条规定申请赔偿的，人民法院应当依照《最高人民法院关于国家赔偿案件立案工作的规定》予以审查立案。

第十八条　人民法院在民事、行政诉讼过程中，违法采取对妨害诉讼的强制措施、保全措施、先予执行措施，或者对判决、裁定及其他生效法律文书执行错误，系因上一级人民法院复议改变原裁决所致的，由该上一级人民法院作为赔偿义务机关。

第十九条　公民、法人或者其他组织依据国家赔偿法第三十八条规定申请赔偿的，应当在民事、行政诉讼程序或者执行程序终结后提出，但下列情形除外：

（一）人民法院已依法撤销对妨害诉讼的强制措施的；

（二）人民法院采取对妨害诉讼的强制措施，造成公民身体伤害或者死亡的；

（三）经诉讼程序依法确认不属于被保全人或者被执行人的财产，且无法在相关诉讼程序或者执行程序中予以补救的；

（四）人民法院生效法律文书已确认相关行为违法，且无法在相关诉讼程序或者执行程序中予以补救的；

（五）赔偿请求人有证据证明其请求与民事、行政诉讼程序或者执行程序无关的；

（六）其他情形。

赔偿请求人依据前款规定，在民事、行政诉讼程序或者执行程序终结后申请赔偿的，该诉讼程序或者执行程序期间不计入赔偿请求时效。

第二十条　人民法院赔偿委员会审理民事、行政诉讼中的司法赔偿案件，有下列情形之一的，相应期间不计入审理期限：

（一）需要向赔偿义务机关、有关人民法院或者其他国家机关调取案卷或者其他材料的；

（二）人民法院赔偿委员会委托鉴定、评估的。

第二十一条　人民法院赔偿委员会审理民事、行政诉讼中的司法赔偿案件，应当对人民法院及其工作人员行使职权的行为是否符合法律规定，赔偿请求人主张的损害事实是否存在，以及该职权行为与损害事实之间是否存在因果关系等事项一并予以审查。

第二十二条　本解释自 2016 年 10 月 1 日起施行。本解释施行前最高人民法院发布的司法解释与本解释不一致的，以本解释为准。

最高人民法院关于审理涉执行
司法赔偿案件适用法律若干问题的解释

（2021 年 12 月 20 日最高人民法院审判委员会第 1857 次会
议通过　2022 年 2 月 8 日最高人民法院公布　自 2022 年 3 月 1
日起施行　法释〔2022〕3 号）

为正确审理涉执行司法赔偿案件，保障公民、法人和其他组织的合
法权益，根据《中华人民共和国国家赔偿法》等法律规定，结合人民法
院国家赔偿审判和执行工作实际，制定本解释。

第一条　人民法院在执行判决、裁定及其他生效法律文书过程中，
错误采取财产调查、控制、处置、交付、分配等执行措施或者罚款、拘
留等强制措施，侵犯公民、法人和其他组织合法权益并造成损害，受害
人依照国家赔偿法第三十八条规定申请赔偿的，适用本解释。

第二条　公民、法人和其他组织认为有下列错误执行行为造成损害
申请赔偿的，人民法院应当依法受理：

（一）执行未生效法律文书，或者明显超出生效法律文书确定的数
额和范围执行的；

（二）发现被执行人有可供执行的财产，但故意拖延执行、不执行，
或者应当依法恢复执行而不恢复的；

（三）违法执行案外人财产，或者违法将案件执行款物交付给其他
当事人、案外人的；

（四）对抵押、质押、留置、保留所有权等财产采取执行措施，未依
法保护上述权利人优先受偿权等合法权益的；

（五）对其他人民法院已经依法采取保全或者执行措施的财产违法
执行的；

（六）对执行中查封、扣押、冻结的财产故意不履行或者怠于履行监

218

管职责的；

（七）对不宜长期保存或者易贬值的财产采取执行措施，未及时处理或者违法处理的；

（八）违法拍卖、变卖、以物抵债，或者依法应当评估而未评估，依法应当拍卖而未拍卖的；

（九）违法撤销拍卖、变卖或者以物抵债的；

（十）违法采取纳入失信被执行人名单、限制消费、限制出境等措施的；

（十一）因违法或者过错采取执行措施或者强制措施的其他行为。

第三条 原债权人转让债权的，其基于债权申请国家赔偿的权利随之转移，但根据债权性质、当事人约定或者法律规定不得转让的除外。

第四条 人民法院将查封、扣押、冻结等事项委托其他人民法院执行的，公民、法人和其他组织认为错误执行行为造成损害申请赔偿的，委托法院为赔偿义务机关。

第五条 公民、法人和其他组织申请错误执行赔偿，应当在执行程序终结后提出，终结前提出的不予受理。但有下列情形之一，且无法在相关诉讼或者执行程序中予以补救的除外：

（一）罚款、拘留等强制措施已被依法撤销，或者实施过程中造成人身损害的；

（二）被执行的财产经诉讼程序依法确认不属于被执行人，或者人民法院生效法律文书已确认执行行为违法的；

（三）自立案执行之日起超过五年，且已裁定终结本次执行程序，被执行人已无可供执行财产的；

（四）在执行程序终结前可以申请赔偿的其他情形。

赔偿请求人依据前款规定，在执行程序终结后申请赔偿的，该执行程序期间不计入赔偿请求时效。

第六条 公民、法人和其他组织在执行异议、复议或者执行监督程序审查期间，就相关执行措施或者强制措施申请赔偿的，人民法院不予受理，已经受理的予以驳回，并告知其在上述程序终结后可以依照本解释第五条的规定依法提出赔偿申请。

公民、法人和其他组织在执行程序中未就相关执行措施、强制措施提出异议、申请复议或者申请执行监督，不影响其依法申请赔偿的权利。

第七条 经执行异议、复议或者执行监督程序作出的生效法律文书，对执行行为是否合法已有认定的，该生效法律文书可以作为人民法院赔偿委员会认定执行行为合法性的根据。

赔偿请求人对执行行为的合法性提出相反主张，且提供相应证据予以证明的，人民法院赔偿委员会应当对执行行为进行合法性审查并作出认定。

第八条 根据当时有效的执行依据或者依法认定的基本事实作出的执行行为，不因下列情形而认定为错误执行：

（一）采取执行措施或者强制措施后，据以执行的判决、裁定及其他生效法律文书被撤销或者变更的；

（二）被执行人足以对抗执行的实体事由，系在执行措施完成后发生或者被依法确认的；

（三）案外人对执行标的享有足以排除执行的实体权利，系在执行措施完成后经法定程序确认的；

（四）人民法院作出准予执行行政行为的裁定并实施后，该行政行为被依法变更、撤销、确认违法或者确认无效的；

（五）根据财产登记采取执行措施后，该登记被依法确认错误的；

（六）执行依据或者基本事实嗣后改变的其他情形。

第九条 赔偿请求人应当对其主张的损害负举证责任。但因人民法院未列清单、列举不详等过错致使赔偿请求人无法就损害举证的，应当由人民法院对上述事实承担举证责任。

双方主张损害的价值无法认定的，应当由负有举证责任的一方申请鉴定。负有举证责任的一方拒绝申请鉴定的，由其承担不利的法律后果；无法鉴定的，人民法院赔偿委员会应当结合双方的主张和在案证据，运用逻辑推理、日常生活经验等进行判断。

第十条 被执行人因财产权被侵犯依照本解释第五条第一款规定申请赔偿，其债务尚未清偿的，获得的赔偿金应当首先用于清偿其债务。

第十一条 因错误执行取得不当利益且无法返还的，人民法院承担赔偿责任后，可以依据赔偿决定向取得不当利益的人追偿。

因错误执行致使生效法律文书无法执行，申请执行人获得国家赔偿后申请继续执行的，不予支持。人民法院承担赔偿责任后，可以依据赔偿决定向被执行人追偿。

第十二条　在执行过程中，因保管人或者第三人的行为侵犯公民、法人和其他组织合法权益并造成损害的，应当由保管人或者第三人承担责任。但人民法院未尽监管职责的，应当在其能够防止或者制止损害发生、扩大的范围内承担相应的赔偿责任，并可以依据赔偿决定向保管人或者第三人追偿。

第十三条　属于下列情形之一的，人民法院不承担赔偿责任：

（一）申请执行人提供财产线索错误的；

（二）执行措施系根据依法提供的担保而采取或者解除的；

（三）人民法院工作人员实施与行使职权无关的个人行为的；

（四）评估或者拍卖机构实施违法行为造成损害的；

（五）因不可抗力、正当防卫或者紧急避险造成损害的；

（六）依法不应由人民法院承担赔偿责任的其他情形。

前款情形中，人民法院有错误执行行为的，应当根据其在损害发生过程和结果中所起的作用承担相应的赔偿责任。

第十四条　错误执行造成公民、法人和其他组织利息、租金等实际损失的，适用国家赔偿法第三十六条第八项的规定予以赔偿。

第十五条　侵犯公民、法人和其他组织的财产权，按照错误执行行为发生时的市场价格不足以弥补受害人损失或者该价格无法确定的，可以采用下列方式计算损失：

（一）按照错误执行行为发生时的市场价格计算财产损失并支付利息，利息计算期间从错误执行行为实施之日起至赔偿决定作出之日止；

（二）错误执行行为发生时的市场价格无法确定，或者因时间跨度长、市场价格波动大等因素按照错误执行行为发生时的市场价格计算显失公平的，可以参照赔偿决定作出时同类财产市场价格计算；

（三）其他合理方式。

第十六条　错误执行造成受害人停产停业的，下列损失属于停产停业期间必要的经常性费用开支：

（一）必要留守职工工资；

（二）必须缴纳的税款、社会保险费；

（三）应当缴纳的水电费、保管费、仓储费、承包费；

（四）合理的房屋场地租金、设备租金、设备折旧费；

（五）维系停产停业期间运营所需的其他基本开支。

错误执行生产设备、用于营运的运输工具，致使受害人丧失唯一生活来源的，按照其实际损失予以赔偿。

第十七条 错误执行侵犯债权的，赔偿范围一般应当以债权标的额为限。债权受让人申请赔偿的，赔偿范围以其受让债权时支付的对价为限。

第十八条 违法采取保全措施的案件进入执行程序后，公民、法人和其他组织申请赔偿的，应当作为错误执行案件予以立案审查。

第十九条 审理违法采取妨害诉讼的强制措施、保全、先予执行赔偿案件，可以参照适用本解释。

第二十条 本解释自 2022 年 3 月 1 日起施行。施行前本院公布的司法解释与本解释不一致的，以本解释为准。

赔偿方式和计算标准

国家赔偿费用管理条例

（2010 年 12 月 29 日国务院第 138 次常务会议通过　2011 年 1 月 17 日中华人民共和国国务院令第 589 号公布　自公布之日起施行）

第一条　为了加强国家赔偿费用管理，保障公民、法人和其他组织享有依法取得国家赔偿的权利，促进国家机关依法行使职权，根据《中华人民共和国国家赔偿法》（以下简称国家赔偿法），制定本条例。

第二条　本条例所称国家赔偿费用，是指依照国家赔偿法的规定，应当向赔偿请求人赔偿的费用。

第三条　国家赔偿费用由各级人民政府按照财政管理体制分级负担。

各级人民政府应当根据实际情况，安排一定数额的国家赔偿费用，列入本级年度财政预算。当年需要支付的国家赔偿费用超过本级年度财政预算安排的，应当按照规定及时安排资金。

第四条　国家赔偿费用由各级人民政府财政部门统一管理。

国家赔偿费用的管理应当依法接受监督。

第五条　赔偿请求人申请支付国家赔偿费用的，应当向赔偿义务机关提出书面申请，并提交与申请有关的生效判决书、复议决定书、赔偿决定书或者调解书以及赔偿请求人的身份证明。

赔偿请求人书写申请书确有困难的，可以委托他人代书；也可以口头申请，由赔偿义务机关如实记录，交赔偿请求人核对或者向赔偿请求人宣读，并由赔偿请求人签字确认。

第六条　申请材料真实、有效、完整的，赔偿义务机关收到申请材料即为受理。赔偿义务机关受理申请的，应当书面通知赔偿请求人。

申请材料不完整的，赔偿义务机关应当当场或者在 3 个工作日内一次告知赔偿请求人需要补正的全部材料。赔偿请求人按照赔偿义务机关的要求提交补正材料的，赔偿义务机关收到补正材料即为受理。未告知需要补正材料的，赔偿义务机关收到申请材料即为受理。

申请材料虚假、无效，赔偿义务机关决定不予受理的，应当书面通知赔偿请求人并说明理由。

第七条 赔偿请求人对赔偿义务机关不予受理决定有异议的，可以自收到书面通知之日起 10 日内向赔偿义务机关的上一级机关申请复核。上一级机关应当自收到复核申请之日起 5 个工作日内依法作出决定。

上一级机关认为不予受理决定错误的，应当自作出复核决定之日起 3 个工作日内通知赔偿义务机关受理，并告知赔偿请求人。赔偿义务机关应当在收到通知后立即受理。

上一级机关维持不予受理决定的，应当自作出复核决定之日起 3 个工作日内书面通知赔偿请求人并说明理由。

第八条 赔偿义务机关应当自受理赔偿请求人支付申请之日起 7 日内，依照预算管理权限向有关财政部门提出书面支付申请，并提交下列材料：

（一）赔偿请求人请求支付国家赔偿费用的申请；

（二）生效的判决书、复议决定书、赔偿决定书或者调解书；

（三）赔偿请求人的身份证明。

第九条 财政部门收到赔偿义务机关申请材料后，应当根据下列情况分别作出处理：

（一）申请的国家赔偿费用依照预算管理权限不属于本财政部门支付的，应当在 3 个工作日内退回申请材料并书面通知赔偿义务机关向有管理权限的财政部门申请；

（二）申请材料符合要求的，收到申请即为受理，并书面通知赔偿义务机关；

（三）申请材料不符合要求的，应当在 3 个工作日内一次告知赔偿义务机关需要补正的全部材料。赔偿义务机关应当在 5 个工作日内按照要求提交全部补正材料，财政部门收到补正材料即为受理。

第十条　财政部门应当自受理申请之日起 15 日内，按照预算和财政国库管理的有关规定支付国家赔偿费用。

财政部门发现赔偿项目、计算标准违反国家赔偿法规定的，应当提交作出赔偿决定的机关或者其上级机关依法处理、追究有关人员的责任。

第十一条　财政部门自支付国家赔偿费用之日起 3 个工作日内告知赔偿义务机关、赔偿请求人。

第十二条　赔偿义务机关应当依照国家赔偿法第十六条、第三十一条的规定，责令有关工作人员、受委托的组织或者个人承担或者向有关工作人员追偿部分或者全部国家赔偿费用。

赔偿义务机关依照前款规定作出决定后，应当书面通知有关财政部门。

有关工作人员、受委托的组织或者个人应当依照财政收入收缴的规定上缴应当承担或者被追偿的国家赔偿费用。

第十三条　赔偿义务机关、财政部门及其工作人员有下列行为之一，根据《财政违法行为处罚处分条例》的规定处理、处分；构成犯罪的，依法追究刑事责任：

（一）以虚报、冒领等手段骗取国家赔偿费用的；

（二）违反国家赔偿法规定的范围和计算标准实施国家赔偿造成财政资金损失的；

（三）不依法支付国家赔偿费用的；

（四）截留、滞留、挪用、侵占国家赔偿费用的；

（五）未依照规定责令有关工作人员、受委托的组织或者个人承担国家赔偿费用或者向有关工作人员追偿国家赔偿费用的；

（六）未依照规定将应当承担或者被追偿的国家赔偿费用及时上缴财政的。

第十四条　本条例自公布之日起施行。1995 年 1 月 25 日国务院发布的《国家赔偿费用管理办法》同时废止。

最高人民法院公布
国家赔偿十大典型案例①

一、朱红蔚申请广东省人民检察院无罪逮捕国家赔偿案［最高人民法院赔偿委员会（2011）法委赔字第4号国家赔偿决定书］

（一）案情摘要

2005年7月25日，深圳市公安局以涉嫌合同诈骗罪将朱红蔚刑事拘留。同年8月26日，朱红蔚被取保候审。2006年5月26日，广东省人民检察院批准逮捕朱红蔚。同年6月1日，朱红蔚被执行逮捕。嗣后，深圳市人民检察院提起公诉。2008年9月11日，深圳市中级人民法院一审以指控依据不足为由判决朱红蔚无罪。9月19日，朱红蔚被释放。后因检察机关提起抗诉案件进入二审。二审审理期间，广东省人民检察院向广东省高级人民法院撤回抗诉。2010年3月25日，广东省高级人民法院裁定准许广东省人民检察院撤回抗诉。朱红蔚被羁押时间共计875天。

2011年3月15日，朱红蔚申请国家赔偿。赔偿义务机关广东省人民检察院于同年7月19日作出刑事赔偿决定：1. 按照2010年度全国职工日平均工资标准支付侵犯人身自由的赔偿金124254.09元（142.33元×873天）；2. 口头赔礼道歉并依法在职能范围内为朱红蔚恢复生产提供方便；3. 对支付精神损害抚慰金的请求不予支持。朱红蔚不服，于2011年8月2日向最高人民检察院邮寄申请复议书，最高人民检察院逾期未作出复议决定。朱红蔚遂向最高人民法院赔偿委员会申请作出赔偿决定。

最高人民法院赔偿委员会审理认为：本案应适用修正的国家赔偿法；朱红蔚实际羁押时间为875天，广东省人民检察院计算为873天有误，

---

① 来源：《最高人民法院办公厅关于印发国家赔偿典型案例的通知》，法办〔2012〕481号。

应予纠正；人民法院赔偿委员会变更赔偿义务机关尚未生效的赔偿决定，应以作出本赔偿决定时的上年度即 2011 年度全国职工日平均工资 162.65 元为赔偿标准计算赔偿金；朱红蔚被羁押 875 天，正常的家庭生活和公司经营因此受到影响，应认定精神损害后果严重，鉴于广东省高级人民法院、广东省人民检察院、广东省公安厅已联合发布《关于在国家赔偿工作中适用精神损害抚慰金若干问题的座谈会纪要》，经做协调工作，广东省人民检察院表示可按照该纪要支付精神损害抚慰金，根据本案实际情况，对朱红蔚主张的精神损害抚慰金确定为 50000 元。最高人民法院赔偿委员会据此作出国家赔偿决定：1. 维持广东省人民检察院刑事赔偿决定第二项；2. 撤销广东省人民检察院刑事赔偿决定第一、三项；3. 广东省人民检察院向朱红蔚支付侵犯人身自由的赔偿金 142318.75 元；4. 广东省人民检察院向朱红蔚支付精神损害抚慰金 50000 元；5. 驳回朱红蔚的其他赔偿请求。

（二）典型意义

修正的国家赔偿法第三十五条明确了精神损害赔偿。对于精神损害抚慰金的数额，一般应根据侵害的手段、场合、行为方式等具体情节，结合侵权行为造成的影响、协商协调情况及当地平均生活水平等因素确定。本案是修正的国家赔偿法施行后，最高人民法院赔偿委员会审理的首例涉及精神损害抚慰金的国家赔偿案件。赔偿请求人以无罪逮捕为由申请赔偿，并提出精神损害赔偿请求。最高人民法院赔偿委员会经审理及做协调工作，最终确定由赔偿义务机关支付相应的精神损害抚慰金，并对原决定的其他问题予以纠正。

二、卜新光申请安徽省公安厅刑事违法追缴国家赔偿案［最高人民法院赔偿委员会（2011）法委赔字第 1 号国家赔偿决定书］

（一）案情摘要

卜新光（深圳新晖实业发展有限责任公司总经理）因涉嫌伪造公司印章罪、非法出具金融票证罪和挪用资金罪被安徽省公安厅立案侦查，1999 年 9 月 5 日被逮捕。合肥市人民检察院于 2000 年 10 月 16 日向合肥市中级人民法院提起公诉。2001 年 11 月 20 日，合肥市中级人民法院作出（2001）合刑初字第68号刑事判决，认定卜新光自1995年1月起承包经营安徽省信托投资公司深圳证券业务部（以下简称安信证券部）期间，未经安徽省信托投资公司（以下简称安信公司）授权，安排其聘用人员私自刻制、使用属于安信公司专有的公司印章，并用此假印章伪造文书，获得了安信证券部的营业资格，其行为构成伪造印章罪；违反金融管理法规，两次向他人开具虚假的资信证明，造成1032万元的重大经济损失，其行为构成非法出具金融票证罪；作为安信证券部总经理，利用职务之便，直接或间接将安信证券部资金9173.2286万元用于其个人所有的深圳新晖实业发展有限责任公司（以下简称新晖公司）投资及各项费用，与安信证券部经营业务没有关联，且造成的经济损失由安信证券部、安信公司承担法律责任，应视为卜新光挪用证券部资金归个人使用，其行为构成挪用资金罪。案发后，安徽省公安厅追回赃款、赃物1689.05万元，赃物、住房折合人民币1627万元；查封新晖公司投资的价值2840万元房产和位于深圳市龙岗区横岗镇六约深坑村价值1950万元的土地（以下简称"深坑村土地"）使用权，共计价值8106.05万元。判决对卜新光数罪并罚决定执行有期徒刑十五年，赃款、赃物共计8106.05万元予以追缴。卜新光不服，提出上诉。安徽省高级人民法院二审维持原判。刑事判决生效后，安徽省公安厅对"深坑村土地"予以解封并将追缴的土地使用权返还受害人安信证券部，用于抵偿卜新光以安信证券部名义拆借深圳发展银行2500万元的债务。2009年8月4日卜新光刑满释放。

2010年12月1日，卜新光以安徽省公安厅违法处置"深坑村土地"使用权给其造成经济损失为由，申请国家赔偿。2011年1月15日，赔偿义务机关安徽省公安厅作出刑事赔偿决定，决定对卜新光提出的国家赔偿请求予以赔偿。卜新光不服，向公安部申请复议。2011年5月6日，公安部作出刑事赔偿复议决定，维持安徽省公安厅刑事赔偿决定。卜新光对该复议决定不服，向最高人民法院赔偿委员会申请作出赔偿决定。

最高人民法院赔偿委员会审理认为：卜新光在承包经营安信证券部期间，未经安信公司授权，私刻安信公司印章并冒用，违反金融管理法规向他人开具虚假的资信证明，利用职务之便，挪用安信证券部资金

9173.2286 万元，已被合肥市中级人民法院（2001）合刑初字第 68 号刑事判决认定构成伪造印章罪、非法出具金融票证罪、挪用资金罪。刑事判决同时对卜新光以新晖公司名义投资的"深坑村土地"使用权（价值 1950 万元）等在内的价值 8106.05 万元的赃款、赃物判决予以追缴。卜新光以新晖公司出资购买的该土地部分使用权属其个人合法财产的理由不成立，人民法院生效刑事判决已将新晖公司投资的"深坑村土地"价值 1950 万元的使用权作为卜新光挪用资金罪的赃款、赃物的一部分予以追缴，卜新光无权对人民法院生效判决追缴的财产要求国家赔偿。卜新光主张安徽省公安厅违法返还土地给其造成 316.6 万元的损失没有法律依据。卜新光提出的其他赔偿请求没有事实根据，不符合国家赔偿法的规定。最高人民法院赔偿委员会据此作出国家赔偿决定，维持安徽省公安厅刑事赔偿决定和公安部刑事赔偿复议决定。

（二）典型意义

修正的国家赔偿法取消了赔偿请求人申请国家赔偿需经先行确认的规定。据此，赔偿请求人认为赔偿义务机关有该法第十七条、第十八条规定情形的，可直接申请赔偿，本案是修正的国家赔偿法施行后，最高人民法院赔偿委员适用确赔合一程序审理的首例刑事赔偿案件。赔偿请求人以公安机关在刑事追诉过程中违法追缴、处置其合法财产为由申请赔偿。最高人民法院赔偿委员会审理认为，本案公安机关将人民法院生效刑事判决追缴的赃款、赃物发还受害单位，程序合法，且未侵犯赔偿请求人的合法权益，不应承担国家赔偿责任，并据此维持了赔偿义务机关、复议机关的决定。

三、国泰君安证券股份有限公司海口滨海大道（天福酒店）证券营业部申请海南省高级人民法院错误执行国家赔偿案〔最高人民法院赔偿委员会（2011）法委赔字第 3 号国家赔偿决定书〕

（一）案情摘要

1998 年 9 月 21 日，海南省高级人民法院对原告国泰证券有限公司海口营业部〔赔偿请求人国泰君安证券股份有限公司海口滨海大道（天福酒店）证券营业部的前身，以下统称为国泰海口营业部〕诉被告海南国际租赁有限公司（以下简称海国租公司）证券回购纠纷一案作出(1998) 琼经初字第 8 号民事判决，判决海国租公司向国泰海口营业部支付证券回购款本金人民币 3620 万元和该款截止到 1997 年 11 月 30 日的利息人民币 16362296 元；海国租公司向国泰海口营业部支付证券回购款本金 3620 万元的利息，计息方法为：从 1997 年 12 月 1 日起至付清之日止按年息 18% 计付。

1998 年 12 月，国泰海口营业部申请海南省高级人民法院执行该判决。海南省高级人民法院受理后，向海国租公司发出执行通知书，嗣经查明该公司无财产可供执行。海国租公司提出其对第三人海南中标物业发展有限公司（以下简称中标公司）享有到期债权；中标公司对此亦予以认可，并表示愿意以景瑞大厦部分房产直接抵偿给国泰海口营业部，以清结其欠海国租公司的部分债务。海南省高级人民法院遂于 2000 年 6 月 13 日作出 9-10 号裁定，查封景瑞大厦的部分房产，并于当日予以公告。2000 年 6 月 29 日，国泰海口营业部、海国租公司和中标公司共同签订《执行和解书》，约定海国租公司、中标公司以中标公司所有的景瑞大厦部分房产抵偿国泰海口营业部的债务。据此，海南省高级人民法院于 2000 年 6 月 30 日作出 9-11 号裁定，对和解协议予以认可。

在办理过户手续过程中，案外人海南发展银行清算组（以下简称海发行清算组）和海南创仁房地产有限公司（以下简称创仁公司）以海南省高级人民法院 9-11 号裁定抵债的房产属其所有，该裁定损害其合法权益为由提出执行异议。海南省人民检察院也向海南省高级人民法院发出检察意见书。经审查，海南省高级人民法院分别作出 9-12 号、9-13 号裁定，驳回异议。2002 年 3 月 14 日，国泰海口营业部依照 9-11 号裁定将上述抵债房产的产权办理变更登记至自己名下，并缴纳相关税费。海发行清算组、创仁公司不服，继续申诉。

海南省高级人民法院经再次审查认为：9-11 号裁定将原金通城市信用社（后并入海南发展银行）向中标公司购买并已支付大部分价款的房产当作中标公司房产抵债给国泰海口营业部，损害了海发行清算组的利益，确属不当，海发行清算组的异议理由成立，创仁公司异议主张应通过诉讼程序解决。据此海南省高级人民法院于 2003 年 7 月 31 日作出 9-

16 号裁定，裁定撤销 9-11 号、9-12 号、9-13 号裁定，将原裁定抵债房产回转过户至执行前状态。

2004 年 12 月 18 日，海口市中级人民法院对以海发行清算组为原告，中标公司为被告，创仁公司为第三人的房屋确权纠纷一案作出（2003）海中法民再字第 37 号民事判决，确认原抵债房产分属创仁公司和海发行清算组所有。该判决发生法律效力。2005 年 6 月，国泰海口营业部向海口市地方税务局申请退税，海口市地方税务局将契税退还国泰海口营业部。2006 年 8 月 4 日，海南省高级人民法院作出 9-18 号民事裁定，以海国租公司已被裁定破产还债，海国租公司清算组请求终结执行的理由成立为由，裁定终结（1998）琼经初字第 8 号民事判决的执行。

（1998）琼经初字第 8 号民事判决所涉债权，至 2004 年 7 月经协议转让给国泰君安投资管理股份有限公司（以下简称国泰投资公司）。2005 年 11 月 29 日，海国租公司向海口市中级人民法院申请破产清算。破产案件审理中，国泰投资公司向海国租公司管理人申报了包含（1998）琼经初字第 8 号民事判决确定债权在内的相关债权。2009 年 3 月 31 日，海口市中级人民法院作出（2005）海中法破字第 4-350 号民事裁定，裁定终结破产清算程序。国泰投资公司债权未获得清偿。

2010 年 12 月 27 日，国泰海口营业部以海南省高级人民法院 9-16 号裁定及执行回转行为违法，并应予返还 9-11 号裁定抵债房产或赔偿相关损失为由向该院申请国家赔偿。2011 年 7 月 4 日，海南省高级人民法院作出（2011）琼法赔字第 1 号赔偿决定，决定对国泰海口营业部的赔偿申请不予赔偿。国泰海口营业部对该决定不服，向最高人民法院赔偿委员会申请作出赔偿决定。

最高人民法院赔偿委员会审理认为：被执行人海国租公司没有清偿债务能力，因其对第三人中标公司享有到期债权，中标公司对此未提出异议并认可履行债务，中标公司隐瞒其与案外人已签订售房合同并收取大部分房款的事实，与国泰海口营业部及海国租公司三方达成《执行和解书》，因侵犯案外人合法权益而存在重大瑕疵。海南省高级人民法院据此作出的 9-11 号裁定，以及国泰海口营业部据此取得的争议房产产权不应受到法律保护。海南省高级人民法院 9-16 号裁定系在执行程序中对案外人提出的执行异议审查成立的基础上，对原9-11号裁定予以撤销，将不属于法律文书指定交付特定物的争议房产回复至执行前状态。该裁定及执行回转行为不违反法律及相关司法解释规定，且经生效的海口市中级人民法院（2003）海中法民再字第37号民事判决所认定的内容予以印证，其实体处理并无不当。国泰海口营业部债权未能实现的实质在于海国租公司没有清偿债务的能力，国泰海口营业部及其债权受让人虽经破产债权申报，仍无法获得清偿，该债权未能实现与海南省高级人民法院9-16号裁定及执行回转行为之间无法律上的因果联系。因此，海南省高级人民法院9-16号裁定及执行回转行为，不属于国家赔偿法及其司法解释规定的违法侵权情形。最高人民法院赔偿委员会据此作出国家赔偿决定，维持海南高院（2011）琼法赔字第1号赔偿决定。

（二）典型意义

本案是修正的国家赔偿法施行后，最高人民法院赔偿委员会适用确赔合一程序审理的首例非刑事司法赔偿案件。最高人民法院赔偿委员会审理认为，人民法院在执行程序中，在审查发现原执行行为所依据的当事人执行和解协议因侵犯案外人合法权益而存在重大瑕疵，案外人提出的执行异议成立的基础上，对原执行行为以裁定形式予以撤销，将不属于法律文书指定交付特定物的争议房产，回复至执行之前状态。该裁定及执行回转行为，不属于国家赔偿法第三十八条以及相关司法解释规定的违法侵权情形，不应承担国家赔偿责任，并据此维持了赔偿义务机关的决定。

四、程显民、程宇、曹世艳、杨桂兰申请辽宁省丹东市公安局刑讯逼供致死国家赔偿案〔辽宁省高级人民法院赔偿委员会（2010）辽法委赔字第6号国家赔偿决定书〕

（一）案情摘要

2001年8月下旬，丹东市公安局成立"721"专案组，侦查程绍武涉嫌黑社会性质组织犯罪一案，程绍贵被列为该涉嫌黑社会性质组织成员之一接受审讯，2001年9月11日程绍贵在审讯中死亡。2001年9月27日，辽宁省检察院、法院、公安厅法医联合对程绍贵的死因进行鉴定，结论为：程绍贵系在患有脂肪心、肺结核、胸膜粘连等疾病基础上，因带械具长时间处于异常体位而使呼吸、循环功能发生障碍，最终导致肺功能衰竭而死亡。2003 年 12 月 11 日，抚顺市望花区人民法院作出（2003）望刑初字第 269 号刑事判决，认定丹东市公安局原案审处处长卢兆忠为获取口供，指使办案人员将程绍贵戴口罩、头套、双臂平行拷在铁笼子两侧的栏杆上长达 18 小时，其行为构成刑讯逼供罪。该判决后经抚顺市中级人民法院二审维持。

2005 年 8 月 3 日，程绍贵父亲程远洪向丹东市公安局提出国家赔偿申请，丹东市公安局于 2005 年 8 月 30 日作出不予确认决定书。程远洪不服，于 2005 年 9 月 19 日向辽宁省公安厅申请复议，辽宁省公安厅逾期未予答复。2006 年 4 月 5 日，程远洪向辽宁省高级人民法院赔偿委员会申请作出赔偿决定。案件审理中，丹东市公安局提出，复议机关逾期未作决定，赔偿请求人应在期限届满之日起三十日内向同级人民法院赔偿委员会申请作出赔偿决定，本案赔偿请求人的申请已经超过法定申请期限，人民法院赔偿委员会不应受理。

辽宁省高级人民法院赔偿委员会审理认为，国家赔偿法①第二十二条第二款的规定，是体现方便当事人和有利于及时赔偿的原则，而非对当事人权利的限制。复议机关受理案件后，逾期不作出决定，也未告知赔偿请求人诉权，即复议机关逾期不作决定的，赔偿请求人可以向复议机关所在地的同级人民法院赔偿委员会申请作出赔偿决定，由此造成赔偿请求人逾期申请赔偿，其过错在于复议机关，不能因为复议机关的过错剥夺赔偿请求人的诉权。因此，人民法院赔偿委员会应当受理赔偿申请。本案中，有人民法院生效判决认定丹东市公安局干警卢兆忠刑讯逼供罪名成立，并处以刑罚，故丹东市公安局应承担国家赔偿责任。在案件审理中，经该院主持协调，赔偿义务机关与赔偿请求人自愿达成协议。辽宁省高级人民法院赔偿委员会据此作出决定，由丹东市公安局向赔偿请求人支付赔偿金 40 万元。

---

① 本案作出决定时间为修正的国家赔偿法施行以前，故其所称国家赔偿法为 1994 年《中华人民共和国国家赔偿法》。

（二）典型意义

国家赔偿法设置国家赔偿复议程序，是为了更好地实现对赔偿请求人的权利救济。辽宁省高级人民法院赔偿委员会审理认为，复议机关受理案件后，逾期不作决定，亦未告知赔偿请求人有向复议机关所在地的同级人民法院赔偿委员会申请作出赔偿决定的权利，以致赔偿请求人逾期申请赔偿。因复议机关怠于行使法定职责，故不能因其过错而剥夺赔偿请求人的请求权。该院赔偿委员会在保护赔偿请求人享有请求权利的基础上，组织赔偿义务机关与赔偿请求人达成协议，支付相应赔偿金，体现了充分救济权利的精神。

五、许秀琴申请吉林省长春市公安局刑事违法扣押国家赔偿案〔吉林省高级人民法院赔偿委员会（2006）吉高法委赔字第 1 号国家赔偿决定书〕

（一）案情摘要

2003 年 6 月 26 日，长春市公安局对长春市工商局移送的许秀琴等人违法经营案件予以立案，并于同年 7 月 4 日、21 日先后将许秀琴投资经营的铁艺制品厂设备、产品、圆钢、方钢等予以扣押，但相关文书对于被扣押财产情况记载不明。2003 年 8 月 17 日，长春市公安局向许秀琴返还钢材 61.7 吨。2005 年 2 月 4 日，长春市公安局决定撤销该违法经营刑事案件。许秀琴随即提出国家赔偿申请。

2005 年 8 月 19 日，长春市公安局作出刑事赔偿决定书，决定赔偿许秀琴因扣押丢失的 90.6 吨钢材 25.821 万元，设备损失 50 万元，劳务费损失按 3 个月计算赔偿 6 万元，合计 81.821 万元。吉林省公安厅复议维持该赔偿决定。许秀琴不服，向吉林省高级人民法院赔偿委员会申请作出赔偿决定。在审理过程中，吉林省高级人民法院赔偿委员组织双方质证，并参考吉林省价格认证中心出具的鉴定结论等相关证据，认定长春市公安局的违法扣押行为导致铁艺制品厂支付了劳务费 26 万元，相关设备损失 127.265 万元，并造成角钢和其他钢材灭失。由于缺少角钢和其他钢材数量、质量和价格的原始证据，损害事实无法认定。在吉林省高级人民法院赔偿委员会主持下，长春市公安局与许秀琴经协商达成了角钢损失 126 万元、其他钢材损失 25.821 万元的协议。吉林省高级人民法院赔偿委员会据此作出决定，由长春市公安局赔偿许秀琴前述各项损失共计 305.086 万元。

（二）典型意义

修正前的国家赔偿法没有关于协商和质证的规定。司法实践中，人民法院赔偿委员通过协商和质证方式处理了大量赔偿争议，收到了良好的效果。修正的国家赔偿法肯定吸收了上述成功经验，规定赔偿请求人和赔偿义务机关就赔偿方式、赔偿项目和赔偿数额依法进行协商，人民法院赔偿委员会可以组织双方进行质证。协商和质证体现了国家赔偿程序的公开性、参与性和公正性，有利于查明事实，确定责任，消除对立，化解矛盾。本案在损害事实难以查清、认定的情况下，吉林省高级人民法院赔偿委员通过积极组织双方质证和协商，最终促成双方达成一致，纠纷得以实质解决。

六、马云平申请陕西省蒲城县人民检察院无罪逮捕国家赔偿案［陕西省高级人民法院赔偿委员会（2010）陕赔他字第 00005 号国家赔偿决定书］

（一）案情摘要

马云平于 2003 年 9 月 8 日因涉嫌强奸罪、抢劫罪被蒲城县公安局拘留。同年 10 月 13 日，蒲城县人民检察院批准对其逮捕，11 月 10 日，案件移送蒲城县人民检察院审查起诉。因犯罪嫌疑人翻供，蒲城县人民检察院先后两次退回公安局补充侦查。2004 年 10 月 12 日，蒲城县人民检察院以证据不足，不符合起诉条件为由，对马云平作出不起诉决定，10 月 14 日马云平被释放。

随后，马云平申请国家赔偿。2005 年 12 月 15 日，蒲城县人民检察院以赔偿请求人"故意作虚伪供述"为由决定不予赔偿。2006 年 5 月 17 日，渭南市人民检察院以同样理由复议维持了蒲城县人民检察院的赔偿决定。马云平向渭南市中级人民法院赔偿委员会提出赔偿申请。2006 年 10 月 24 日，渭南市中级人民法院赔偿委员会维持了渭南市人民检察院的复议决定。马云平仍不服，向陕西省高级人民法院赔偿委员会提出申诉。

陕西省高级人民法院赔偿委员会审理认为：本案焦点是赔偿请求人是否"故意作虚伪供述"。公民自己故意作虚伪供述应是指，为欺骗、误导司法机关，或者有意替他人承担刑事责任而主动作与事实不符的供述。本案并无证据证明赔偿请求人具有以上情形，亦不能证明赔偿请求人希望自己被逮捕或定罪量刑，其不具有"故意"的目的和动机，因此不能认定其故意作虚伪供述。陕西省高级人民法院赔偿委员会据此作出决定，由蒲城县人民检察院赔偿马云平被侵犯人身自由赔偿金 50422.86 元。

（二）典型意义

国家赔偿法第十九条第（一）项规定，因公民自己故意作虚伪供述被羁押或者被判处刑罚的，国家不承担赔偿责任。本案赔偿请求人曾在侦查阶段做过有罪供述，争议焦点是其有罪供述是否属于第十九条规定的故意作虚伪供述。陕西省高级人民法院赔偿委员会审理认为，"公民自己故意作虚伪供述"是指，为欺骗、误导司法机关，或者有意替他人承担刑事责任而主动作与事实不符的供述。赔偿义务机关应提供证据证明赔偿请求人具有前述情形，属于故意作虚伪供述，并足以使检察机关认定其达到被逮捕的法定条件。本案不属于公民自己故意作虚伪供述的情况，因此决定由赔偿义务机关承担相应的赔偿责任。

七、叶寿美申请江苏省南通监狱虐待致伤国家赔偿案 [江苏省高级人民法院赔偿委员会（2011）苏法委赔字第 0002 号国家赔偿决定书]

（一）案情摘要

1994 年 12 月 23 日，叶寿美因犯诈骗罪被宝应县人民法院判处有期徒刑十一年，剥夺政治权利三年。1995 年 1 月 20 日，被保外就医。1996 年 9 月 18 日，叶寿美在保外就医期间因犯奸淫幼女罪，被宝应县人民法院数罪并罚判处有期徒刑十五年，剥夺政治权利四年。在交付执行中，叶寿美以患有"舌根部恶性淋巴肿瘤"为由，申请保外就医。1996 年 11 月 12 日，宝应县公安局决定对其保外就医一年；2000 年 5 月 10 日，叶寿美获准继续保外就医一年。2001 年 12 月 21 日，宝应县人民法院以叶寿美病情好转为由将其送监执行。2002 年 2 月至 4 月，江苏省南通监狱将叶寿美安排在监狱医院服刑。期间，叶寿美以患有"舌根部恶性淋巴肿瘤"为由，向南通监狱申请保外就医。后经南通大学附属医院（以下简称附属医院）检查，未见叶寿美患有舌根部恶性淋巴肿瘤的病灶和手术切除切口。2004年9月16日，叶寿美因左眼视物模糊要求医治，根据当时监狱医院病历记载，叶寿美主诉病症为左眼视物模糊呈雾状已10年余，经监狱医院检查，诊断为玻璃体云雾状浑浊，建议随诊。2005年6月至2006年6月期间，监狱医院针对叶寿美的眼病，先后采取监狱医院检查、外请附属医院眼科专家会诊、检查及至附属医院进行检查、手术等形式进行诊断、治疗。2006年6月8日，叶寿美经附属医院作三面镜检查，诊断为左眼视网膜脱离、右眼视网膜色素变性；同年6月21日，叶寿美在附属医院眼科实施左眼巩膜外冷凝+硅胶加压+环孔手术。2006年8月、2007年1月经附属医院两次复查，手术部位环扎脊清晰，未见新鲜裂孔。2006年6月至2008年10月间，监狱医院针对叶寿美给予对症药治疗。2009年11月22日，叶寿美刑满出狱。2009年12月19日，经江苏省宝应县残联指定医院进行鉴定，结论为叶寿美双眼视力残疾等级为一级。

2010年7月15日，叶寿美以在南通监狱服刑期间受到监狱医院虐待致双眼残疾为由，申请国家赔偿，提出2002年3月28日被监狱医院注射8支度冷丁药水，面部被多次电击，此后服刑期间视力下降直至双眼残疾。南通监狱于2010年9月14日作出不予赔偿决定书。2010年11月26日，江苏省司法厅复议予以维持。叶寿美不服复议决定，向江苏省高级人民法院赔偿委员会申请作出赔偿决定。在江苏省高级人民法院赔偿委员会审理期间，南通监狱提供了相关证据材料。

江苏省高级人民法院赔偿委员会审理认为，度冷丁系国家特殊管理的麻醉药品，南通监狱医院对麻醉药品实行采购、使用、空瓶回收和专册登记簿的管理制度。2002年3月期间，监狱医院具有麻醉药品处方权的主任医师对其他2名重病犯人的治疗仅开出3支度冷丁麻醉药品处方，并登记在册。南通监狱对使用电警棍亦有严格的适用情形和审批程序，2001年以来，监狱医院不再配置警棍，也没有使用警棍的记录。叶寿美称被电击，但面部未留有痕迹，又无其他证据印证。其服刑前已患有眼部疾病，视力为700多度，左眼视物模糊症状已10年余。服刑期间，南通监狱考虑到赔偿请求人叶寿美患有眼部疾病，将其安排在监狱医院服刑，叶寿美的眼部疾病得到监狱医院的及时医治，并外请附属医院眼科专家会诊，同时对其实施左眼视网复位手术治疗。对此，有南通监狱提供的2003年8月至2008年10月间的病历予以印证。南通监狱提供的以上证据可以采信，赔偿请求人叶寿美提出的相关主张理据不足，不予采纳。江苏省高级人民法院赔偿委员会据此作出决定，维持江苏省司法厅的复议决定。

（二）典型意义

修正的国家赔偿法规定，被羁押人在羁押期间死亡或者丧失行为能力的，赔偿义务机关的行为与被羁押人的死亡或者丧失行为能力是否存在因果关系，赔偿义务机关应当提供证据。本案即属于适用举证责任倒置的情况。江苏省高级人民法院赔偿委员会审理认为，监狱作为刑罚执行机关，对罪犯依法进行监管的同时也负有保障其人格尊严、人身安全等职责，根据国家赔偿法规定精神，监狱对其行为与被羁押人一级视力残疾之间是否存在因果关系负有举证责任。本案最终通过审查南通监狱对此事实的举证责任完成情况，认定赔偿请求人双眼残疾与监狱行为无关。

八、张留军申请河南省平顶山市中级人民法院重审无罪国家赔偿案[河南省高级人民法院赔偿委员会（2011）豫法委赔字第6号国家赔偿决定书]

（一）案情摘要

2005年1月30日，平顶山市公安局石龙区分局以涉嫌故意杀人罪对张留军监视居住。2005年2月4日，该局对张留军刑事拘留，并于同日作出延长拘留期限通知书，对其延长拘留至2005年3月6日。2005年3月3日，该局提请批捕。2005年3月10日，石龙区人民检察院以事实不清、证据不足为由，对张留军不予批捕。次日，石龙区分局作出释放通知书，对张留军采取监视居住措施。2005年5月30日，石龙区分局再次以张留军涉嫌抢劫罪为由提请批捕。2005年6月3日，石龙区人民检察院批准逮捕。石龙区分局于6月4日执行逮捕。2006年3月28日，平顶山市中级人民法院作出一审刑事附带民事判决，以抢劫罪判处张留军死刑，缓期二年执行，剥夺政治权利终身；判令张留军与另一被告人共同赔偿附带民事诉讼原告人经济损失 79764.75 元。张留军不服，提出上诉。河南省高级人民法院经审理以事实不清、证据不足为由，发回平顶山市中级人民法院重新审理。平顶山市中级人民法院经重审判决张留军无罪，不承担民事赔偿责任。2010 年 9 月 25 日，张留军被释放。2010 年 12 月 14 日，张留军提出国家赔偿申请。2011 年 1 月 25 日，平顶山市中级人民法院作出赔偿决定，认为对张留军的国家赔偿申请应适用 1994 年《国家赔偿法》，决定赔偿张留军被限制人身自由赔偿金 259012.95 元。张留军不服，向河南省高级人民法院赔偿委员会申请作出赔偿决定。

河南省高级人民法院赔偿委员会审理认为：张留军于 2010 年 9 月 25 日被无罪释放，并于修正的国家赔偿法施行后申请国家赔偿，根据《最高人民法院关于适用〈中华人民共和国国家赔偿法〉若干问题的解释（一）》（以下简称《解释（一）》）第二条第（二）项之规定，本案应适用修正的国家赔偿法；平顶山市中级人民法院决定将张留军被监视居住期间计算在赔偿范围之内，且依照 2009 年度全国职工日平均工资标准计算赔偿金有误，应予纠正；张留军无罪被错判并长期羁押，妻子离家出走，孩子无法照管，使其遭受严重精神损害，其关于支付精神损害抚慰金的请求应予支持。河南省高级人民法院赔偿委员会据此作出决定，撤销原赔偿决定，平顶山市中级人民法院支付张留军人身自由赔偿金 281244.08 元、精神损害抚慰金 50000 元。

（二）典型意义

修正的国家赔偿法加大了对赔偿请求人的权利保护力度。为更好地实现国家赔偿权利救济的核心理念，《解释（一）》在遵循溯及力一般原理的基础上对部分情形采取有利法律溯及原则，规定国家机关及其工作人员行使职权侵犯公民、法人和其他组织合法权益的行为发生在 2010 年 12 月 1 日以前的，适用修正前的国家赔偿法，但是赔偿请求人在 2010 年 12 月 1 日以后提出赔偿请求的，适用修正的国家赔偿法。河南省高级人民法院赔偿委员会审理认为，根据修正的国家赔偿法及《解释（一）》的规定，本案应适用修正的国家赔偿法，据此更正了原赔偿决定，并支持了赔偿请求人精神损害抚慰金的请求。

九、熊仲祥申请四川省乐山市中级人民法院重审无罪国家赔偿案

[四川省乐山市中级人民法院（2011）乐法赔字第2号国家赔偿决定书]

（一）案情摘要

熊仲祥因涉嫌故意杀人罪、强奸罪于2002年10月18日被乐山市公安局金口河区分局刑事拘留，同月31日被逮捕。2002年12月25日，乐山市人民检察院提起公诉。2003年3月7日，乐山市中级人民法院一审判决熊仲祥死刑，剥夺政治权利终身，并赔偿附带民事诉讼原告人经济损失51394元。熊仲祥不服，提出上诉。2005年4月25日，四川省高级人民法院二审裁定发回重审。乐山市中级人民法院于2005年10月11日作出刑事附带民事判决，判处熊仲祥死刑，缓期二年执行，剥夺政治权利终身，并赔偿附带民事诉讼原告人经济损失51394元。宣判后，熊仲祥仍不服，再次提出上诉。同时，乐山市人民检察院提出抗诉。在二审审理期间，四川省人民检察院撤回抗诉，四川省高级人民法院裁定准许其撤回抗诉，并于2008年7月17日以"原判事实不清，证据不足"为由裁定发回乐山市中级人民法院重审。在重审过程中，乐山市人民检察院以"事实、证据有变化"为由撤回起诉。2008年11月28日，乐山市中级人民法院作出刑事裁定，认为公诉机关指控熊仲祥犯故意杀人罪、强奸罪的事实不清、证据不足，准许公诉机关撤回起诉。之后，乐山市人民检察院将刑事案件退回公安机关补充侦查。熊仲祥于2008年12月4日收到乐山市中级人民法院准予公诉机关撤回起诉的刑事裁定。同日，公安机关以"不能在法定期限内办结、需继续查证"为由将熊仲祥释放，同时对其采取监视居住措施，后于2009年6月2日解除监视居住措施。

熊仲祥向乐山市中级人民法院申请国家赔偿。期间公安机关出具说明，称该案还在进一步侦查过程中。2011年3月22日，乐山市中级人民法院以刑事案件尚在侦查之中，没有终止追究刑事责任为由，驳回熊仲祥的赔偿申请。熊仲祥不服，向四川省高级人民法院赔偿委员会申请作出赔偿决定。四川省高级人民法院赔偿委员会在审理过程中就该案刑事诉讼程序是否终结问题向最高人民法院赔偿委员会请示。最高人民法院赔偿委员会答复，本案可进入国家赔偿程序。2011年12月28日，熊仲祥与乐山市中级人民法院就赔偿事宜达成协议。同日，熊仲祥向四川省高级人民法院赔偿委员会撤回赔偿申请。乐山市中级人民法院根据该协议作出赔偿决定，由该院支付熊仲祥赔偿金30万元。

（二）典型意义

《解释（一）》规定，赔偿请求人认为赔偿义务机关有修正的国家赔偿法第十七条第（一）、（二）、（三）项、第十八条规定情形的，一般应当在刑事诉讼程序终结后申请赔偿。本案人民检察院将案件退回公安机关补充侦查后，公安机关未在法定期限内侦查完毕移送起诉，也未作出撤销案件决定；人民检察院亦未对该案重新起诉或者作出不起诉决定。赔偿请求人监视居住期限届满后，有关部门也未采取其他强制措施。根据刑事诉讼法及相关司法解释的规定，结合本案的实际情况，乐山市中级人民法院准许乐山市人民检察院撤回起诉的裁定，可视为刑事诉讼程序已终结，可进入国家赔偿程序。本案情形的法律适用有利于充分保护当事人的国家赔偿请求权。

十、李灵申请山东省嘉祥县人民法院重审无罪国家赔偿案〔山东省济宁市中级人民法院赔偿委员会（2011）济法委赔字第1号赔偿决定书〕

（一）案情摘要

李灵于2001年2月16日被嘉祥县人民检察院以涉嫌贪污罪刑事拘留，2001年3月2日被逮捕。同年5月2日，嘉祥县人民检察院提起公诉。嘉祥县人民法院经审理，认为犯罪事实不清，证据不足，建议嘉祥县人民检察院撤回起诉。2002年7月26日嘉祥县人民检察院作出取保候审决定，并于同日将李灵释放。2003年2月25日，嘉祥县人民检察院以李灵犯贪污罪再次向嘉祥县人民法院提起公诉，嘉祥县人民法院审理后再次建议嘉祥县人民检察院撤回起诉。嘉祥县人民检察院于2005年5月16日作出不起诉决定书。2005年9月22日，李灵书面请求嘉祥县人民检察院退回被违法扣押的50000元现金，后于2007年3月13日向嘉祥县人民检察院提出赔偿申请，嘉祥县人民检察院逾期未作决定。2007年8月，李灵向济宁市中级人民法院赔偿委员会申请作出赔偿决定。济宁市中级人民法院赔偿委员审理期间，嘉祥县人民检察院以发现新的证据为由，撤销了对李灵的不起诉决定书，并于 2008 年 2 月 23 日以李灵犯贪污罪向嘉祥县人民法院提起公诉。济宁市中级人民法院赔偿委员会因此终止赔偿案件审理。2008 年 12 月 9 日，嘉祥县人民法院作出一审刑事判决，以李灵犯贪污罪判决其有期徒刑一年零五个月，追缴扣押在嘉祥县人民检察院的赃款 21722 元。李灵不服，提起上诉。2009 年 4 月 17 日，济宁市中级人民法院裁定发回重审。重审期间，嘉祥县人民检察院于 2010 年 7 月 27 日以认定李灵犯贪污罪事实不清，证据不足为由，作出撤销案件决定，撤销李灵涉嫌贪污罪一案。

李灵随后向嘉祥县人民法院申请国家赔偿。嘉祥县人民法院于 2011 年 7 月 25 日作出赔偿决定：1. 支付李灵被羁押 526 天的赔偿金 74865.58 元；2. 对李灵的其他请求不予赔偿。李灵对该决定第二项不服，向济宁市中级人民法院赔偿委员会申请作出赔偿决定。济宁市中级人民法院赔偿委员会在审理过程中，以抚慰受害人、案结事了为原则，组织双方进行质证并做了大量释法析理工作，在此基础上作出赔偿决定，由嘉祥县人民法院支付李灵精神损害抚慰金 25000 元。李灵对济宁市中级人民法院赔偿委员会的工作及案件处理结果表示满意，并赠送锦旗表示感谢。

（二）典型意义

国家赔偿工作事关国家机关形象，事关人民群众切身利益。人民法院赔偿委员会不仅要保证案件公正审理、依法赔偿，更要注重能动司法，注重案结事了，避免就案办案、机械办案。济宁中院赔偿委员会在审理案件过程中，对赔偿请求人既讲法理又讲情理，通过大量的释法析理、沟通协调工作，最终使赔偿请求人服判息诉，案件得以圆满解决，做到案结事了人和，实现了法律效果和社会效果的统一。

最高人民法院发布国家赔偿典型案例①

一、丹东益阳投资有限公司申请丹东市中级人民法院错误执行国家赔偿案

（一）基本案情

在益阳公司诉辽宁省丹东市轮胎厂借款纠纷一案中，丹东市中级人民法院根据益阳公司的财产保全申请，裁定冻结轮胎厂银行存款1050万元或查封其相应价值的财产，后查封丹东轮胎厂的6宗土地。之后，丹东市中级人民法院判决丹东轮胎厂于判决发生法律效力后10日内偿还益阳公司欠款本金422万元及利息6209022.76元。案件执行过程中，丹东市国土资源局依据丹东市政府办公会议议定在《丹东日报》刊登将丹东轮胎厂总厂土地挂牌出让公告，后丹东市中级人民法院裁定解除对轮胎厂其中3宗土地的查封。随后，上述6宗土地被整体出让，出让款4680万元由轮胎厂用于偿还职工内债、职工集资、医药费、普通债务等，但没有给付益阳公司。2009年起，益阳公司多次向丹东市中级人民法院递交国家赔偿申请，请求赔偿本金10429022.76元及相应利息。丹东市中级人民法院于2013年8月13日立案受理，但一直未作决定，后益阳公司向辽宁省高级人民法院赔偿委员会申请作出赔偿决定，2015年10月28日辽宁省高级人民法院赔偿委员会予以立案。在审理过程中，2016年3月1日，丹东市中级人民法院针对益阳公司申请民事执行案，裁定终结本次执行程序。

（二）典型意义

根据国家赔偿法的规定，人民法院在民事、行政诉讼过程中，对判决、裁定及其他生效法律文书执行错误，造成损害的，受害人有取得赔偿

---

① 来源于中国法院网：https：//www.chinacourt.org/article/detail/2018/11/id/3572060.shtml.

的权利。今年是基本解决执行难的攻坚之年、决胜之年，人民法院任务艰巨、责任重大。同时，要实现基本解决执行难这一阶段性目标，在抓外部执行攻坚的同时，也要坚决解决法院内部在执行中存在的问题，对自身短板绝不回避遮掩，依法当赔则赔。本案是最高人民法院赔偿委员会提审的错误执行国家赔偿案，其典型意义在于，对于人民法院在执行程序中存在的问题不推诿、不回避，敢于承担责任，同时也用案例的形式，对于如何理解"执行程序终结""终结本次执行"，以及在执行程序、国家赔偿程序衔接过程中，如何有效地保护和规范赔偿请求人的求偿权利等法律适用问题，起到了示范引领作用，为处理此类纠纷树立了标杆，也为倒逼和规范法院执行行为，助推实现基本解决执行难目标，起到重要促进作用。

二、刘学娟申请北京市公安局朝阳分局刑事违法扣押赔偿案

（一）基本案情

北京市公安局朝阳分局对刘学娟涉嫌诈骗案立案侦查，并于2010年6月8日对刘学娟予以刑事拘留，后经朝阳区检察院批准对刘学娟逮捕。期间，朝阳公安分局先后冻结刘学娟名下资金共计39万余元。刘学娟之兄代其向分局缴纳人民币600万元。8月18日，朝阳公安分局以刘学娟涉嫌诈骗132.6万元向检察机关移送起诉，全部涉案款项639万余元一并随案移交。2010年12月21日，朝阳区检察院以刘学娟涉嫌诈骗132.6万元向朝阳区法院提起公诉。2011年11月7日，朝阳区法院经审理认定刘学娟诈骗拆迁补偿款132.6万元的犯罪事实成立，以诈骗罪判处刘学娟有期徒刑11年，罚金1.1万元，并将扣押冻结款项中的132.6万元发还某乡政府，1.1万元用于执行罚金，余款506万余元（含冻结账户期间孳息1万余元）退回朝阳区检察院。2012年6月20日，朝阳区检察院将506万余元退回朝阳公安分局。某乡政府于2014年向朝阳区法院提起民事诉讼，要求刘学娟返还238万余元补偿款。2015年5月11日，区法院认为刘学娟补偿评估报告中地上建筑物面积2247.01平方米为虚增面积，判决刘学娟返还某乡政府虚增面积相应补偿款238万余元。

（二）典型意义

根据国家赔偿法的规定，侦查、检察、审判机关在刑事诉讼过程中，

244

违法对财产采取查封、扣押、冻结、追缴等措施的，受害人有取得赔偿的权利。本案即是一起典型的刑事违法扣押赔偿案件，公安机关在侦查过程中采取扣押措施并无不当，但在被告人已被人民法院定罪量刑之后，其对原采取刑事强制措施的涉案财物亦应及时处置。如对未予认定的涉案款继续扣押，则有可能发生国家赔偿。本案的典型意义在于，通过国家赔偿案件的审理，以法治思维、法治方式处理"官民关系"、调和公权力和私权利冲突，一方面救济了受损的私权利，一方面也对于国家机关及其工作人员如何依法正当行使权力，提出了反向的参照标准，同时也对于同类案件的处理具有一定的示范作用。

三、邓永华申请重庆市南川区公安局违法使用武器致伤赔偿案

（一）基本案情

2014 年 6 月 23 日零时许，南川区公安局接到杨其忠报警，杨其忠称邓永华将其位于南坪镇农业银行附近的烧烤摊掀了，要求出警。南川区公安局民警李云和辅警张勇接警后立即赶到现场，发现邓永华在持刀追砍杨其忠，并看到邓永华持刀向逃跑中被摔倒在地的杨其忠砍去，被杨其忠躲过。李云喝令邓永华把刀放下，张勇试着夺刀未成。李云鸣枪示警后，邓永华持刀逼向李云和张勇，李云遂开枪，将邓永华击伤。2014 年 6 月 23 日，南川区公安局对邓永华所持的刀进行认定，结论为管制刀具。2014 年 6 月 25 日，南川区公安局决定对邓永华涉嫌寻衅滋事予以立案侦查。2014 年 12 月 11 日，经重庆市南川区司法鉴定所鉴定，邓永华的伤属十级伤残。

（二）典型意义

国家赔偿法以切实保障人权为核心宗旨，但同时，其亦具有促进和维护国家机关及其工作人员依法行使职权的功能作用。本案中，人民警察使用武器是否合法，成为认定关键。在国家赔偿案件的审理过程中，既不能对违法行使职权的不法行为听之任之，漠视赔偿请求人的合法权益，也不能因盲目追求所谓保障人权的效果，而对国家工作人员合法正当行为过于苛责，以至于挫伤国家工作人员依法正当履职的积极性。因此，本案的处理体现出了在"权力"与"权利"之间的保障平衡。对于

违法侵权行为，依法当赔则赔，绝不护短，而对于依法正当履职行为也要给予充分的保护，以保证国家工作人员都能够积极依法履职尽责，从而更有效地发挥国家赔偿工作保障人权、匡扶正义，以及促进法治国家和法治政府建设的双重职能。

四、郑兰建申请广东省雷州市人民检察院无罪逮捕赔偿案

（一）基本案情

1996年下半年，郑兰健以经营烟叶生意为名，经妻弟陈贻军、妻子宋春燕通过假抵押向吴秀华借款200万元，借款逾期本息不还，后海口市新华区法院民事判决判令郑兰健向吴秀华偿还200万元，但郑兰健未履行判决，吴秀华遂以郑兰健涉嫌诈骗为由向公安机关报案。2011年7月26日，雷州市公安机关以郑兰健涉嫌诈骗对其刑事拘留，后经检察院批准逮捕，并移送审查起诉。2011年12月16日，湛江市检察院指控郑兰健犯诈骗罪，向法院提起公诉，法院以现有证据不足以证实该院对该案有管辖权为由，将该案退回检察机关。2012年8月16日，经上级机关指定海口市检察院管辖该案。海口市检察院经审查认为，郑兰健行为性质是民事借贷纠纷还是刑事诈骗犯罪尚不能得出唯一排他的结论，经退回补充侦查，认定其行为构成诈骗罪仍然犯罪事实不清、证据不足，不符合起诉条件，决定对郑兰健不起诉。郑兰健遂被释放，其共被羁押521天。

（二）典型意义

刑事诉讼法与国家赔偿法均以尊重和保障人权为原则，最根本的是要始终做到严格公正司法，杜绝侵犯公民、法人和其他组织合法权益行为的发生。同时，根据国家赔偿法的规定，因侵犯公民人身自由权、生命健康权，并造成公民精神损害严重后果的，应予给付精神损害抚慰金。本案中，侦查机关、检察机关对于已经过法院民事判决认定的借贷纠纷案件，以刑事手段介入，"以刑代执"，对当事人采取拘留、逮捕刑事强制措施，后无法认定犯罪事实予以释放，应予国家赔偿。本案典型意义在于，明确了精神损害及其严重后果的认定标准，对精神损害赔偿和消除影响、赔礼道歉等赔偿方式的适用参照将起到示范作用，以体现国家责任的公正性，维护司法的公信力。

五、苗景顺、陈玉萍等人申请黑龙江省牡丹江监狱怠于履行职责赔偿案

(一) 基本案情

2003年3月24日14时30分许,牡丹江监狱二十二监区四分监区在毛纺厂修布车间出外役,该监区担任小组长的服刑人员赵玉泉因他人举报服刑人员苗秋成挑容易修的布匹,将苗叫至修布机旁边过道上,辱骂训斥后用拳击打其头部数分钟,直到将其打倒在地,其倒地后脑枕部摔在地上导致昏迷。在此期间,车间内负责监管罪犯劳动生产安全的原四分监区监区长焦立明未尽监管职责,未进行巡视和瞭望,直至苗秋成被打倒昏迷后才组织人员将苗秋成送往医院救治,苗秋成经抢救无效于2003年3月28日死亡。2008年10月23日,牡丹江中院作出刑事判决,以赵玉泉犯故意伤害罪,判处死刑缓期二年执行,剥夺政治权利终身。2008年11月18日,宁安市人民法院作出刑事判决,判处焦立明犯玩忽职守罪,免于刑事处罚。2013年4月18日,宁安法院经再审程序,维持宁安法院焦立明案刑事判决。

(二) 典型意义

近年来,监狱、看守所等监管机关作为赔偿义务机关的刑事赔偿案件数量有所增加。实践中,对于监管人员自身违法侵权行为所致损害应予国家赔偿并无争议,而对于监管人员怠于履职,国家应否承担赔偿责任,则存在不同看法。本案中,监管人员焦立明在苗秋成被殴打时未尽监管职责,未进行巡视和瞭望,已经人民法院判决予以定罪,据此能够认定该监管机关未尽法定监管职责。同时,此类案件的缘起并非由于国家工作人员违法使用暴力或者唆使、放纵他人使用暴力所致,故亦应结合该具体情形,综合衡定该怠于履行职责的行为在损害发生过程和结果中所起的作用等因素,适当确定赔偿比例和数额。本案的典型意义在于,对于怠于履职行为,确定了应当由国家承担部分赔偿责任的原则,对国家赔偿责任理论与实践予以适当补充,从而更加彰显了国家赔偿法立足尊重与保障人权,促进国家机关依法行使职权的立法目的与意义。

最高人民法院发布
关于审理行政赔偿案件参考案例①

一、马某某诉某区人民政府行政赔偿案
——不予赔偿决定依法属于行政赔偿诉讼受案范围。

（一）基本案情

马某某认为某区人民政府及相关部门对其实施限制人身自由并造成损害，向某区人民政府提交行政赔偿申请书。某区人民政府作出告知书，告知马某某其所提供的材料不能证明该区人民政府存在限制其人身自由的违法行为，故该区人民政府不是行政赔偿义务机关。马某某不服向某市中级人民法院提起本案诉讼，请求确认某区人民政府在法定时间内未作出赔偿决定违法，并赔偿损失18万余元。

（二）裁判结果

一审法院以本案未经确认违法即要求赔偿不符合法定起诉条件为由裁定驳回起诉，二审法院则以不予作出赔偿决定行为系程序性行为，不对马某某权利义务产生实际影响为由裁定维持一审裁定。马某某不服，向最高人民法院申请再审。

最高人民法院经审理认为，马某某就赔偿问题向某区人民政府请求先行处理并由某区人民政府作出决定不予赔偿的告知书。依据新修订的国家赔偿法第十四条第二款规定，赔偿请求人对该不予赔偿决定告知书不服的，可以向人民法院提起诉讼。人民法院受理本案后，依法应当对某区人民政府和马某某之间的行政赔偿争议进行审理。

---

① 来源于中国法院网：https://www.court.gov.cn/fabu-xiangqing-351941.html.

二、杨某某诉某区人民政府行政赔偿案

——当事人对行政强制确认违法及行政赔偿同时提起诉讼，即使人民法院分别立案，仍属于一并提起行政赔偿诉讼，无需等待确认违法判决生效后再另行主张赔偿。

（一）基本案情

杨某某一并就某区人民政府行政强制及行政赔偿案件向某市中级人民法院提起行政诉讼。对于行政强制案件，该院作出一审行政判决确认某区人民政府对杨某某房屋强拆行为违法，二审法院以同一理由维持一审判决。

（二）裁判结果

对于行政赔偿案件，一审法院以一审期间由于违法侵害的事实及赔偿责任主体未经人民法院生效判决确认，为避免司法程序空转为由裁定驳回起诉。二审法院认为，虽然二审期间违法侵害的事实及赔偿责任主体已经人民法院生效判决确认，杨某某仍可通过向某区人民政府申请行政赔偿或者另行提起行政赔偿诉讼等途径维护自身合法权益，故维持一审裁定。杨某某不服，向最高人民法院申请再审。

最高人民法院经审理认为，为了实质化解行政争议，依据国家赔偿法相关规定，行政赔偿申请人在提起行政诉讼时一并请求行政赔偿的，人民法院在确认行政行为违法的同时，应当依法对行政赔偿请求一并作出实体裁判。本案一、二审法院裁定驳回杨某某对某区人民政府要求行政赔偿的起诉，属于变相剥夺了当事人一并提起行政赔偿诉讼的合法权利。

三、李某某诉某县人民政府及县林业局林业行政赔偿案

——由于第三人提供虚假材料，导致行政机关作出的行政行为违法，造成公民、法人或者其他组织损害的，人民法院应当根据违法行政行为在损害发生和结果中的作用大小，确定行政机关承担相应的行政赔偿责任。

（一）基本案情

李某某与袁某婚后与村民干某等人签订《土地承包合同》并办理公

证，承包干某等人山地共 82 亩并种植了杉树。之后，李某某与袁某协议离婚，82 亩杉树归李某某所有。2010 年 6 月 23 日，袁某将 82 亩种植杉树出售给范某和黄某。2010 年 7 月 12 日，范某以他人名义提交砍伐申请，某县林业局向范某发放了 81 号《林木采伐许可证》。2011 年 11 月 22 日，李某某以颁发林木采伐许可证的行政行为违法为由，向某县人民政府提交《国家赔偿违法确认申请书》，请求撤销 81 号《林木采伐许可证》，并要求某县林业局赔偿损失共计 120 万元。某县人民政府作出复议决定：一、撤销 81 号《林木采伐许可证》。二、范某未经李某某等人的授权，私自进行砍伐，属于个人行为，不属于国家赔偿范畴。李某某诉至法院，请求判令某县林业局赔偿其经济损失 120 万元；某县人民政府与某县林业局承担连带赔偿责任。

（二）裁判结果

一、二审法院认为，某县林业局履行了必要的审查义务，该行政行为并无不妥。虽然该采伐许可证后被某县人民政府撤销，但撤销的原因系范某冒用权利人名义申请所为，而非某县林业局违法审查所致。故判决驳回李某某的诉讼请求。李某某不服，向最高人民法院申请再审。

最高人民法院经审查认为，某县林业局在颁发涉诉林木采伐许可证时未依照法定程序尽到审慎合理的审查义务，颁证行为违法。某县林业局的违法颁证行为与范某提供虚假材料申办林木采伐许可证及其私自砍伐林木的民事侵权行为共同致使李某某财产损失，某县林业局应根据其违法行为在损害过程和结果中所起作用承担相应的赔偿责任。

四、范某某诉某区人民政府强制拆除房屋及行政赔偿案

——违法征收征用土地、房屋，人民法院判决给予被征收人的行政赔偿，不得少于被征收人依法应当获得的安置补偿权益。

（一）基本案情

2011 年 1 月，某区人民政府在未与范某某就补偿安置达成协议、未经批准征用土地的人民政府作出安置补偿裁决的情况下，将范某某位于征收范围内的集体土地上的房屋拆除，人民法院生效判决确认拆除行为违法。范某某依法提起本案诉讼请求赔偿。

（二）裁判结果

一、二审法院判决某区人民政府以决定赔偿时的市场评估价格予以赔偿。某区人民政府不服，向最高人民法院申请再审。

最高人民法院经审查认为，行政机关违法强制拆除房屋的，被征收人获得的行政赔偿数额不应低于赔偿时被征收房屋的市场价格。否则，不仅有失公平而且有纵容行政机关违法之嫌。因此，在违法强制拆除房屋的情形下，人民法院以决定赔偿时的市场评估价格对被征收人予以行政赔偿，符合房屋征收补偿的立法目的。

五、易某某诉某区人民政府房屋强拆行政赔偿案

——财产损害赔偿中，损害发生时该财产的市场价格不足以弥补受害人损失的，可以采用其他合理方式计算。

（一）基本案情

在未与易某某达成安置补偿协议或者作出相应补偿决定的情况下，易某某的房屋被某区人民政府强制拆除。生效行政判决亦因此确认强拆行为违法。易某某向某区人民政府申请行政赔偿，法定期限内某区人民政府未作出赔偿决定。易某某遂提起本案诉讼，请求判令某区人民政府恢复原状，或者赔偿同等区位、面积、用途的房屋；判令某区人民政府赔偿动产经济损失 3 万余元。

（二）裁判结果

一、二审法院判决由某区人民政府赔偿违法拆除易某某房屋所造成的经济损失共计 16 万余元的同时，驳回易某某要求赔偿动产损失的诉讼请求。易某某不服，向最高人民法院申请再审。

最高人民法院经审理认为，房屋作为一种特殊的财物，价格波动较大，为了最大限度保护当事人的权益，房屋损失赔偿时点的确定，应当选择最能弥补当事人损失的时点。在房屋价格增长较快的情况下，以违法行政行为发生时为准，无法弥补当事人的损失。此时以法院委托评估时为准，更加符合公平合理的补偿原则。

六、李某某诉某区人民政府行政赔偿案

——对公民、法人或者其他组织造成财产损害，无法恢复原状的，人民法院应当判令赔偿义务机关支付赔偿金和相应的利息损失。

（一）基本案情

2012年7月16日，某区人民政府组建的建设指挥部工作人员强制拆除了李某某的房屋，2015年4月27日，法院生效行政判决确认某区人民政府强制拆除李某某房屋程序违法。李某某向某区人民政府递交《行政赔偿申请书》，某区人民政府不予答复。李某某提起本案行政赔偿诉讼，请求恢复原状。本案再审查阶段，某区人民政府就涉案房屋作出《行政赔偿决定书》。

（二）裁判结果

一、二审法院认为，根据国家赔偿法相关规定，应当返还的财产灭失的，给付相应的赔偿金。涉案房屋被拆除已灭失，无恢复原状的可能，李某某经释明后拒绝变更"要求将被拆除房屋恢复原状"的诉讼请求，据此判决驳回李某某的诉讼请求。李某某不服，向最高人民法院申请再审。

最高人民法院经审理认为，涉案房屋因强制拆除已毁损灭失，且涉案地块已经纳入征收范围，涉案房屋不具备恢复原状的可能性，原审对李某某主张的恢复原状的请求不予支持，并无不当。但李某某仍享有取得赔偿的权利，法院应当依法通过判决赔偿金等方式作出相应的赔偿判决，仅以恢复原状诉请不予支持为由判决驳回李某某诉请，确有不当。

七、魏某某诉某区人民政府行政赔偿案

——人民法院审理行政赔偿案件，可以对行政机关作出赔偿的方式、项目、标准等予以明确，赔偿内容直接且确定的，应当作出具有赔偿金额等给付内容的判决。

（一）基本案情

魏某某案涉集体土地上房屋位于某区城中村改造范围，因未能达成安置补偿协议，2010年5月25日，魏某某涉案房屋被拆除，法院生效判决确认了某区人民政府强制拆除行为违法。2015年6月，魏某某依法提起本案行政赔偿诉讼，要求判令某区人民政府赔偿损失。

（二）裁判结果

一审法院判决某区人民政府赔偿魏某某房屋损失等损失。二审法院判决撤销一审行政赔偿判决，责令某区人民政府于判决生效之日起九十日内对魏某某依法予以全面赔偿。魏某某不服，向最高人民法院申请再审。

最高人民法院经审理认为，基于司法最终原则，人民法院对行政赔偿之诉应当依法受理并作出明确而具体的赔偿判决，以保护赔偿请求人的合法权益，实质解决行政争议，原则上不应再判决由赔偿义务机关先行作出赔偿决定，使赔偿争议又回到行政途径，增加当事人的诉累。本案中，二审判决撤销一审行政赔偿判决，责令某区人民政府对魏某某依法予以全面赔偿，无正当理由且有违司法最终原则，裁判方式明显不当。

八、杜某某诉某县人民政府行政赔偿案

——原告的损失已经通过行政补偿途径获得充分救济的，人民法院应当依法判决驳回其行政赔偿请求。

（一）基本案情

2014年初，某县人民政府为了绕城高速公路工程建设需要，经上级政府批准后，其成立的征迁指挥部与被征收人杜某某签订《房屋征收补偿安置协议书》并约定付款时间及交房时间。随后，征迁指挥部依约履行了相关义务。同年10月，案涉房屋在没有办理移交手续的情况下被拆除。该拆除行为经诉讼，法院生效判决确认某县人民政府拆除行为违法。2016年11月7日，杜某某向某县人民政府申请行政赔偿，某县人民政府在法定期限内不予答复。杜某某提起本案赔偿之诉。

（二）裁判结果

一、二审法院认为，在房屋被强制拆除前，杜某某已经获得《房屋征收补偿安置协议书》约定的相关补偿款项及宅基地安置补偿，在房屋拆除后，杜某某向村委会领取了废弃物品补偿款及搬迁误工费用，故判决驳回杜某某的诉讼请求。杜某某不服，向最高人民法院申请再审。

最高人民法院经审理认为，行政行为被确认违法并不必然产生行政赔偿责任，只有造成实际的损害，才承担赔偿责任。某县人民政府成立的征迁指挥部与杜某某已签订《房屋征收补偿安置协议书》，该协议已被法院生效判决认定为合法有效且已经实际履行。因此，杜某某的房屋虽被违法强制拆除，但其在诉讼中并未提供证据证明其存在其他损害，其合法权益并未因违法行政行为而实际受损，其请求赔偿缺乏事实和法律依据。

九、周某某诉某经济技术开发区管理委员会拆迁行政赔偿案

——通过行政补偿程序依法应当获得的奖励、补贴等以及对财产造成的其他实际损失属于直接损失。

（一）基本案情

周某某在某自然村集体土地上拥有房屋两处，该村于 2010 年起开始实施农房拆迁改造。因未能与周某某达成安置补偿协议，2012 年 3 月，拆迁办组织人员将涉案建筑强制拆除。周某某不服诉至法院，请求判令某经济技术开发区管理委员会对其安置赔偿人民币 800 万余元。

（二）裁判结果

一、二审法院认为，涉案房屋已被拆除且无法再行评估，当事人双方对建筑面积、附属物等亦无异议，从有利于周某某的利益出发，可参照有关规定并按照被拆除农房的重置价格计算涉案房屋的赔偿金，遂判决某经济技术开发区管理委员会赔偿周某某 49 万余元，驳回其他诉讼请求。周某某不服，向最高人民法院申请再审。

最高人民法院经审理认为，为了最大程度地发挥国家赔偿法维护和救济受害行政相对人合法权益的功能与作用，对该法第三十六条中关于赔偿损失范围之"直接损失"的理解，不仅包括既得财产利益的损失，还应当包括虽非既得但又必然可得的如应享有的农房拆迁安置补偿权益等财产利益损失。本案中，如果没有某经济技术开发区管理委员会违法强拆行为的介入，周某某是可以通过拆迁安置补偿程序依法获得相应补偿的，故这部分利益属于必然可得利益，应当纳入国家赔偿法规定的"直接损失"范围。